戎光祥出版

熊谷直実

高橋 修 編著

序にかえて

数々の戦場で先駆けを遂げ、わが子と同年の青年武将を涙ながらに討ち取り、流鏑馬では的立役が気に入らず役目を放棄。訴訟で負けそうになると源頼朝に証拠書類を投げつけ突然出家・出奔。法然の弟子となり、さらに様々な逸話を残した熊谷直実。法名は蓮生。余りにも劇的なその生涯は、すでに鎌倉時代の内には伝説として語られるようになっていた。近世には、歌舞伎や文楽の題材となり、その演目を有名役者が演じることで、庶民の世界でもヒーローとしての地位を確立することになった。

脚色され、伝説の中に埋もれた直実の実像に迫る営みは、それゆえに多くの困難をともなうことになる。しかし、そうした後世の創作の中に事実を探索し、「熊谷家文書」や法然との所縁により残された文書のような一次史料と突き合わせ、中世武士としての直実の実像に迫る作業は、大変やりがいのある仕事でもある。今日までに、こうした関心から優れた先行研究が蓄積されている。

本書は、熊谷直実の人物像や、武蔵国熊谷郷に本領を置いていた時期の熊谷氏の動向に関する、研究史上、重要な意義をもつ論文十三本を選び収録したものである。まず冒頭には、編者の研究関心に基づきつつ、研究史や研究の到達点をテーマごとに整理した総論を掲げた。第1部には、直実（蓮生）の人生を画した事件について実証的に明らかにした諸成果を収めた。続く第2部には、直実（蓮生）とその師となった法然との関係を論じた成果を収録している。最後に第3部としては、直実の所領がどのように受け継がれたのか、直実の子孫の家筋をどのように考えたらよいのか、解明しようとした論考を集めている。収録にあたっては、学説史的に高い意義をもちながらも、一般には入手や閲覧が難しい論文を中心に、転載の条件の整ったものを選択した。巻末には、直実（蓮生）が差出となり、あるいは筆者となっている文書史料を「熊谷直実（蓮生）関係文書」として収録した。

本書の刊行が、熊谷直実、および熊谷氏、さらには中世武士団研究の活性化に寄与するところがあれば幸いである。論文の収録を承諾いただいた執筆者各位には、あらためて厚く御礼申し上げたい。私にとって「シリーズ・中世関東武士の研究」の編者となるのは、第一六巻『常陸平氏』に続いて二冊目だが、相変わらず遅れがちな私の作業を、今回も辛抱強く見守っていただいた戎光祥出版株式会社編集部の皆さま、そして本書の刊行を実現していただいた同社代表取締役の伊藤光祥氏に、末尾ながら深い謝意を表したいと思う。

二〇一九年六月

高橋　修

目　次

熊谷直実

総論　熊谷直実研究の到達点と新たな課題

高橋　修

はじめに

熊谷直実は、武蔵国の武士であり、大里郡内の小規模な所領を領有する在地領主である。彼の生涯については、後述の通り、いくつかの局面で研究者の認識に差異を生じているが、ここではまず私の理解に即してその概要を示しておこう[1]。

直実以前の熊谷氏の系譜は明確ではないが、桓武平氏の末流と伝えられる。父直貞は、京から流浪し、旧東山道武蔵路ルートに沿って伸びる、武士団私市党のネットワークに依拠することにより武蔵国大里郡熊谷郷に所領を得ることができた。姻戚関係を結んだ成木一族の支援でここを本領とするが、直貞は若くして没したようである。残された幼い直実は、伯父の久下直光に養われて成長した。その過程で、熊谷郷はこの伯父の管理下に置かれ、直実自身も、長く直光の家人に等しい立場に甘んじることとなった。

こうした境遇を抜け出し、武士としてふさわしい所領として熊谷郷を確保することを、直実は希求する。直光から自立するため、久下氏を抑えてくれる主人を求めたのである。彼が初めに従ったのが、この時期、東国武士の編成に乗り出していた源義朝の長男・悪源太義平であった。久寿二年（一一五五）に起こった大蔵合戦で、直実は、源義賢を討った義平の勇猛果敢な姿を目にしていたのであろう。保元元年（一一五六）、保元の乱では、直実も京に出陣し義朝軍に加わっている。続く平治元年（一一五九）の平治の乱でも、彼は義平直属の精鋭部隊の一人として戦うが、義朝が敗れたため東国に戻ることになった。

乱後の平氏政権のもとで、直実が主君としたのは平知盛である。京都内裏大番役を勤めるため上洛した直実に、傍輩が直光の代官であることをあげつらった。これがきっかけとなり、直実は、武士身分を象徴する内裏大番役を主催し、武蔵国を知行する平家の公達を主君とすることを決断したのである。一方で、直実のこの選択は、直光との関係をこじれさせていった。

治承四年（一一八〇）、伊豆で源頼朝が挙兵すると、直実は平家直属軍として参戦し石橋山に頼朝を攻めたが、その後、頼朝のもとに参陣して旗下に加わることを許された。常陸佐竹氏を頼朝自らが攻めた金砂合戦において、直実は先頭を進み、抜群の戦功をあげ、頼朝から熊谷郷を本領として安堵されることになる。

元暦元年（一一八四）、直実は、宇治川の戦いで橋桁を渡って勇戦する。続く一の谷の戦いでは、西の木戸口から突入し、先駆けの功名をあげた。郷規模の所領しか持たない直実が戦場に従えることができたのは、息子の直家の他には、旗持ち一人であったと語られている。わが子と同年代の青年平敦盛を討つのは、勝敗が決した後のことであった。

内乱が終結して二年後の文治三年（一一八七）、鶴岡八幡宮放生会にともない挙行されることとなった流鏑馬の的立役の勤仕が直実に命じられる。ところが直実は、これに従うことができない。射手は騎馬、的立役は歩行という、

「皆傍輩」であるはずの御家人の勤めに上下の格差がつけられていることが、納得できなかったのである。頼朝は、直実が翻意できるよう、城南寺祭の例を引いて説得するが、それにも耳を貸さず、直実は本領熊谷郷の半分を失うことになり、これを機に御家人社会の第一線から退いたようである。

その直後、久下直光との間に、熊谷郷と久下郷との境界をめぐる相論が再燃する。頼朝の御前で行われた審理の最中、立て続けに尋問を受けた直実は、突然座を立ち、直光が頼朝の腹心梶原景時と結託していることを罵り、頼朝に証拠書類を投げつけて退出してしまう。さらに、西侍で髻を切り落とし、そのまま逐電する。頼朝は、直実を思いとどまらせようと、東海道筋の御家人や寺社に雑色を遣わし探索を命じている。

出家・出奔した直実（蓮生）は、西上する途中で伊豆山の専光房に宥められ、一旦は熊谷郷に帰るが、やがて伊豆山に留住するようになる。武士として自立するため戦場で犯してきた殺生に対する罪悪感が、堕地獄への恐怖となって日々彼を苛み、救済の教えを求めるようになっていた。五年ほどの歳月を経て、ここで、ある尼僧から法然の噂を耳にすることになる。澄憲（あるいは聖覚）を訪ねて上洛した蓮生は、その仲立ちで遂に法然との面会を果たす。建久四年（一一九三）頃のことである。手足を切り命をも絶ってようやく救われるかどうかと怯えていた彼は、「ただ念仏すれば往生は間違いない」とする法然の言葉に導かれ、熱烈な専修念仏の行者となった。

元久元年（一二〇四）、蓮生は、鳥羽の阿弥陀像の前で上品上生往生を発願する。最高位の往生を遂げ、自ら衆生の救済を担うことを願ったのである。直実の京での足跡が確認できるのは、この年までである。法然の往生観と微妙な齟齬を生じた蓮生であったが東国に下った後は専修念仏の布教に努め、以後、東国の専修念仏の徒は確実にその数を増していった。

建永元年（一二〇六）、蓮生は、熊谷郷に接する村岡の市に高札を立て、翌年二月八日の往生を予告する。当日になって一旦は延期したものの、再び九月四日を指定し、群衆が集まる熊谷宿所で、法然から授けられた迎接曼荼羅を本尊として掲げ、その前で高声念仏しつつ、さまざまな奇瑞を伴いながら息を引き取った。その様子を伝え聞くことにより、人々は蓮生が上品上生往生を遂げたことを確信したのである。

以上のような熊谷直実の生き方は、東国における武士団形成史・鎌倉幕府成立史を、武士社会の底辺からうかがうことができるきわめて貴重な事例である。小さな所領しか持たない中世武士に関する史料・資料が、これだけ豊富に残る事例は他にないだろう。直実の子孫が安芸に存続し、「熊谷家文書」を残してくれたことの恩恵は大きい。また、彼の特徴ある生き方が文学作品の素材となったことにより、虚実を慎重に見極めなければならないものの、豊富な情報が今日に伝えられることになった。

さらに、出家後の彼の熱烈な信仰は、法然やその教団にも、その足跡を刻み込む。彼の言葉や行状を伝える伝記からは、戦場で自ら多くの敵を手にかけた底辺の中世武士が向き合わなければならなかった、殺生をめぐる精神的葛藤をうかがうことができる。

「シリーズ・中世関東武士の研究」の一冊に加わる本書の総論としての本稿の目的は、こうした高い研究意義をもつ直実や熊谷氏をめぐる学説を整理し、研究の到達点を見極めることである。直実や熊谷氏をめぐっては、特に近年多くの注目すべき実証的な成果が発表されており、研究史の新たな段階を迎えている。そうした最新の研究において、特に見解がわかれる論点を抽出し、研究課題を明確化することにより、今後の研究の一層の進展に資することを目的とする。そのため、あえて整理に徹するのではなく、私見との相違についても、明確に示そうと思う。

ただし、以下の論述は、私の専門とする分野と紙幅の関係から、政治史・社会経済史を中心とした検討に限られる。仏教史・思想史的な研究成果については部分的な言及に止めざるをえない。また、直実は後世の文学作品や芸能の中で新たな生命を吹き込まれることになるが、それらについても、ここで本格的な検討を施すことは難しいので、あわせて今後の課題としたい(2)。

一、史料と概説、熊谷氏の系譜

ここでは、まず熊谷直実（蓮生）や熊谷家、熊谷郷に関する史料の刊行状況と、直実の生涯の全体像を示した刊行物について紹介する。次いで、熊谷氏の系譜について学説を整理する。直実以前に遡る熊谷氏の系譜については、史料的制約もあり、必ずしも明らかではない。また、直実の嫡男・直家以後の家督や所領の継承についても、諸系図には作為がみられることが指摘されており、研究者の見解もわかれたままである。特に後者は、近江塩津熊谷家や安芸熊谷家の家系をどうとらえるのかという問題ともかかわるので、可能な限り丁寧に整理する。

（1）史料と概説

のちに安芸に本拠を移すことになる熊谷家には、建久二年（一一九一）三月一日付蓮生譲状を含む「熊谷家文書」という良質の武家文書が伝来する。熊谷氏研究は、この好条件により進展してきた。この文書群は、一九三七年に、東京帝国大学文学部史料編纂所編『大日本古文書　家わけ一四　熊谷・三浦・平賀家文書』として翻刻された。

一九七〇年には、埼玉県立図書館編『熊谷家文書』（埼玉県史料集三）が、武蔵国熊谷郷に関する文書を中心に解説・写真をつけて翻刻し、研究者に大きな便宜を与えてきた。

二〇一三年、熊谷市教育委員会編『熊谷市史』資料編二 古代・中世が刊行された。同書には、直実と熊谷家、熊谷郷にかかわる文字史料が網羅的に収集され、「熊谷家文書」をはじめとする重要文書については、鮮明な図版が別冊として収められており、利用価値が高い。

直実の生涯を概観した刊行物としては、一九一三年、旧制熊谷中学校教諭を勤めた経歴をもつ渡辺世祐が八代国治とともにまとめた『武蔵武士』が、直実についての一章を設けたのを嚆矢とし(3)、その後、熊谷市史編纂委員会編『熊谷市史』前篇・後篇等にもまとまった概説的記述がある。

熊谷市文化連合編『熊谷直実』は、全国に広がる直実・蓮生伝承まで視野に収める興味深い成果である(4)。梶村昇『熊谷直実』は、その一生を、特に法然とのかかわりに注目して俯瞰した著作である(5)。中世史研究の分野では、近年、高橋修が『熊谷直実 中世武士の生き方』を刊行した(6)。史料の再検討により、新たな直実像を復元する。なお、熊谷市立図書館（現熊谷市立中央図書館）では、郷土展示室において、数回にわたり直実に関する企画展が開催されており、一般向けの図録も発行されている(7)。

二〇一八年には、熊谷市教育委員会編『熊谷市史』通史編・上巻（原始・古代・中世）が刊行された。直実について二節を設け、熊谷市域を含む武蔵北部の中世武士の成立・成長の過程を展望できるよう配慮された構成となっている。

（2）直実以前の系譜——熊谷氏の成立

直実以前の家系、すなわち熊谷氏の成立過程を復元するには、系図などの二次史料や、『吾妻鏡』にみられるわずかな記述に頼らざるをえないのが実情であり、それらの慎重な史料批判が必要となる。まず、確認すべき論点を概括しておこう。

治承寿永の内乱以前の直実の立場について言及する研究が必ず依拠するのが、『吾妻鏡』建久三年（一一九二）十一月二十五日条の後半部分である[8]。該当部分を次に引用しておく。

> 直光者、直実姨母夫也、就其好、直実先年為直光代官、令勤仕京都大番之時、武蔵国傍輩等勤同役在洛、此間、各以人之代官、対直実現無礼、直実為散其欝憤、属于新中納言（知盛卿）、送多年畢、白地下向関東之折節、有石橋合戦、為平家方人、雖射源家、其後又仕于源家、於度度戦場抽勳功云々、而棄直光、列新黄門（平知盛）家人之条、為宿意之基、日来及境違乱云々、

この記述によると、平氏政権の時代、直実は伯父・久下直光に従属的な立場にあり、それを脱するために平知盛に仕えたということになる。義江彰夫は直光を武蔵権守ととらえ、平安後期、在庁官人最上位の立場から守護人として武蔵国内武士を統率する主体であったと位置付けている[9]。

この義江彰夫の説をうけて、一九八〇年、鈴木哲雄は熊谷氏の熊谷郷支配について考察する[10]。鈴木は、久下氏に従うことで熊谷郷を開発し、その支配を実現した熊谷氏の在地領主制は、班田農民の分解から富豪層の成立を経て領主支配に進化する「下からのコース」ではなく、国衙在庁官人の家から庶子が分出し、開発により領主制を実現する「上からのコース」に当てはまるものと規定している。鈴木説は、東国における在地領主制の成立について、上野新

田氏や常陸真壁氏の事例に即して論じた小山靖憲の所論を踏まえたものだが[11]、こうした国衙公権の分有や分割相続といった論理は、その後の武士団形成史研究の中で批判的に検討されることになる。

また、野口実は地方武士の「権守」をそのまま住国の権守と考えることはできないと指摘している[12]。確かに、直光は「久下権守」を称したようだが、久下家蔵「久下系図」の直光の項には「山城権督(守)」とあり[13]、無前提に直光を武蔵権守とみることはできない。都で活動する武士が、河内源氏などの仲介により受領に郎等として従い、その武力を構成するような実態も指摘されている[14]。直光の場合も、そうした一事例かもしれない。

つまり、熊谷氏の成立を、久下氏との関係から在地領主制の「上からのコース」とみなすことは、論理的にも実証的にも難しいのである。

在地領主支配の成立を、耕地の開発を中心としてではなく、交通や流通への関与という視点から解こうとした高橋修は、熊谷氏について分析する前提として、まず諸系図の直貞・直実父子に関する記述を整理する[15]。熊谷氏の由緒の誇示に直接結び付かない記述に信用を置きつつ、①幼い直貞が小沢大夫（武蔵国多摩郡・橘樹郡小沢郷の領主）のもとに寄留したこと、②直貞は成木大夫（同多摩郡杣保成木郷の領主）の婿となり、熊谷郷を領有したこと、③直貞の夭折により、直貞の遺児直正・直実兄弟は、成木大夫の息子で母の姉妹の夫ともいわれる久下直光の庇護を受け、やがてその従属下に置かれたこと、などの経緯を復元した。さらに、ここに登場する小沢氏・成木氏・久下氏や、中世前期のうちに熊谷氏が姻戚関係を結んだ恩田氏・吉見氏・喜多見氏が、いずれも旧東山道武蔵路ルート（後の鎌倉街道上道支道「下野線」）沿いに所領を形成していることから、街道を媒介とした武士団結合を想定し、これを直貞以来の熊谷氏がかかわりをもったネットワークとみなした。さらに、熊谷氏の所領の復元的考察から、町場の領主としての性格を見出すわけだが、それをめぐる議論の展開などについては、改めて次章で整理したい。

なお、熊谷氏の祖先伝承としては、桓武平氏・平直方流とみなす系図が普及している。東国受領や平忠常の乱の追討使として関東諸国にかかわりをもち、鎌倉の拠点を源頼義に譲り渡したことでも注目される直方だが、熊谷氏や北条氏の祖先伝承に登場することの意義については、今後の検討課題である(16)。また、高橋和弘が指摘するように(17)、『熊谷市史』前編には、「七党系図玉敷神社条」等といった未検討の熊谷氏の系図が紹介されている。始祖を宣化天皇に求め、直実以前の歴代についても桓武平氏流の系図とは異なる実名を採用しており、今後の検討が必要である。

（3）直実以降の熊谷氏

【直国の位置】直実の後、熊谷家の家督は嫡男直家に継承された。その晩年に承久の乱がおこり、熊谷家は分裂する。瀬田での激戦の中で討ち死にした直国の子孫が、新恩として安芸国三入荘を安堵され、本領・熊谷郷とともにこれを受け継ぐことになる。この熊谷郷の熊谷氏は、後に安芸に移住することとなるわけだが、直家から直国の系統につながる家系は確定できているわけではない。諸系図は、いずれも直国を直家の子とするが、この親子関係には疑問がある。

錦織勤は、『熊谷家文書』所収の正安二年（一三〇〇）閏七月二十七日付関東下知状にみえる、熊谷直光（満）と発智二郎後家明法代乗信との間で争われた熊谷郷西方の年貢等をめぐる相論における双方の主張の相違に注目する(18)。ここで、直光は「当郷西方者直光惣領也」と訴え、明法側は「祖父直実法師法名蓮性（生）跡惣領者、二郎左衛門尉直忠也」と反論している(19)。幕府は、明法が領知する田・在家が西方に所在する以上、年貢などは西方惣領直光に納めるべきだとする判決を出すが、直実跡の惣領を直忠とする認識については争われていない。これによれば、直国→直光の家系は、本領熊谷郷を領有する一族の惣領ではあっても、直実跡全体の惣領ではなかったということになる。そして、直実跡の惣領は、別に直忠という人物がいたことになるのである。

錦織は、諸系図の直家―直国間の父子関係を疑い、直国は、建久二年（一一九一）三月一日付蓮生（熊谷直実）譲状で[20]、熊谷郷を譲られた直実の庶子真家（正しくは実家か）の子孫である可能性を指摘している。この文書自体が、真家から、さらに直国の子孫（安芸熊谷家）に伝来することもその傍証としてあげている。

錦織の提起を承け、直実跡の惣領とされる直忠についてより深く追究した成果を、二〇〇七年に柴﨑啓太が発表する[21]。柴﨑は、「菅浦文書」にあらわれる塩津熊谷氏を[22]、直実の兄・直正の子孫とする諸系図の説を退け、これを直実から直家に継承された家系の嫡流とみる。塩津熊谷氏とは、近江国塩津荘地頭職を所持し、同菅浦地頭（惣追捕使）職を兼帯した一族である。「菅浦文書」からは、承久の乱後、菅浦惣追捕使職を宛行われた小串民部大夫入道の婿として同職を預けられた「熊谷二郎左衛門尉直村」、菅浦で乱暴を働き供御人らに提訴された「七郎次郎（二郎左衛門尉）直忠」「舎弟余一直明」といった人物が、塩津熊谷氏の一族として検出できる。柴﨑は、このうちの直忠を、正安二年関東下知状の直実跡惣領「二郎左衛門尉直忠」に比定したのである。なお、塩津熊谷家・安芸熊谷家いずれも、直実嫡流を意識した「二郎」を仮名と

熊谷氏略系図①（熊谷家蔵「熊谷系図」より作成）

直貞―┬―直正―忠直―景定―直綱―朝直―直村―┬―直重
　　　│　　　　　　　　　　　　　　　　　　　└―直明
　　　└―直実―┬―直家―直国―直時―直高―直満
　　　　　　　└―実景

熊谷氏略系図②（高橋修試案）

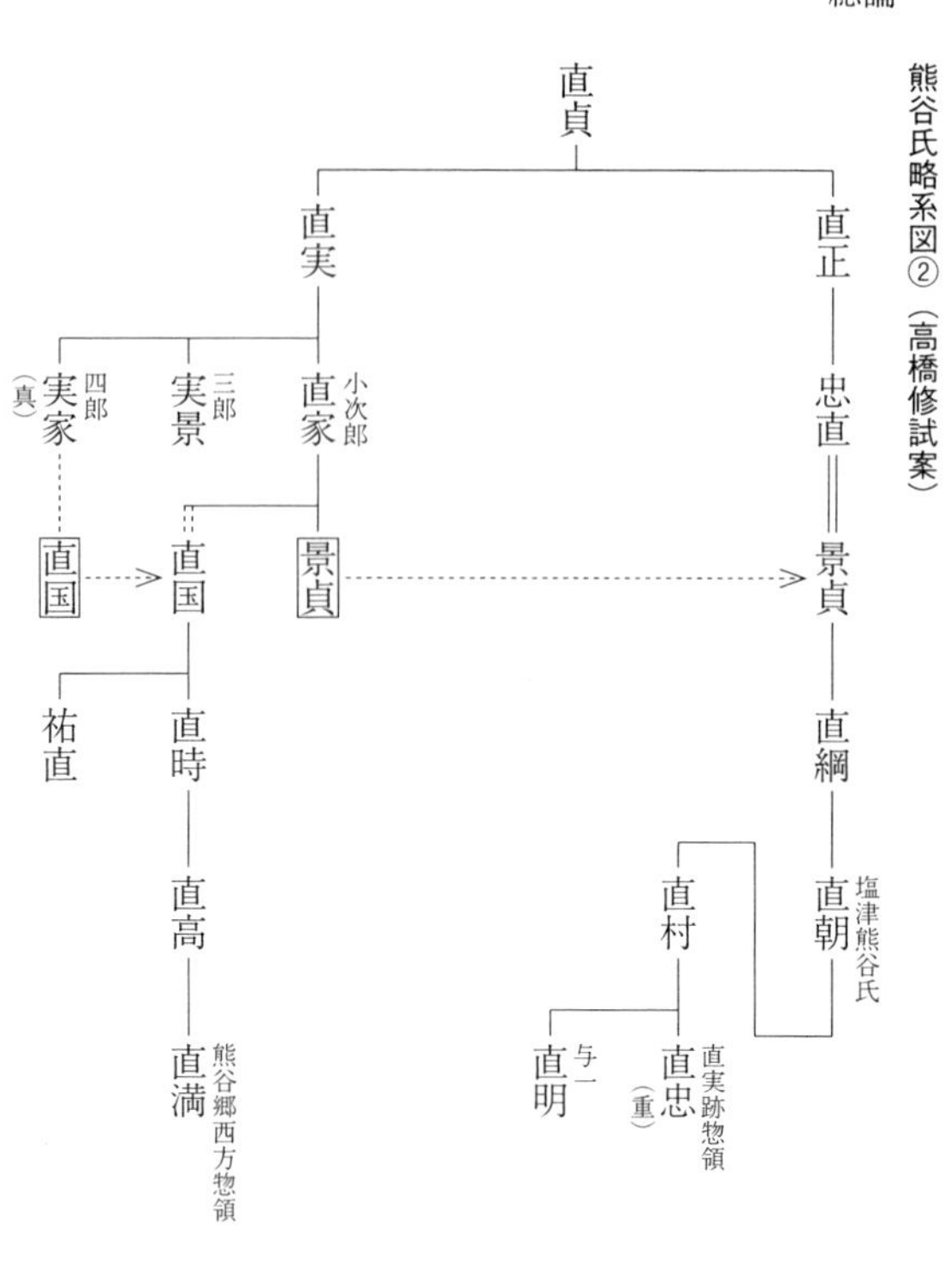

していたことを、柴﨑はあわせて指摘している。

【塩津熊谷氏と安芸熊谷氏】先述の通り、塩津熊谷氏について、諸系図はいずれも直実の兄・直正の子孫として位置づけている。『菅浦文書』に直忠の弟として所見する「余一直明」は、熊谷家蔵「熊谷系図」の直正の家系に「与一直明」とみえる。同じく、「熊谷二郎左衛門尉直村」も直明の父として確認できる。[23]『菅浦文書』に登場する人物のうち、「熊谷系図」に見当たらないのは、正安二年下知状で直実跡惣領とされている直忠のみだが、直村の子、直明の兄の位置にみえる直重には、「二郎左衛門」の官途名が付けられており、年代と官途の一致から、直重と直忠は同一人物であった可能性が高い。

　このように、「熊谷系図」の直正の家系に関する記載は、かなり確度が高いものであり、塩津熊谷氏を直正の直系とみる系譜認識は尊重すべきであろう。続群書類従所収「熊谷系図」の景貞（直家の子）の孫・直朝には「江州塩津熊谷衆此筋也、直貞ヨリノ惣領也、雖然直実ガ跡ヲバ直国続之」という注記が付けられている[24]。では、正安二年下知状で、なぜ直正流の直忠（重）が、直実跡惣領と認識されたのか。注目すべきは、熊谷家蔵「熊谷系図」に書き込まれた、景貞に関する次のような注記である。

生得直家ノ嫡子たりといへ共、忠直実子ナキ故養子トス、承久兵乱ノ時、為京方廿八歳ニシテ討死ス、其故直家ノ惣領識（職）ヲハ次男直輔継、後直国ト号ス、

承久の乱への対応にあたり、熊谷家では、一族の対応が割れた。直国は幕府軍に加わっているが、直実の庶子・実景や直家の子・景貞らが上皇方に味方した。瀬田での激戦の中で、直国が討ち死にを遂げ、熊谷家は恩賞として安芸国三入荘地頭職を獲得するが、一方で上皇方についた景貞らを正当な家系から排除する必要に迫られた。承久の乱時の惣領は、直家が健在だったようだが、こうした事態を受けて、直家は景貞を廃嫡し、衰えていた直正流の継嗣に、彼を位置づけたのではなかろうか。景貞に替わって嫡男に迎えられたのが、家を救った直国とその子孫だったのだろう。錦織の指摘の通り、直国は、直家の庶子として熊谷郷を譲られた真家（実家）の子と考えるのが適当であろう。それにより、直国の子孫は、本領・熊谷郷と新恩・安芸三入荘とを相伝することになったのである。時が過ぎ、塩津熊谷家の家督を継承していた景貞の家系が復権した時、直実跡の惣領としての地位もあわせて回復したと考えれば、すべてつじつまが合うのではなかろうか[25]。

付言すれば、『吾妻鏡』元暦元年（一一八四）十二月七日条には、近江源氏・佐々木盛綱に従う郎従・熊谷四郎の名がみえる[26]。治承寿永の内乱の時点で、すでに近江佐々木氏に従う一族が存在したわけであり、熊谷氏はそれ以前から近江に活動の場をもっていた可能性が高い。直正流が近江を拠点に在京活動を担い、直実が本領熊谷郷を管理するというような、兄弟分業のかたちを想定すべきなのかもしれない。

武家の家系図には、一次史料としては失われた情報が残されている場合がある一方で、家の由緒や正統性を示すための虚飾が施されることも多い。熊谷家の場合、承久の乱の結果、戦功により新恩を獲得する一方で、上皇方加担者を出した失点を覆い隠すため、かなり大胆な家督の入れ替えや惣領家の変更があったようであり、諸系図はそれを覆い隠そうとしているのである。

なお、建久二年に蓮生（直実）が譲状をしたため、庶子・真家（実家）に熊谷郷を譲与したことは間違いないが、実はこの時、嫡男・直家にはいずこの所領が譲られたのか、わかっていない。大井教寛は、今も熊谷氏の子孫と認識を持つ住民が数多く暮らす気仙沼地方の所領を想定するが[27]、この問題は、熊谷氏の所領の全体像や一族の分布を復元しようとする際の残された課題となっている。

二、直実の出家と往生

熊谷直実は、その生涯をたどることができる史料に恵まれている。もちろん、その中には編纂物や文学作品も含まれ、それらについては厳密な史料批判が必要だが、治承寿永の内乱期から鎌倉幕府の草創期を生きた、中小武士の生き方を復元できる貴重な事例といえる。ただし、その復元に当たっては、年次や場所、事実の認識や評価において、見解がわかれる局面もある。冒頭に示した直実の生涯に関する私の理解も、すべてが大方の承認を得ているわけではない。ここでは、直実の生涯を考察する上で重要な画期となる、出家と往生に関する諸説を整理し、必要に応じて私見を提示したい。

（1）出家

出家の年次については、史料によって違いがあり、まずその確定が必要となる。また、出家の理由についても、諸説が対立している状況にある。

【直実の出家年次】『吾妻鏡』建久三年（一一九二）十一月二十五日条・同年十二月十一日条・同年十二月二十九日条によると[28]、頼朝の御前での伯父久下直光との熊谷郷・久下郷境相論に関する問答に敗れた直実は、証拠文書を主君に投げつけ、西侍で髻を切り出奔してしまう。その後、走湯山の専光房と行き合い、上洛を思い止まることになるが、この時にはすでに「法体」であったという。

この記事の年次と矛盾するのが、その前年の建久二年三月一日の日付をもつ蓮生（熊谷直実）譲状である[29]。これは、直実が庶子・真家（実家）に熊谷郷を譲与する内容の譲状だが、その奥上には「僧蓮生」の署判が据えられているのである。つまり、この譲状に従えば、『吾妻鏡』の出家・出奔事件の前年に、直実はすでに出家していたことになる。

この蓮生譲状について、『大日本古文書』が当時のものではないが鎌倉時代のうちには成立した文書という評価を按文に示したため、従来の研究は、『吾妻鏡』の年次の方を信用する傾向があった。そうした中で、赤松俊秀は一九六六年の論文で、「僧蓮生」の花押は清凉寺蔵「蓮生夢記」にみられる花押と一致し、蓮生譲状は建久二年の文書とみなすべきであり、『吾妻鏡』の方に事実誤認があると指摘した[30]。

この赤松の説を継承し検討を深めたのが、二〇〇五年の林譲の論文である[31]。林は、蓮生譲状の蓮生の花押が他の文書のものと完全に一致することを確認し、本文中の「家真」に付された「さねいえ」の四文字それぞれが、他の文書にみられる蓮生の筆跡と同じであることを突き止めた。これにより、蓮生譲状が当時の文書であることが明確になり、直実の出家が建久二年三月以前のことであることも確実となったのである。[32]

では、建久二年の蓮生譲状を当時の文書と認めた上で、直実の出家・出奔事件に関する記事を建久三年に収める『吾妻鏡』の作為を、どのように評価したらよいのか。それが次の課題となった。

【直実出家の経緯】先に掲げた『吾妻鏡』の記事について、年次はともかく、事件内容までは否定できないとすると、鎌倉時代後期における『吾妻鏡』編者の意図は何処にあったのか。この問題に答えたのが、二〇〇八年の森内優子の研究である。[33]

『吾妻鏡』正治元年（一一九九）四月一日条には、幕府問注所が将軍御所の外に新造され始動したことを伝える記事が収められている。[34]『吾妻鏡』は、その経緯について「是故将軍御時、営中点一所、被召決訴論人之間、諸人群集、成鼓騒、現無礼之条、頗為狼藉之基於他所可行此儀歟之由、内々有評議之処」と説明し、そうした「狼藉」の典型的な事例として直実の出家・出奔事件をあげている。森内は、この記事に『吾妻鏡』編者の作為を見出し、事の真相は、頼朝死後、有力御家人たちが頼家から将軍親裁の権利を取り上げるため、問注所を御所の外部に移転させたもので、直実の起こした事件は、その言い訳に利用されたものとみるのである。

では、直実の出家・出奔事件は、なぜ建久三年（一一九二）でなければならなかったのか。この問いについても、森内の示す解答は明確である。森内が重視するのは、建久二年の鎌倉大火である。直実の一件をそれより前に収めてしまうと、幕府や有力御家人の屋敷を含む鎌倉の主要部が焼失したこの火災後の都市再建の際に、それ以前からの懸案であった問注所の御所外移転が実現されなかったことの説明がつかなくなってしまう。そのため問注所移転の理由としての直実出家・出奔事件は、建久二年大火より後、正治元年の問注所移転より前に収められなければならなかったのである[35]。

では、実際の直実の出家年次についてはどのように考えたらよいだろうか。森内説を踏まえ、段階を追って整理しておこう。まず、①文治三年（一一八七）八月、直実は鶴岡八幡宮放生会流鏑馬の上手的立役に指名されているので[36]、この所役の性格から考え、この時点ではまだ出家していないことが確実である。しかし、②文治五年七月に起こった奥州合戦に直実は出陣せず、嫡男の直家が出陣しており[37]、出家はともかく、御家人社会から引退していた可能性が高い。そして、③建久二年三月、譲状に僧蓮生と署判を据えたのであり、この時までに直実は確実に出家している。

このように整理できるとすれば、直実が熊谷家の当主の座から退いたのは、①と②の間、すなわち文治三年八月の的立て役拒絶事件を契機として、その直後のことと考えるべきであろう。そして、それから③の蓮生譲状が書かれる建久二年三月までの間に出家を遂げたのだろう。

出家の時期について、森内は、直実が境相論を契機として出家したこと自体も『吾妻鏡』には従わず、建久二年一月十五日、頼朝の政所吉書初にともない、政所下文発給により所領を安堵し直すことが発表されたことに対応して、直実が出家して正式に御家人の地位と所領を子息らに譲り渡したものと解釈する。それに対して、高橋修は直実出家・出奔事件の内容自体は『吾妻鏡』に従うべきものと考えている[38]。熊谷郷・久下郷境相論は、的立役拒絶事件で直実が失脚した後、久下直光による熊谷郷回収の動きが活発化し提訴がなされ裁決に至ったものと認識すべきであり、出家・出奔の経緯まで、『吾妻鏡』の創作とみなす必要はないだろう。

なお、直実は出家した後、そのまますぐに法然の門下に加わったわけではない。吉水入門に至る間の彼に影響を与えたのは、走湯山（伊豆山）の浄土教団であった。この間の蓮生の動向や、彼を法然に繋いだ澄憲（あるいは聖覚）についても研究成果の蓄積がある。五来重[39]・福田行慈[40]・小此木輝之[41]等の研究を参照されたい。

【直実出家の理由】では、直実はなぜ出家を遂げなければならなかったのか。その生涯を武士として全うできなかったのか。この問題を考える上で、『平家物語』諸本が語る敦盛最期の場面の評価が不可欠となる。一の谷の戦いで勝敗が決した後、直実は沖の船に逃れようとする武将を招き返し、組み敷いて頸をとろうとした時、それがわが子と変わらぬ年代の青年であることに気づく。味方の軍勢が背後に迫る中、直実は泣く泣く彼の頸を落とすことになる。この若武者が平敦盛であることがわかったのは、戦が終わった後のことだったという。『平家物語』（覚一本）は、これを「熊谷が発心」を進めたきっかけと語っている[42]。

一九七八年の著書の中で、永井路子は、直実を「若武者一人殺したことにショックをうけ、人生観まで変ってしまうような人間ではなかったはずである」ととらえる[43]。敦盛を討った後も「八年間」はそのまま御家人として出仕しており、出家の理由は、『吾妻鏡』にある通り、久下直光との所領争いに敗れ、幕府体制から脱落したためと認識している。『平家物語』の説話を退け、あくまで「一所懸命」（御恩と奉公）の武士として、直実を評価するのである。

それに対して、一九八五年、上横手雅敬は、『吾妻鏡』の記事に信用を置きつつも、直実の出家理由を所領争いに限定しない。武士が合戦での殺生に疑問を持つことはありうるのであり、『平家物語』の描く「若き生命へのあわれみは、直実の不屈や武勇と決して矛盾するものではない」と論じている[44]。

両説を承けて、高橋修は、鎌倉殿の前では御家人はみな傍輩とする、いわゆる「傍輩の論理」のもとで武士としての自立を勝ち取った直実が、幕府体制下で発言力を増す有力御家人の利害が優先される現実に直面し、主君と体制に絶望したことを直接の出家の契機とみる。一方で、近年の武士論が明らかにしてきたように、武士であることにともなう殺人者としての苦悩が直実の心をむしばんでいたことも確実であり、その出家理由を、『平家物語』『吾妻鏡』いずれの記事も活かして考察することが必要ではないかという問題提起を行った[45]。

いずれにせよ、熊谷直実の存在は、形成期の鎌倉幕府体制と「堪器量輩」と呼ばれたような底辺の武士との間に生じた政治的矛盾や、武士がその特殊な職能ゆえに抱えていた苦悩について考察を深めることができる貴重な素材であることは間違いないだろう。

（2）往生

蓮生（熊谷直実）の最期についても、史料上、年次や場所に大きな差異があり、その確定が必要である。

【蓮生往生の年次】 まず、『吾妻鏡』は承元二年（一二〇八）九月三日、家督を継いでいた直家が、父が同月十四日の往生を予告したことを知り、急遽、京に向かったことを伝えている。そして、同書の十月二十一日条によると、蓮生は東山草庵において予告通り往生を遂げ、その状況は、上洛していた東重胤によって、幕府に伝えられたという[46]。つまり、『吾妻鏡』によれば、蓮生は承元二年九月十四日、京都東山において予告往生を遂げたことになる。

一方、後伏見上皇の勅命により、文保元年（一三一七）頃完成した『法然上人絵伝』巻二十七の所伝は、年次も場所も『吾妻鏡』とは異なっている[47]。建永元年（一二〇六）八月、蓮生は「村岡の市」に高札を立て、翌年（建永二年、承元元年）二月八日に「熊谷が宿所」において往生することを予告する。しかし、当日になって延引を宣言し、九月四日の往生を改めて予告する。人々はあざけるが蓮生は気にも留めず、やがてその日を迎えると、法然から授けられた迎接曼荼羅の前で念仏を唱えながら往生を遂げたという。

従来の研究は、『吾妻鏡』の説に信を置く傾向が強かったが、林譲は、二つの史料に厳密な史料批判を加え、『吾妻鏡』の説が孤立しているのに対して、『法然上人絵伝』には、先行して製作された『法然上人伝記』（九巻伝）[48]や清涼寺に所蔵される古文書等、[49]信用できる典拠があり、「迎接曼荼羅由来記」[50]、『真如堂縁起』所引法然書状、[51]『法然上人絵伝』所引九条兼実書状など、符合する同時代の史料も多いことから、後者の方が信頼度が高く、『吾妻鏡』の記事は、「時期を一年間違えた、いわゆる切り貼りの間違い」と推定している。[52]

林による考証は納得できるものであり、年次の判断に異論はないが、『吾妻鏡』の記事を、単なる「切り貼りの間違い」として済ませてしまってよいかどうかは、改めて検討を要する。

【蓮生往生の場所】『吾妻鏡』と『法然上人絵伝』が食い違うのは、年代のみではない。蓮生の往生の場所が異なるのである。

蓮生は元久元年（一二〇四）五月十三日、京の鳥羽で上品上生往生を発願し、同年十一月七日付のいわゆる「七箇条制誡」に「八日追加人々」の一人として署判を加えたのを最後に、[53]以後、京都で活動した形跡がない。元久三年（一二〇六）十月、承元元年（一二〇七）正月、同年四月に彼が東国にいたことは、確実な史料で確認できる。[54]都から姿を消してから往生を迎えるまでの間、蓮生は東国にあったと考えるべきであろう。

ではこの間、彼は何をしていたのか。法然はその書状の中で、「専修念仏三十余人は、よにありがたくおほえ候」「（津戸為守や）くまかや（熊谷）の入道なんとのはからひにてこそ候なれ」と述べ、蓮生の武蔵国での布教の成果を高く評価している。[55]鎌倉時代中期に成立した仏教説話集『古事談』は、東国の専修念仏について「熊がえ（谷）の入道が弘めおきたる一向専修の僧徒」と表現している。[56]『法然上人絵伝』が「坂東の阿弥陀仏」と評する蓮生が、東国で専修念仏を広める活動を集中的に展開したのは、衆生の救済のため上品上生往生を実現しようと思い定めて関東に下ったこの時期を措いて他には考えられない(57)。

こうした東国における積極的な布教活動の終着点に、予告往生というパフォーマンスを位置づけるべきなのであり、蓮生の往生の場所は、『法然上人絵伝』の説くごとく、武蔵国熊谷郷の「熊谷が宿所」とみるのが妥当であろう。なお、蓮生往生に関する『吾妻鏡』の記事は、「切り貼りの間違い」ではなく、別の情報源によったためと考えられるが、それがどこなのか、『吾妻鏡』がこの説を採用したのはなぜなのか、別に考察の機会をもちたいと考えている(58)。

なお、蓮生の上品上生往生発願の思想史的背景や、それをめぐる法然との緊張関係、その後の蓮生の同法や後継者たちの動向については、水谷一(59)・斎木一馬(60)・福田行慈(61)・松井輝昭(62)・菊地大樹(63)等の研究があるので、あわせて参照いただきたい。また、蓮生往生と密接な関係にある清凉寺蔵迎接曼荼羅図およびそれを含めた法然・蓮生関係史料については、濱田隆(64)・吉村稔子(65)の成果が注目される。特に吉村論文には、安芸熊谷家から清凉寺に蓮生関係史料が移された経緯や背景について究明した重要な成果が含まれており、この問題について考察する際、不可決な前提となる。

三、本領・熊谷郷の構成と構造

武士とは、武芸を担う分業が国家的に承認された身分と規定することができる。武士としての職能を全うするためには、その経済的・社会的基盤となる所領の領主的支配の実現が不可決である(66)。その起点は、十一世紀初頭以来の国衙の荒廃公田開発奨励策を背景とする私領の開発にある。すべての私領が、中世武士の所領に発展するわけではないようだが[67]、領有の継続により地主職と呼ばれるような強い領有権を認められ、子孫に相伝される場合もあった。また、中央の寺社や皇族・貴族にそれを寄進し立荘に成功すれば、荘官としてより大きな領域の支配に関与することもできた。こうした私領開発に起点をもつ武士の所領の中から本領が選択され、苗字（名字）の地となるのである。

熊谷氏が苗字の地とした熊谷郷は、東国の中小武士の本領の領域構成や領有関係、地域支配の構造を知ることができる貴重な素材である。特に近年の研究の中で、その漠然としたイメージが現地の地形や景観に即して具体的に復元されつつある。ただし、提起された所説には相互に理解がわかれる部分もあるので、ここではそれらを整理し、研究の到達点を見定めたい。

（1）熊谷郷の領域構成

諸系図の書き込みなどから、熊谷氏の本領としての熊谷郷については、直貞が成木大夫の婿となることにより、成木氏や久下氏の支援のもとに開発を進め所領化に至ったという経緯をイメージすることができる。その後、直貞の早世等の要因により、直実が相続した時期には所領として安定せず、熊谷郷は境界を接する久下郷を本領とする久下氏による圧迫を受け続けた。直実が悪源太義平や平知盛を主人としたのも、熊谷郷を所領として確保し、武士としての自立を実現するためであった。

治承四年（一一八〇）十一月の常陸金砂合戦での軍功により、直実は、陣中において頼朝から格別の恩賞を確約される[68]。その翌月、武蔵国の武士には一括して「地主職」が安堵されるが[69]、これは、中小規模の領主が数多く存在する同国においては、所領の個別安堵に時間を要するため、根本となる領有権を暫定措置として安堵したものであろう。金砂合戦の功により、熊谷郷が本領として直実に安堵されるのは、『吾妻鏡』によれば治承六年（寿永元年、一一八二）六月五日のことである。[70]

以下、ここでは、こうした経緯を経て安堵された熊谷氏の本領・熊谷郷の領域構成にかかわる諸説を整理し、再検証することにする。

【荒川の流路】熊谷郷を現地景観に即して復元しようとする際、まず荒川流路の変遷をどうとらえるかが、重要な課題となる。現在の荒川は、熊谷市街地の南を東西に流れ、かつての熊谷郷の中心部（後述）と熊谷郷の南の境界に開かれた村岡市（宿）の故地とを分断している。『法然上人絵伝』巻二十七の蓮生の往生に関する記事をみると、直実の時代、熊谷郷の中心部と村岡の市とは接続する位置関係にあったようであり、[71]荒川の流路が現河道に落ち着いたのは、直実の時代より後のはずである。そうした意味でも、中世熊谷郷のかつての姿を復元するためには、荒川流路の変遷をどうとらえるかが、前提作業となるのである。

現在は熊谷市の市街地の南を東西に流れる荒川が、古くからたびたび流路を変えていたことは、旧河道の痕跡などから明らかであり、中世のいずれかの時期に、現市街の北から同じく南にその流れを移したことが推測されている。これまで、主に自然地理学や考古学の分野において検討が積み重ねられてきたが、[72]最近では大井教寛が、文献史学の立場から重要な仮説を提示しているので、以下に紹介しておこう。[73]

大井は、『熊谷家文書』所収の譲状を点検し、まず熊谷氏の所領として熊谷郷が譲与の対象となっている譲状の終見を応永十年（一四〇三）、[74]対象となっていない譲状の初見を永享二年（一四三〇）[75]と押さえる。この間に、何らかの

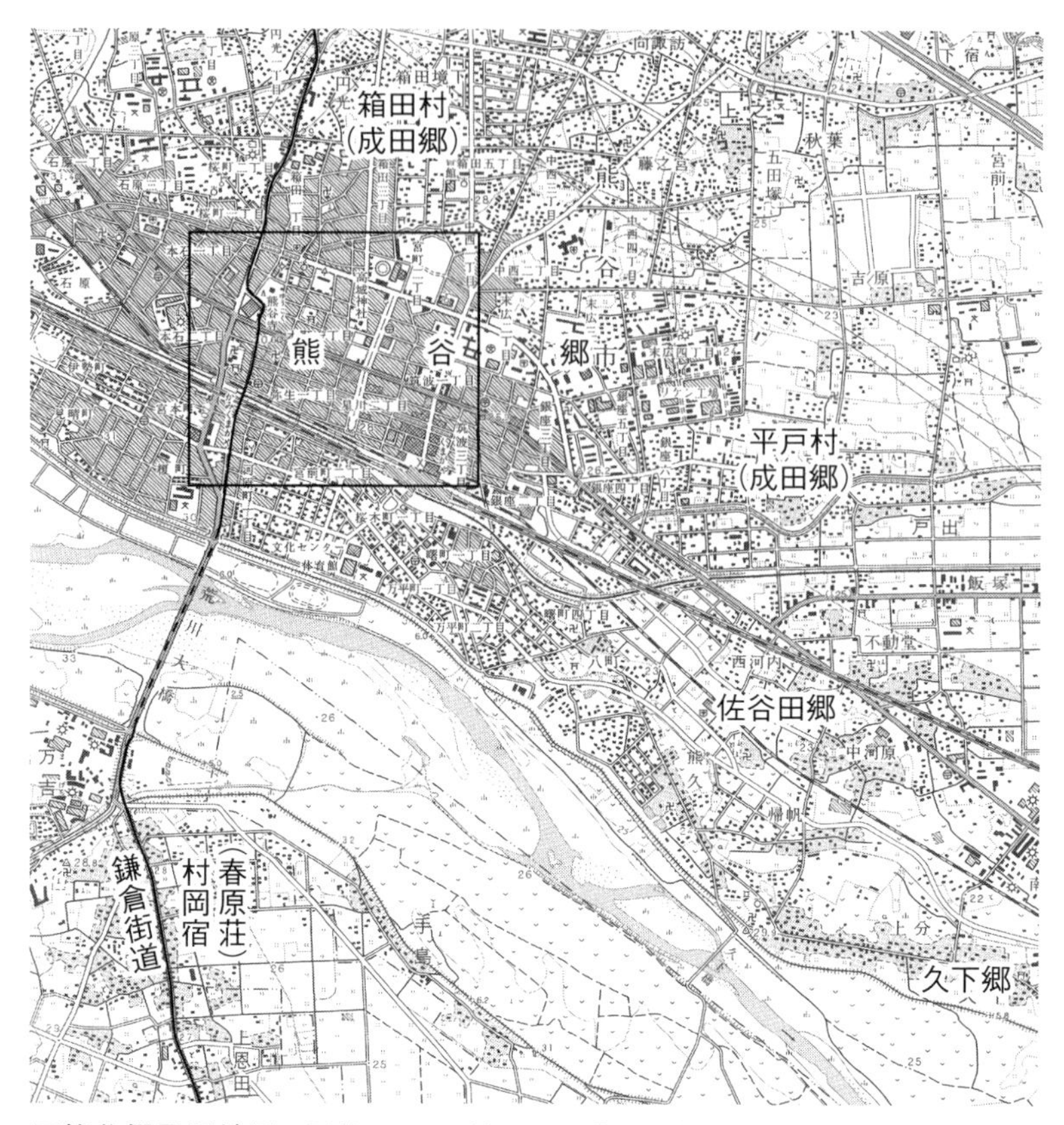

西熊谷郷周辺地図　罫線で囲んだ部分は、「堀の内比定地周辺拡大地図」として次のページに示している。原図は国土地理院発行地形図 1:25000。

理由により、熊谷氏が熊谷郷の領有を諦めたものと推測するのである。

　ではこの間に何があったのか。大井が注目するのは、応永三十四年夏の大洪水である(76)。この時、荒川でも氾濫が起き、荒川流路の遷移に帰結するような地形の変動があり、それにともなう荒廃によって、熊谷氏は熊谷郷の領有を断念したのではないかとみるのである。『鎌倉大草子』永享十二年七月四日条には、「荒河を馳渡し、村岡河原に打上る」という表現がみられる(77)。ここからは、北から荒川を渡河するとそのまま村岡に至るとい

堀の内比定地周辺拡大地図　熊谷直国分堀内免除状（『熊』熊－四）にもとづき推定した熊谷氏の「往古堀内」の四至と、熊谷氏にかかわる寺社等を示した。原図は熊谷市基本図 1:2500。

う、現在と同じ荒川流路を想定することができる。この時期までに荒川流路が南に移っていたことの傍証といえるだろう。

大井の論証が当たっているとすれば、熊谷氏が領有した時代の熊谷郷は、荒川の現河道を前提にその領域を復元することはできない。荒川は熊谷郷の北方を流れ、熊谷郷の中心部と村岡の市とは接続していたことになるのである。

【熊谷郷「召分」の意味】「熊谷家文書」の中には、西熊谷郷と東熊谷郷という領域区分がみられる。まず、東西熊谷郷の領有関係について整理しておこう。

文治三年（一一八七）八月四日、熊谷直実は鶴岡八幡宮放生会の流鏑馬に的立役を命じられるが、これを拒絶し罰せられた。『吾妻鏡』は、その処分内容について「依其科、可被召分所領之旨、被仰下云々」と記している。[78]

この「召分」の意味について大井教寛は、この時、熊谷郷の領有権が東西に区分され、東熊谷郷は領家・鶴岡八幡宮の直接的影響下に組み込まれ、西熊谷郷（恒正名）は熊谷氏の地頭支配地として残されたこと、西熊谷郷においても鶴岡八幡宮の影響力が次第に強くなっていったため、貞永元年（一二三二）、地頭請所が成立したこと等を指摘している。[79]

従来の東西熊谷郷に関する漠然とした認識に変更を迫る重要な指摘であり、今後、この大井の所説を前提に熊谷郷の領有関係を考える必要がある。ただし、西熊谷郷（恒正名）の領域、それと熊谷氏の堀の内・屋敷地との関係については、さらに議論の余地があるように思われるので、次にその点に踏み込んだ整理を行いたい。

【西熊谷郷の領域】建久二年（一一九一）三月一日、蓮生（熊谷直実）は、相伝の所領・熊谷郷（西熊谷郷）を子息の一人真家（実家）に譲与した。この時の譲状に示された四至は、次の通りである。[80]

東限源三郎東路　　南限雨奴末南里際
西限村岳境大道　　北限苔（宮）田境ヲ源次之前ノ路へ

それから約三十年ほど後の承久二年（一二二〇）のものと思われる十二月一日付熊谷直国堀内免除状には、熊谷郷内の「往古堀内」として次のような四至が記されている。[81]

東限神田宮垣内南北縄手
南限東西大堀
西限庄堺南北大道

北限東西中道

この免除状の堀内の領域については、高橋修により現地比定がなされている[82]。高橋の比定する範囲は一辺約四〇〇メートル弱の矩形で、面積は十五町ほどとなる。大井は、この十五町という面積が、承久二年十二月二日付熊谷郷内恒正名名寄帳にみえる恒正名すなわち西熊谷郷の耕地面積十五町と一致していることに注目する[83]。そこから、蓮生譲状の西熊谷郷の四至と直国堀内免除状の四至が示す内容は同じもので、西熊谷郷を「往古堀内」と同一の領域と推定するのである。

恒正名が西熊谷郷のことを指すことは別の史料からも明らかだが、それが、耕地十五町という面積が一致する「往古堀内」の領域と同じ範囲を示すということになると、西熊谷郷はすべて水田に開かれた十五町歩の耕地ということになる。いくら条件の良い安定した土地であっても、中世前期において、四至内すべてが耕地化されていたとは考えがたい。恒正名すなわち西熊谷郷には、十五町の耕地の他に、屋敷や百姓在家、荒地・山林なども含まれていたはずであり、その領域としては、より大きな空間を想定すべきである。

つまり、蓮生譲状が示す西熊谷郷の四至は、免除状の四至とは別の範囲なのである。免除状の四至は、西熊谷郷の一角を占めた、あくまで「往古堀内」の領域とみなすべきであろう（「西熊谷郷・『往古堀内』概念図」参照）。中世武家の堀の内は、武士居館そのものではなく、その周囲の領域を在家や耕地を含めて境堀で囲む、領主が特別な領有権を有した空間である[84]。西の境界が、譲状・免除状いずれにも共通する「大道」と表現されているのは、「往古堀内」が西熊谷郷の西に偏して占地しているためと思われる。名寄帳の恒正名十五町の耕地は、「往古堀内」に包摂されない、西熊谷郷（恒正名）における公田として課税対象となった耕地を示したものと考えるべきではなかろうか。

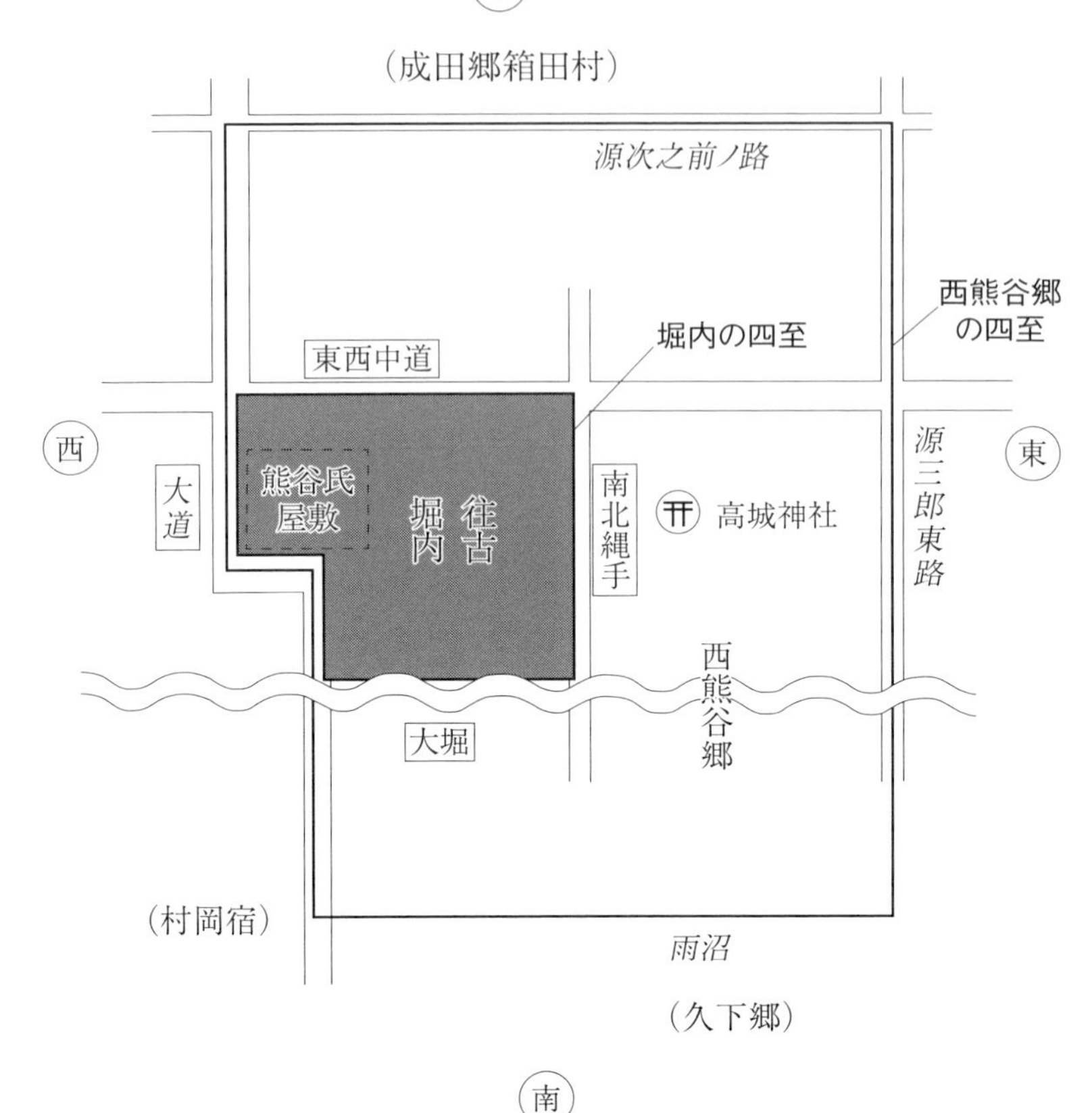

西熊谷郷・「往古堀内」概念図（高橋修『熊谷直実』より）

いずれにせよ、「往古堀内」を包摂する西熊谷郷（恒正名）こそが、平安後期の私領開発に起源し、上位権力も簡単には否定できない地主職のような強固な領有権を主張しうる、熊谷氏の本領であることは間違いなかろう。

（2）熊谷郷中心部の構造

前節で取り上げた研究成果によれば、熊谷郷の中心が、現熊谷市街に重なることは間違いない。それはどのような構成要素をもって成り立っていたのか。この問題をめぐっても、研究者の間で諸説が対立している。

【町場の在地領主】熊谷郷（西熊谷郷）の「往古堀内」の中核に所在したであろう熊谷氏の屋敷については、『法然上人絵伝』巻二十七の中に「熊谷が宿所」として登場する。[85] 蓮生（熊谷直実）は、承元元年（一二〇七）九月四日、法然から授けられた「迎接曼荼羅」を本尊として掲げ、ここで予告往生を遂げたという。熊谷氏屋敷が宗教的行為を行う場に転化しうる施設であったことがわかる。熊谷家蔵「熊谷系図」では、承久の乱で討ち死にした直国の首は、上皇方についた景定（貞）の手で熊谷郷にもたらされ、「蓮生ノ影堂内ちん（陣）下令安置」たとされており、この「蓮生ノ影堂」は、屋敷に付随して設けられた蓮生の霊廟であろう。[86] 熊谷氏の屋敷は、こうした宗教的性格を濃厚に備えるものであった。なお、現在の熊谷寺（熊谷市宮町）は、近世において直実の城地に営まれた「蓮生庵」に起源するものと伝承されており、[87] 同寺域が熊谷氏の屋敷地と重なっている可能性は高い。

『法然上人絵伝』において、蓮生は村岡の市に高札を立てさせ、人々に予告往生を周知している。先述の通り、現在は旧熊谷郷の中心部、すなわち現熊谷市街地と村岡との間を荒川が遮っているが、直実の時代の荒川流路は現市街地の北にあったと考えられるので、「熊谷が宿所」（熊谷氏屋敷）と熊谷郷の南境付近に立った村岡の市とは「大道」を介して直結していたことになる。

熊谷氏屋敷と村岡の市とを結ぶ「大道」は、蓮生譲状に熊谷郷の西境として「村岳境大道」、熊谷直国分堀内免除状に「往古堀内」の西境として「庄境南北大道」と表記されている。このルートは古代東山道と武蔵国府とを結ぶ旧東山道武蔵路に起源する幹線道路と考えられ、幕府成立後は鎌倉街道上道の重要支線（「下野線」）として機能した。[88] 先述のように、熊谷郷の西端に偏して熊谷氏の「往古堀内」が設定されたのも、この「大道」を意識したためと考えるべきである。文永元年（一二六四）五月二十七日付関東下知状にみえる熊谷直時・祐直兄弟の相論において、「堀

（掘）大道否事」（大道を掘るや否やの事）が争点の一つに挙げられており、地頭熊谷氏がこの「大道」の管理責任を負うものと認識されていたことがうかがえる[89]。この「大道」沿いには、町場（宿）も形成されていた。同じ下知状の争点の中には、「市場田」「下町」「市場在家」などがみえる。

以上の事実を総合的に考えれば、熊谷氏の屋敷は、「大道」に即して設定され、周囲には町場が展開し、村岡の市とも接続していたことになる。そしてそれは、熊谷氏の祖として直実を祀り、その伝承を管理する宗教施設を備え、地域の流通・交通の中核に位置する開放的な空間であった。こうした屋敷を本拠とする熊谷氏の領主的性格は、町場の「長者」的な領主と規定するのが適当であろう[90]。

【「町場の在地領主」説批判】こうした高橋修の熊谷氏屋敷および「往古堀内」の評価、ひいては熊谷氏の在地領主としての性格規定については、考古学者の浅野晴樹による批判がある[91]。浅野の所説は、①熊谷氏を含め熊谷地方の武士（在地領主）は、扇状地の端部の湧水を押さえる位置に拠点を形成しており、それは用排水を掌握するためであることが想定できる、②この地域の武士（在地領主）が町場にかかわるようになるのは十二世紀半ば以降で、それ以前の熊谷氏の本拠は町場をともなうものではなく、堀内は水田開発の拠点と考えるべきである、というものである。

最近、大井教寛もこの浅野の所説に関連する問題提起を行っている[92]。大井は、大里郡条里坪付（九条家旧蔵『延喜式』紙背文書）を用いて熊谷郷・久下郷一帯に古代大里条里を復元し、正安二年（一三〇〇）に熊谷氏・久下氏間の境相論の争点となっている「往古用水」としての「村岡中堀」を[93]、熊谷氏の「往古堀内」の南境「東西大堀」と同一視し、古代条里の用水を居館の堀に利用した熊谷氏による開発は、条里開発に規定された官制開発に由来すると主張している。

浅野の①は、領主居館の堀が用排水の管理に重要な機能を果たし、それを通じて村落支配が実現されるという、かつての堀の内体制論を受容したものである[94]。しかしながら、湧水点の周辺に生活の場を設定することは、むしろ人間の生活の場が形成される普遍的な条件とみるべきである。そうした条件をもった場所に武士の本拠が構築されている事実のみをもって、それ以上を語ることは許されないだろう。

浅野の②については、勧農機能を基盤とする本来的領主制から流通機能を基礎とする第二段階の領主制へと、領主支配を発展段階的にとらえる旧説に近い認識を前提としている。それに対して、近年の中世史研究では、武士（在地領主）の流通・交通への関与は本源的な特質であり、段階的な問題ではないとするのが大方の一致する見方である[95]。また、浅野のその他の研究成果をみても、中世前期的な町場の定義や、その遺構をどのように把握するのかといった点は必ずしも明確ではない。

大井の所説について、熊谷直国堀内免除状の南境「東西大堀」は、すでに論じたようにあくまで「往古堀内」の南境であり、これが西熊谷郷の南境と重なるという確証はない。史料上に「往古用水」と所見する「村岡中堀」とは別の堀であろう。こうした実証面での難点に加え、論理的には、浅野とほぼ同じ難点を抱える。中世の開発が荒廃した古代条里の再開発として取り組まれることはあるとしても、古代条里の排水路を居館の堀として管理し、古代条里をそのまま引き継ぐことで中世的な領主支配が展開するとみることは、論理的にも承認しがたい。

私は、在地領主が耕地開発と無関係に所領や地域の支配を実現したと主張しているわけではない。生活に利用できる湧水をもち耕地開発に有利な立地であることを前提条件としつつも、彼らが選んだのが、流通・交通の結節点としての町場なのであり、そこでの活動なしに、生産の場を含む地域支配を実現することはできないと考えるのである。

おわりに

以上、熊谷直実（蓮生）に関する研究成果を整理し研究の到達点を見極めることを目的とし、三章にわたって学説を整理・論評してきた。誤解や認識不足、非礼の段は、ご海容いただきたい。

この総論に続く「第1部　熊谷直実の生涯」は、直実の一生に関する重要な画期となった事件について、その年次や背景を確定する上で重要な意義をもつ論文、および直実の本領・熊谷郷の支配関係や構造について解明しようとした論文を収録している。いずれも総論で掲げた論点と密接にかかわる研究成果といえる。

「第2部　蓮生と法然」には、宗教史・美術史の分野から、出家後の直実（蓮生）の足跡を追究した成果、および蓮生遺品の伝来について考証した成果を収めている。宗教者としての蓮生の歩みは、当然、法然教団との関係において追究しなければならないし、蓮生の遺品が今日まで伝えられたのも、法然に対する信仰の力に拠るところが大きい。私の力量から、総論においては十分な総括ができていないが、こうした論点については、収録論文の中で確認いただきたい。

「第3部　その後の熊谷氏」には、安芸熊谷氏に連なる家系の復元や、熊谷氏全体の惣領家とみなされる塩津熊谷家の復元に関する論文を集めた。熊谷家の歩みについては、中世後期から近世まで視野に収めて論じなければならない課題であり、この総論では、中世前期段階における論点しか提示できていないので、続く時代に関する論点や課題も、収録論文において確認いただきたい。

註

（1）高橋修『熊谷直実 中世武士の生き方』（吉川弘文館、二〇一四年）、熊谷市教育委員会編『熊谷市史』通史編上巻 原始・古代・中世（熊谷市発行、二〇一八年）第六章第五節・第七章第三節（執筆・高橋修）の成果を概括したものである。
（2）この分野については、石田拓也「熊谷直実の伝承」（『大東文化大学紀要』二一、一九八二年）・「法然寺の熊谷直実縁起」（『大東文化大学紀要』二四、一九八五年）、佐谷眞木人『平家物語から浄瑠璃へ―敦盛説話の変容―』（慶応義塾大学出版会、二〇〇二年）、さいたま文学館編『よみがえる歴史ヒーローの伝説―直実、重忠、静御前たちと文芸作品―』（図録、二〇〇八年）等が参考になる。
（3）下編第八章。初版は博文館より刊行。
（4）一九六九年。
（5）一九九一年、東方出版。
（6）（1）参照。
（7）熊谷市立図書館編『浮世絵・熊谷次郎直実』（二〇〇四年）、熊谷市立熊谷図書館編『郷土の雄 熊谷次郎直実』（二〇一〇年）等。
（8）『熊谷市史』資料編二（第一章編年史料 四鎌倉時代）八四号。以下、便宜のため、引用史料は『熊谷市史』資料編二の史料番号を用いて、『熊』編鎌―八四のように表示する。
（9）『鎌倉幕府地頭職成立史の研究』東京大学出版会、一九七八年。
（10）「武蔵国熊谷郷における領主と農民」（鈴木『日本中世の開発と百姓』岩田書院、一九八〇年初出）。
（11）「東国における領主制と村落」（小山『中世村落と荘園絵図』東京大学出版会、一九六六年初出）、「鎌倉時代の東国農村と在地領主制」（同、一九六八年初出）。
（12）「平氏政権下における諸国守護人」（野口『中世東国武士団の研究』高科書店、一九七九年初出）。
（13）『熊谷市史』資料編二所収。
（14）元木泰雄『武士の成立』（吉川弘文館、一九九四年）。

(15)「武蔵国における在地領主の成立とその基盤」（浅野晴樹・齋藤慎一編『中世東国の世界』北関東、高志書院、二〇〇三年）。

(16)平直方については、野口実『坂東武士団と鎌倉』（戎光祥出版、二〇一三年。一九八三年初版）参照。

(17)「熊谷氏の族的結合の初段階」（『日本史攷究』二一、一九九五年）。なお高橋和弘には、直実や熊谷氏に関する論文として、他に「熊谷氏の族的結合の形成―熊谷直実の歴史的位置―」（『立正大学地域研究センター年報』二〇、一九九七年）、「西熊谷郷の歴史的変遷」（日本史攷究会編『時と文化―日本史攷究の視座―』歴研、二〇〇〇年）、「熊谷氏の惣領制の展開」（日本史攷究会編『日本史攷究と歴史研究の視座』早稲田大学メディアミックス、二〇〇四年）がある。

(18)錦織「安芸熊谷氏に関する基礎的研究」（本書第３部Ⅰ）。

(19)「熊谷家文書」二五（『熊谷市史』資料編二　第二章家わけ文書）。以下、「熊谷家文書」からの引用史料は、便宜のため『熊谷市史』資料編二の史料番号を用いて、『熊』熊―二五のように表示する。

(20)『熊』熊―一。

(21)「鎌倉御家人熊谷氏の系譜と仮名」（本書第３部Ⅱ）。なお室町期以降の塩津熊谷氏の動向については、加藤正俊「塩津地頭熊谷氏と空谷明応と長生宗久尼」（本書第３部Ⅳ）がある。

(22)「菅浦文書」に収められた塩津熊谷氏に関する文書は、『熊谷市史』資料編二（第一章編年史料　四鎌倉時代）に網羅されている。なお正安二年関東下知状について、菊地大樹は、明法が塩津熊谷氏の女婿であることを見出し、直忠を直実跡惣領とみなすのは明法の一方的主張に過ぎないとする。塩津熊谷氏が、熊谷郷中心部に何らかの権益を保持し続けていたことは間違いなかろう。しかしながら下知状の中で直忠を直実跡惣領とみなすこと自体は争点化されておらず、そのことは直光側もこれを承認していたことを示すとする柴崎の説に従いたい。

(23)「菅浦文書」所収永仁七年二月日付菅浦供御人等重申状案（『熊』編鎌―三三五）にみられる「熊替(谷)二郎左衛門尉親父之時、掠出惣追捕使由」という菅浦側の主張は、承久の乱後、菅浦惣追捕使職を宛行われた小串民部大夫入道の婿として「熊谷二郎左衛門尉直村」が同職を預けられたとする「菅浦文書」所収文永六年九月九日付小串行方愁状案（『熊』編鎌―三二二）の記述を前提とすれば、「熊谷系図」が直村・直重（忠）を父子として掲げることの正しさを傍証している。

(24) 同じ系図の中の直国に関する注記には、瀬田で討ち死にした彼の首を申し受けて武蔵にもたらしたのが景貞であったと記されており、景貞が承久の乱で討ち死にしたとする記述とは、同一の系図の中で微妙に矛盾している。景貞は討ち死にしていなかった可能性がある。また直国を直家の次男とする点には、諸氏が指摘するように作為がある。

(25) 『吾妻鏡』建仁三年（一二〇三）十月十五日条（『熊』編鎌―一〇〇）には、八王子山に籠った比叡山の堂衆を攻める葛西・豊島・佐々木等の率いる軍勢の中に、熊谷三郎の名がみえる。また塩津熊谷氏の中には、この後、佐々木氏に嫁す女性が散見されるようになる（熊谷家蔵「熊谷系図」、菊地大樹「惣領制の展開と信心の継承―武蔵熊谷氏を中心に―」東京大学日本史学研究室紀要別冊『中世政治社会論叢』、二〇一三年）。

(26) 『熊』編鎌―四六。

(27) 大井「熊谷家文書『熊谷蓮生譲状』の再検討」（本書第1部Ⅲ）。

(28) 『熊』編鎌―八四、八五、八六。

(29) 図版は『熊谷市史』資料編二の付録を参照。

(30) 赤松「熊谷直実の上品上生往生立願について」（赤松『続鎌倉仏教の研究』平楽寺書店、一九六六年）。

(31) 林前掲論文。

(32) 桜井好朗は、直実は建久二年までに出家し、同三年に遁世したものとみなし、蓮生譲状、『吾妻鏡』のいずれをも生かして解釈しようとする（桜井『隠者の風貌』塙書房、一九六七年）。林も指摘するように、『吾妻鏡』は直実が訴陳の場で「取刀除髻」いたと表現するのであり、桜井のように解釈することは難しいだろう（林前掲論文）。

(33) 森内「熊谷直実の出家に関する一考察」（本書第1部Ⅱ）。

(34) 『熊』編鎌―九七。

(35) 加えて指摘すれば、直実が建久四年に法然のもとに入門し、その弟子として活動を始めたことは、当時において広く知られていたことのようである。とすれば、『吾妻鏡』編纂者に、それより以後に直実出家・出奔事件の記事を配するという選択肢はなくなるだろう（高橋前掲書）。

(36)『吾妻鏡』文治三年八月四日条（『熊』編鎌―六五）。なお直実がこの所役を拒絶したことの意味については、鴇田泉「流鏑馬行事と鎌倉武士団」（『芸能史研究』九九、一九八七年）が分析を加えている。
(37)『吾妻鏡』文治五年七月十九日条（『熊』編鎌―七三）、同年七月二十五日条（『熊』編鎌―七四）。
(38) 高橋前掲書。
(39)『高野聖』（角川書店、原形初出一九六五年）。
(40)「熊谷直実の吉水入門をめぐって」（本書第2部Ⅰ）、「吉水入門後の熊谷直実について」（本書第2部Ⅱ）、「熊谷直実宛源空書状について」（本書第2部Ⅲ）。
(41)「法然門下の関東武士」（小此木『中世寺院と関東武士』青史出版、初出一九八七年）。
(42)『熊』編鎌―三七。延慶本『平家物語』は、半月ほど前の宇治川の戦いにおいて橋桁渡りを敢行した直実が、父の身を案じる直家の言葉に感じ、阿弥陀如来を念じる話を加え、直実の発心が段階的に進む様子を描こうとしている（『熊』編鎌―三八）。
(43) 永井『つわものの賦』（文芸春秋、一九七八年）。
(44) 上横手『平家物語の虚構と真実』下（塙書房、一九八五年）。
(45) 高橋前掲書。なお「傍輩の論理」については、佐藤進一『日本の中世国家』（岩波書店、一九八三年）参照。
(46)『熊』編鎌―一二一、一二三。
(47)『熊』編鎌―一三〇。『法然上人絵伝』はこの巻一巻分を、そのまま蓮生（熊谷直実）伝に当てている。
(48) 井川定慶編『法然上人伝全集』（法然上人伝全集刊行会、一九五二年）。
(49) 蓮生置文（『熊』編鎌―一〇九）、蓮生夢記（『熊』編鎌―一一五）等。
(50)『熊』編鎌―一三四。
(51)『熊』編鎌―一一六。
(52) 林前掲論文。
(53)『熊』編鎌―一一一。「七箇条制誡」全体の画像と釈文については、京都国立博物館編『法然 生涯と美術』（二〇一一年）を参照。

(54) 蓮生夢記（『熊』編鎌―一一五）、「真如堂縁起」（『熊』編鎌―一一六）所引法然書状、証空書状（『熊』編鎌―一一八）。
(55) 法然書状写（『熊』編鎌―一二八）。
(56) 『熊』編鎌―一三三。
(57) 関東での蓮生の布教やその影響については、近年の菊地大樹の研究が注目される（菊地『鎌倉仏教への道―実践と修学・信心の系譜―』講談社、二〇一一年）、菊地前掲論文。
(58) 高野山に伝承された蓮生の往生譚が、『吾妻鏡』の年次や場所と一致しており、『吾妻鏡』の記事は、高野山の念仏聖を発信源とする蓮生伝説の影響を受けている可能性がある。その見通しについては、高橋修「熊谷直実（蓮生）―伝説の始まり―」（『熊谷市史研究』九、二〇一九年）参照。
　なお菊地大樹は、「有力御家人」であった直家が、父への孝養のため向かった先は熊谷郷であったが、幕府が専修念仏を警戒したため、『吾妻鏡』の編者は、意図的に場所や日付を操作したものと論じている。まず熊谷氏を謀反の主体となるような有力御家人とみる前提には従えない。また菊地は、『吾妻鏡』承元二年（一二〇八）九月三日条（『熊』編鎌―一二一）で、直家が無断で鎌倉を出たことを幕閣が「珍事」としたと解釈するが、正しくは蓮生の予告往生を「珍事」とみなしたものと理解すべきである。大江広元の「兼知死期、非権化者、雖似有疑、彼入道遁世塵之後、欣求浄土、所願堅固、積念仏修行薫修、仰而可信歟」という発言も、菊地のように警戒感の表明とることはできず、むしろ僧としての蓮生に対する広元の敬意を感じとるべきであろう。菊地の所説については前掲書参照。
(59) 「大東急記念文庫『熊谷蓮生自筆状』」（水谷『中世古文学像の探求』新典社、初出一九六六年）。
(60) 「清凉寺所蔵の源空自筆書状について」（『斎木一馬著作集』三、吉川弘文館、初出一九七三年）、「清凉寺所蔵熊谷入道宛証空自筆書状について」（同、初出一九七三年）、「興善寺所蔵の源空・証空書状覚え書」（同、吉川弘文館、初出一九七三年）。
(61) 前掲諸論文。
(62) 松井「熊谷直実の救済の論理と法然浄土教」（本書第２部Ⅳ）。
(63) 菊地前掲書、前掲論文。

(64) 濱田「清涼寺蔵『迎接曼荼羅図』考」(『国華』一〇二四、一九七九年)。
(65) 吉村「清涼寺蔵迎接曼陀羅と上品上生往生願」(本書第2部V)。
(66) 武士の所領支配については、高橋「武士団と領主支配」(『岩波講座 日本歴史』六、二〇一三年)に私見を示している。
(67) 鎌倉佐保「北武蔵の武士の本拠地の成立とその背景」(埼玉県立嵐山史跡の博物館編『検証!古代から中世へ―東国の視点から―』、二〇一六年)。
(68) 『吾妻鏡』治承四年一一月七日条(『熊』編鎌―一〇)。
(69) 『吾妻鏡』治承四年一二月一四日条(『熊』編鎌―一一)。
(70) 『吾妻鏡』治承六年六月五日条(『熊』編鎌―一八)。
(71) 『熊』編鎌―一三〇。記事によれば、蓮生が晩年をすごし往生を遂げた「熊谷が宿所」は、予告の高札を掲げた「村岡の市」と直結していなければならない。
(72) 栗田竹雄「荒川中流の洪水について」(『秩父自然博物館研究報告』九、一九五九年)参照。また考古専門部会(熊谷市史編集会議)「座談会 荒川の流路と遺跡―荒川新扇状地の形成と流路の変遷―」(『熊谷市史研究』三、二〇一一年)は、考古学の分野から荒川流路の変遷について、総合的に論じている。
(73) 大井「武蔵国熊谷郷の開発と在地領主」(地方史研究協議会編『北武蔵の地域形成』雄山閣、二〇一五年)。大井「熊谷氏の系譜と西遷について」(本書第3部Ⅲ)も参照。
(74) 応永十年二月二十八日付直会(熊谷宗直)譲状(『熊』熊―一〇三)。
(75) 永享二年八月二十一日付一心(熊谷在直)譲状(『熊谷家文書』(大日本古文書)一〇九)。
(76) この年の関東の大洪水については、齋藤慎一「河川水量と渡河」(齋藤『中世東国の道と城館』東京大学出版会、二〇一〇年。初出一九九九年)参照。
(77) 『熊谷市史』資料編二編年史料 南北朝・室町四三一。他に『鎌倉九代後記』(同四三二)にも同様の記事がある。
(78) 『熊』編鎌―六五。

(79) 大井「鶴岡八幡宮領武蔵国熊谷郷における請所」(本書第1部Ⅳ)。なお菊地大樹は、熊谷郷の東方を領有していたのは直正流で、承久の乱で景貞は実は幕府方に味方しており、塩津地頭職は新恩として彼に安堵されたのではないか、と推測するが(菊地「惣領制の展開と信心の継承」)、熊谷家蔵「熊谷系図」の景貞の書込み(景貞が上皇方につき直家嫡流の立場を失ったことなど)を否定する根拠等は明示されておらず、採ることはできない。
(80) 『熊』熊―一。
(81) 『熊』熊―三。
(82) 高橋「武蔵国における在地領主の成立とその基盤」。
(83) 大井「鶴岡八幡宮領武蔵国熊谷郷における請所」「熊谷家文書『熊谷蓮生譲状』の再検討」参照。
(84) 堀の内の理解については、橋口定志「中世東国の居館とその周辺―南関東におけるいくつかの発掘調査事例から―」(『日本史研究』三三〇、一九九〇年)に拠る。
(85) 『熊』熊―一三〇。
(86) 熊谷家蔵「熊谷系図」。
(87) 『新編武蔵風土記稿』巻二百二十(大日本地誌大系一七、雄山閣、一九七七年)。
(88) この支線の重要性については、齋藤慎一「鎌倉街道上道と北関東」(齋藤前掲書、初出二〇〇三年)等参照。
(89) 『熊』熊―一八。
(90) 詳しい論証は、高橋「武蔵国における在地領主の成立とその基盤」「中世前期の在地領主と『町場』」(『歴史学研究』七六八、二〇〇二年)参照。
(91) 浅野「中世北武蔵の成立期から前期について」(『歴史評論』七二七、二〇一〇年)、「武士の本拠の成立について―考古学的資料をとおして―」(『埼玉県立史跡の博物館紀要』一〇、二〇一七年)。また「座談会 荒川の流路と遺跡」における発言も参照。
(92) 大井「武蔵国熊谷郷の開発と在地領主」。
(93) 正安二年八月一七日付浄照和与状(『熊』熊―二七)。

(94) 小山前掲諸論文、鈴木前掲論文。

(95) 高橋修「中世前期の在地領主と『町場』」。

第1部

熊谷直実の生涯

Ⅰ

熊谷直実の出家と往生とに関する史料について

――『吾妻鏡』史料批判の一事例

林　譲

はじめに――執筆の経緯と本稿の課題

熊谷直実入道蓮生は、建久三年（一一九二）十一月二十五日、源頼朝の面前にて自ら髻を切り、承元二年（一二〇八）九月十四日、京都東山黒谷にて往生を遂げたという。それぞれが、『吾妻鏡』を主たる典拠として、『大日本史料』第四編当該条に記載される直実の出家と往生とに関するこの話しは、果たして事実を伝えているのであろうか。縁あって、直実の出家と往生とについて考える機会を与えられ、この通説ともいうべき話しに若干の疑問を持つに至った。以下、執筆に至る経緯を記し、本稿の課題を探ることにしたい。

二〇〇一年は、東京大学史料編纂所が『大日本史料』『大日本古文書』などの史料集の刊行を開始してから百年を経過し、記念展として「時を超えて語るもの―史料と美術の名宝―」が開催された年であった。その企画と連動して第六回史料学セミナーが開催され、筆者はその第六講として「花押と筆跡の史料学―カタチをみる・カタチからみる―」（於東京国立博物館）を担当した。同セミナーに参加された埼玉県熊谷市立図書館を拠点に活動を続けている市民サークル「直実・蓮生を学ぶ会」会長の野口和夫氏から、講演依頼を受けたのは二〇〇二年十一月の頃であったかと思う。直実については何も研究したことがない旨を申し上げると、氏は同セミナーに参加されたことを告げ、筆跡と花押とについて話し、直実については多少触れてもらえればよいとのご返事であった。そこで、二〇〇三年二月一日に熊谷市立図書館において報告することになったのである。

報告の準備を進めるなかで、直実の略伝と花押を掲載する『花押かがみ』二鎌倉時代一[1]の矛盾に気が付き、また直実の生涯を考える上で先行研究として最も重視すべき赤松俊秀氏の論考「熊谷直実の上品上生往生立願について」[2]に『大日本史料』と『大日本古文書』とに関する誤解ともいうべき論点があり、しかも同論考自体が余り重視されることなく、今日の通説が形成されているかに見受けられたのである。

赤松氏の主張については次に検討するが、その多くは指摘の通りであると思われるから、本稿が格別に目新しい結論を提示するものではなく、いわば追認の作業というべきであるが、しかし、なお論証すべき余地は残っており、また、『大日本史料』や『大日本古文書』に関する誤解については、訂正しておくべき責務もあるように思われる。

以下は、必ずしも確証を得たとはいい難い点があるが、本所の事業に端を発し、また本所の種々の編纂に関わることであるから、本所の研究紀要に執筆することが最適と判断し、敢えて未熟のままに執筆した次第である。

一、『大日本古文書　熊谷家文書』の按文を推定する——地頭僧蓮生譲状の真偽

赤松氏の論考において重視されている『熊谷家文書』建久弐年参月一日僧蓮生（熊谷直実）譲状（以下「譲状」と称する。）とは、次のような文書である[3]【図1】。

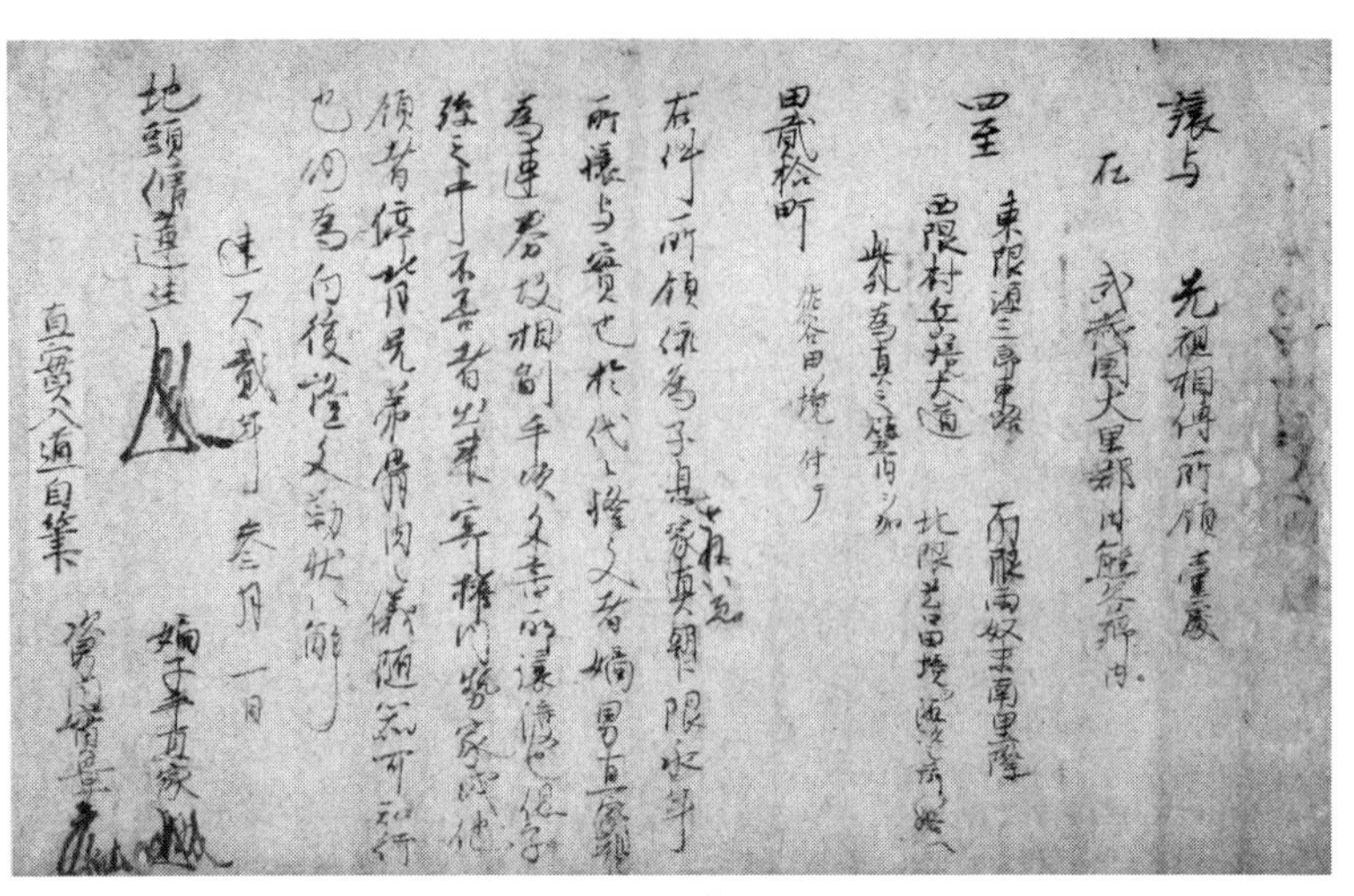

図１　『熊谷家文書』建久弐年参月一日僧蓮生（熊谷直実）譲状　山口県文書館蔵・画像提供：熊谷市史編さん室

（端裏書）
「くまかやの四郎ニゆつり了、」

譲与　先祖相伝所領壱処

在　武蔵国大里郡内熊谷郷内

四至　東限源三郎東路　南限雨奴末南里際
　　　西限村岳境大道　北限苔田境ヲ源次之前ノ路へ

此外為真之壁内ヲ加、

田弐拾町　佐谷田ノ境ニ付テ、

右件所領、依為子息、家真（異筆）「さねいゑ」朝臣限永年所譲与実也、於代々証文者、嫡男直家朝臣為連券故、相副手次文書所譲渡也、但、子孫之中不善者出来、寄権門勢家成他領者、停（廃カ）背兄弟骨肉之儀、随器可知行也、仍為向後証文勒状、以解、

建久弐年参月一日

地頭僧蓮生（花押）

嫡子平直家（花押）

次男同実景（花押）

氏は、この「譲状」を前提として、直実の出家を伝える『吾妻鏡』建久三年十一月二十五日条の記事について、「直実がこの裁判の席上でもとどりを切って出家した、というのは事実と相違し

ている。なぜかというと『熊谷家文書』所収建久二年（一一九一）三月一日付直実譲状（第一号）によると、この裁判より一年九ヵ月前に直実は既に出家して「地頭僧蓮生」と署名し花押を加えているからである。それであるのに『大日本史料』がそれを無視して、建久三年（一一九二）十一月二十五日に断髪したと綱文で述べているのは、清凉寺蔵の直実自筆置文・夢記が発見されるまで、『熊谷家文書』の譲状は鎌倉時代を降らない偽文書とされ、その史料的価値が無視されていたからである。しかしその花押が清凉寺の夢記所見のものと一致する以上、この譲状が正しい文書であることは確実である。したがってこの譲状の示す事実は今後尊重されなければならない」と述べられている。(4)

主張の要点を整理すると、

①『熊谷家文書』「建久二年三月一日直実譲状」によれば、直実は既に出家し「地頭僧蓮生」と署名しているから、『吾妻鏡』建久三年十一月二十五日条の伝える直実出家の記事は事実と相違している。

②『大日本史料』の綱文は建久三年に断髪したとしているが、それは『清凉寺文書』「直実自筆置文・夢記」が発見されるまで、「譲状」は「偽文書」として史料的価値が無視されていたからである。

③『清凉寺文書』「夢記」に据えられた花押との一致により、「譲状」は正しい文書であるから、「譲状」が示す事実を尊重すべきである。

となるだろう。しかし、後述するように、研究史上、これらの論点は必ずしも重視されているとはいい難い。それは、「譲状」を含む『熊谷家文書』を史料群としてとらえると、単純には良いと認めることができない点があるのである。

この「譲状」は、昭和十二年に刊行された『大日本古文書　熊谷家文書』に、第一号文書として収録されているが、同書には「コノ文書、原本ヲ検スルニ、当時ノモノニアラズ、但、鎌倉時代ヲ降ラザル時ノモノナルベシ」との按文が付されている。[5] 微妙な表現であり、いくつかの解釈が可能であるが、少なくとも、建久二年当時に作成された疑いのない正文であると考えていないことだけは間違いないであろう。なお、この按文をもって、「偽文書」としていると赤松氏は評しているのであるが、「偽文書」とはいっていないことに注意しておきたい。

確かに、「家真」と記述している点、「真家」にしても「真実」にしても諸種の系図類に掲載されていない人物である点、「朝臣」を称している点、直家・実景の花押形体、など疑えば疑えない箇所がないではない。しかし、それらが本文書に対する決定的な疑問点であるともいい難い。

また、第二五二号文書建久六年二月九日熊谷蓮生（直実）置文には「コノ文書、原本ヲ検スルニ室町時代ノモノナルベシ」との按文が付されている。[6] この点について、赤松氏は「なるほど措辞は直実当時としてはどうかと思われるものがある。その点ではわたくしも同感であるが、花押も加えられているから、最終的な判断は原本か写真を見るまで差し控えることにする」と慎重な態度を保持している。[7] ここにいう措辞とは「主君」「御感奉書」「武道」などを指しているかと思われるが、「主君」は『吾妻鏡』文治元年十月二十四日条をはじめ[8]『方丈記』[9]等に、「武道」は『吾妻鏡』建久六年八月十日条「熊谷二郎直実法師自京都参向、辞往日之武道、求来世之仏縁」等と見え、「御感奉書」は『吾妻鏡』建久六年七月十六日条に「御感御書」、『親元日記』寛正六年（一四六五）十月二十四日条に「被成御感奉書云々」[10] と見られるから、措辞だけでは判断できない。ただし、既に『円光大師行状画図翼賛』巻二十七が「此ノ遺書ハ、往生十四年已前ニアラカジメ書ケルナルベシ、然ルニ元久二年武蔵ヘ下向ノ時賜ハル迎接ノ像ヲ九年以前ノ遺書ニ書載スル事、尤モ意得ガタキ者乎[11]」と指摘しているように、年代的な矛盾がある。また、後に触れるように、この文書を『花押かがみ』は採用していない。

ちなみに、史料集刊行百周年を記念して編纂・出版された『東京大学史料編纂所史史料集』[12]第三章「史料編纂所の教職員」第一節「職員録」によれば、昭和十一・二年当時の古文書部には、史料編纂官に相田二郎、史料編纂官補に三成重敬（昭和十二年度編纂官）・松平年一、史料編纂業務嘱託に黒板勝美・荻野三七彦などの各氏の名が見える。それでは、何故に、恐らくは相田氏を編纂責任者とする彼らは、第一号・第二五二号文書に按文を付したのだろうか。

以下に例示するように、『熊谷家文書』の鎌倉・南北朝時代の文書については、後日、人の手が加えられているものが目立つ。それは、永田政純編『萩藩閥閲録』巻二十七に記されているから、享保十年（一七二五）の同書成立以前のこととなる[13]。

例えば、『大日本古文書』第三八号文書について、「コノ文書ノ差出書ニアル弁官、史生ノ花押ハ、コノ文書ガ案文ナルヲ以テモト無カリシモノニシテ、後人ノ加筆シタルモノニカヽル」との按文が付されている他、『大日本古文書』に注記はないけれども、第二〇九号熊谷虎一丸申状の証判は、第五三号雑訴決断所牒の「左中将源朝臣」の花押と同じであり、『大日本古文書』に「以下四人ノ花押ハ、後ノ加筆ニカヽル」と注記のあるうちの一人である。鎌倉霊山寺合戦における軍忠を、合戦後に移動して京都の法曹官僚に提出したと考えても不思議ではないというべきであるが、雑訴決断所牒に据えられている本来の「左中将源朝臣」の花押は手掛りが得られないものの[14]、花押の形体は不審である。また、第七九号、第二二三号の証判については、注記はないが、疑うべき形体を示している[15]。

しかし、後人の手が加えられた文書が『熊谷家文書』に散見するという疑点は、同文書群の全体、またはその一部に対する一般論に過ぎず、第一号文書に付した按文に対する個別的な説明になっていない。それでは、第一号文書を問題視する理由は何が考えられるであろうか。

　ところで、この按文について、「史料編纂所の公的な見解」との指摘を受けたことがある。その指摘は、編纂担当者の個人的な見解であるとまではいえないにしても、「公的な見解」とは認識していなかった筆者にとっては驚きであった。しかし、翻って考えてみれば、史料編纂所の編纂となっている以上、それは個人的な見解であるはずがない。しかも、初版刊行以来、六十年以上を経過し覆刻されているにもかかわらず、何らの変更が加えられていないのであるならば、編纂所の総意とはいえないまでも、「公的な見解」との認識はやむをえないように思われる。本稿において、改めて考え直してみようとした所以である。

　ただし、『東京大学史料編纂所報』第七号「採訪出張報告」山口県下「熊谷家文書」（昭和四七年六月二七日）には、異なる見解が表明されている。すなわち、「大日本古文書の二五二号熊谷蓮生房置文、二五三号大内義隆書状はいま熊谷家に見当らなかった。大日本古文書第一号熊谷蓮生譲状は熊谷直実の花押の存する唯一の文書であるが、大日本古文書には「コノ文書、原本ヲ検スルニ当時ノモノニアラズ、但鎌倉時代ヲ降ラザル時ノモノナルベシ」と注されている。微妙な表現であるが、直截に言えば鎌倉時代の写と判定したのであろう。しかし原本を子細に観察した結果、紙質・墨色・筆勢とも写と断定できる材料は見出されなかった。他に比較する材料がなく、且つ注の依り所とする観点も明らかでない今日、また原本であると断定するだけの確証があるわけではない。しかしわれわれの文書取扱いの基準でいえば、この文書ほどの水準のものは原本として扱うのが普通である」というものである(16)。これもまた「公的な見解」ではないが、異なる見解が表明されているといえるだろう。

　要するに、第一号文書については、『大日本古文書』以来、問題視する意見が根強く存在しており、また赤松氏や所報報告のように、それを否定する見解も表明されているのである。

二、『大日本史料』出家条を読む――出家を伝える『吾妻鏡』の問題

それでは、赤松氏の批判する『大日本史料』直実出家条は、どのような綱文をたて、どのような史料で構成されているのであろうか。ここでは、それらの点について確認しておくことにしたい。

直実の出家関係史料を掲載する以前に、『大日本史料』文治三年（一一八七）八月四日条は、『吾妻鏡』の次のような記事を引用し、将軍源頼朝と直実との確執を示す出来事を伝えている。(17)

四日壬申、今年於鶴岡依可被始行放生会、被宛催流鏑馬射手并的立等役、其人数、以熊谷二郎直実、可立上手的之由、被仰之処、直実含欝憤申云、御家人者皆傍輩也、而射手者騎馬、的立役人者歩行也、既似分勝劣、於如此事者、直実難従厳命者、重仰云、如此所役者、守其身器、被仰付事也、全不分勝劣、就中的立役者非下職、且新日吉社祭御幸之時、召本所衆、被立流鏑馬的畢、思其濫觴訖〔者カ〕猶越射手之所役也、早可勤仕者、直実遂以不能進奉之間、依其科、可被召分所領之旨、被仰下云々、

鶴岡八幡宮放生会における的立役勤仕に不満を持った直実は、遂に了承せず、その結果、所領を召し上げられる事件があったという。この出来事自体、直接、出家に結び付くことを明示するものではない。しかし、『師守記』貞和三年（一三四七）正月十二日条は、足利直義の三条坊門第で行なわれた射儀において、中条備前守秀長と座位を争い下座に着すべき成敗があった二階堂美濃守行通が、面目を失うと称して直ちに出家した出来事を伝えている。(18)もとより、直実と行通の場合とを同様に扱うには詳細さに欠けているが、行通出家の事実は、直実の憤りが出家に結び付く

ものであった可能性を示しているといえるであろう。というのも、『法然上人行状画図』（以下『四十八巻伝』と称する。）巻二十七は「幕下将軍をうらみ申事ありて、心をおこし、出家して蓮生と申けるか」と伝えており[19]、ここにいう恨みを的立役とその後の処置とに対する不満とすれば、二階堂行通の事例のように出家の契機になりうる可能性がある。直実出家の理由を考える上で重視しておきたいのである。

さて、直実の出家を伝える『大日本史料』第四編之四（明治三十八年）収載の建久三年十一月二十五日条は、「頼朝親ラ熊谷直実、久下直光ノ訴ヲ聴ク、直実。頼朝ノ、直光ヲ庇スルヲ疑ヒ、髪ヲ断チテ逃ル」と綱文をたて、典拠史料に『吾妻鏡』建久三年十一月二十五日条、同十二月十一日条、同二十九日条を、参考史料として『新編武蔵国風土記稿』巻二百十九久下直光城跡をあげている。

『吾妻鏡』はその発端を十一月二十五日に起こったとする。

> 廿五日甲午、白雲飛散、午以後属霽、早旦熊谷次郎直実与久下権守直光、於御前遂一決、是武蔵国熊谷久下境相論事也、（中略）仍今直実頻預下問者也、御成敗之処、直光定可開眉、其上者、理運文書無要、称不能左右、事未終、巻調度文書等投入御壺（簾）中起座、猶不堪忿怒、於西侍自取刀除髻、吐詞云、殿乃御侍倍登利波天、云々、則走出南門、不及帰私宅逐電、将軍家殊令驚給、或説、指西馳駕、若赴京都之方歟云々、則馳遣雑色等於相摸伊豆所々并筥根走湯山等、遮直実前途、可止遁世之儀之由、被仰遣于御家人及衆徒等之中云々、

この日、源頼朝の面前で、久下直光と境相論を争った直実は、憤怒に堪えず、自ら刀で髻を切ったのである。これに驚いた頼朝は、直実の遁世を思い止まらせるべく、相模・伊豆等に雑色を遣わしたという。そののち、同十二月十一日条は、

十一日己酉、走湯山住侶専光房進使者申云、直実事、就承御旨、則走向海道之処、企上洛之間、忽然而行逢畢、既為法体也、而其性殊異様、只称仰之趣、令抑留之条、曽不可承引、仍先讃嘆出家之功徳、次相構誘来于草庵、聚同法等、談浄土宗法門、漸令和順彼鬱憤之後、造一通書札、諫諍遁世逐電事、因茲於上洛者、猶予之気出来歟者、其状案文送進云々、

とあり、東海道において、既に法体となっていた直実に忽然と行き逢った走湯山住僧専光房は、抑留しようとしたが承引しないため、出家の功徳を讃嘆し、自身の草庵に誘い、同法等を集めて浄土宗の法門を談じ、それらの結果、直実は上洛を思い留まったという。同二十九日条にも「今日、走湯山専光房献歳末巻数、以其次申云、直実法師上洛事者、偏就羊僧諷詞思止畢、但無左右不可還参営中、暫可隠居武州之由申之云々」との記載がある。

『吾妻鏡』は、この時、直実が「出家」したと明記してはいない。しかし、「於西侍自取刀除髻」「既為法体也」「讃嘆出家之功徳」との記述により、『吾妻鏡』は、一貫して直実の建久三年の出家を想定し叙述していると考えるべきである。

建久三年の出家を想定している『吾妻鏡』の記述と、建久二年の時点で既に「僧蓮生」であったとする「譲状」とが矛盾することは明らかである。この矛盾を問題視したのが赤松氏であるが、熊谷市史編纂委員会編『熊谷市史』、埼玉県立図書館編『熊谷蓮生坊文書』、河合正治氏「武士の生活と鎌倉仏教」などの先行研究は、必ずしも矛盾を明示せずに、おおよそ『吾妻鏡』に基づいて論じている[20]。福田行慈氏は「熊谷直実の吉水入門をめぐって」において、赤松説を引用・検討しながらも、「この「直実譲状」は『大日本古文書』では、鎌倉時代を降らない偽文書として扱われている。（中略）『大日本古文書』の校訂者の説に従い、『吾妻鏡』の記載」に信を置き論を進め[21]、また「吉水入

門後の熊谷直実について」においては、「『九巻伝』・『四十八巻伝』と『吾妻鏡』のいずれが正しいかは一概に判断しがたい」「日時はともかく、武蔵国で往生を遂げた可能性は大きいのではなかろうか」と論調を一歩進められているが[22]、検討は後日に委ねられている。

このような研究状況のなかで、「譲状」と『吾妻鏡』とが示す矛盾を止揚し赤松説の対論となったのが、この時の「出家」を二重出家としての遁世であると理解する説である。

桜井好朗氏は「しかしこの裁判を機に直実は「出家」したのでなく、「遁世」したのだと解すれば、『吾妻鏡』の記述は、「自取刀除髪」を別にすると、一応うなずけるのではないか」と述べられ、樋口州男氏もこの考えを支持されている[23]。筆者も、かつて、中世社会における二重出家としての遁世に言及したことがある[24]。既に出家していた法名蓮生が、この時に二重出家としての遁世を行なったというのは、確かに整合性を持ち、あり得る想定ではある。

果たして法体の武士が頼朝の面前において刀を隠し持っていたかどうかについては、『一遍聖絵』巻九に記された丹波国の山内入道の事例が参考になる。善光寺如来の霊告によって一遍に付き従っていた山内入道が猿靭・弓・手鉾・刀を隠し持っていたことに対して「いかに入道ハ兵具を身にしたかふましきよし申なから、又もつそ、（中略）四寸ハかりなる刀をもちたるをは、なとかくすそ、不当の入道かな」と述べて、その不当なることを教誡している[25]。だから、入道した武士が刀を持っていたことは不思議ではない。また、境相論に関する久下直光との裁判についても、『吾妻鏡』正治元年（一一九九）四月一日条に「熊谷与久下境相論事対決之日、直実於西侍除鬢髪之後、永被停止御所中之儀、以善信家為其所、今又被新造別郭云々」とも記されているから、将軍御前対決の事例として著名なこの裁判にかかわるいざこざがあり、憤った蓮生がその場から逐電したとすることは想像してもよい[26]。

しかし、「自取刀除髪」（「直実於西侍除鬢髪」を含む）を別にすることができるであろうか。それまで俗体であった直実が、ここではじめて在俗の象徴である髪を切ったという場面構成は極めて重要であり、俗人直実がすでに出家の恰好をしていたことを意味する「既為法体也」と対になる表現と考えるべきであろう。もし、そのような対応関係を認めることが可能とすれば、「自取刀除髪」を別にした「既為法体也」との表現はどう理解したら良いのであろうか。二重出家を前提とすると、この場合、直実の第一の出家は法体ではなかったことになる。

このように疑問を持つのは、『吾妻鏡』が、その建久三年以前の条において、一貫して俗人「直実」という呼称を使用している事実である。それは何よりも、『吾妻鏡』は、二重出家ではなく、俗人からの出家であったと認識していたことを意味するであろう。

法体ではない「僧」、俗名を称される「僧」は、果たして存在したのであろうか。『吾妻鏡』の伝える場面が二重出家としての遁世であったことを証明するためには、上述の存在を明らかにし、しかも直実が紛れもなくそのような存在であったことを証明することが求められるように思われるのである。すなわち、『吾妻鏡』と「譲状」とが示す矛盾を止揚しようとした二重出家説も成り立ちがたいのである。

『熊谷家文書』第三一号元徳三年三月五日熊谷直勝譲状に「同上人御自筆正教之御書、又蓮性自筆判形之状置文以下日記、同相副所奉渡也、委細在口伝」と記されているから、鎌倉末期に「譲状」が存在していたことは確実である。『大日本史料』の出家条、そして次に見るように、その卒伝条が既に刊行されていた『大日本古文書　熊谷家文書』の編纂者は、「譲状」の「地頭僧蓮生」との記述と、建久三年十一月二十五日をもって出家したとする『吾妻鏡』の記載との矛盾に気がついており、それが「譲状」を正文と考えずに「当時ノモノニアラズ、但、鎌倉時代ヲ降ラザル時ノモノナルベシ」との按文を付した一つの理由だったのではなかろうか。

『吾妻鏡』と「譲状」とが伝える出家に関する矛盾は依然として矛盾のままである。

三、『大日本史料』卒伝条を読む――往生を伝える『吾妻鏡』の問題

次に、その卒伝に関する史料について考えよう。それは、『大日本史料』第四編之十（明治四十三年）収載承元二年九月十四日条に掲載されている。(27)

先に紹介した『東京大学史料編纂所史史料集』所収「職員録」によれば、明治四十二年（一九〇九）度の第四編担当には、史料編纂官和田英松、史料編纂官補八代国治・阪本広太郎、同四四年度に史料編纂官和田、史料編纂官補八代・阪本、史料編纂補助嘱託田中敏治、史料編纂掛雇瀧宮新六などの各氏の名が見える。(28)この頃の『大日本史料』第四編は、和田氏を編纂責任者として彼らが担当していたものであろう。

さて、直実の卒伝条は、「熊谷直実、京都黒谷ニ卒ス」との綱文のもとに、『吾妻鏡』承元二年九月三日・十月二十一日条を筆頭に多種多様な史料で構成されている。関係史料は、おおよそ綱文に対して信憑性・関係性が高いと判断した順序で掲載されていると考えられる。逆にいえば、後に引用して検討する『吾妻鏡』承元二年九月三日・十月二十一日条の記述に基いて綱文が作成されている、といえるであろう。しかし、直実の死没の年月日と場所、享年については、実は掲載史料の中で一定していないのである。いま、それらの点に限って関係部分を引用し、若干の説明を付して列挙すれば、以下のようである。(29)

『高野春秋』七（謄写本架番号2015―576　原蔵者金剛峯寺、一八八六年複本作成）

「承元々丁卯年二月日、熊谷入道蓮性（ママ、以下同）辞新別所之社友、帰黒谷、是依遠聞法然上人配流之事、（蓮性住山社友之内、始終十四年而辞退）」、

「二戊辰年九月、熊谷入道卒新黒谷、（法然上人流罪之時、出新別所終不帰山、而寂于古（ママ）谷也、）」

没年月と場所は『吾妻鏡』と同説である。懐英編『高野春秋編年輯録』は元禄七年（一六九四）から享保四年（一七一九）にかけて成立した（『国書総目録』第三巻三一三頁）。

『諸家系図纂』十二上（謄写本架番号2075―1201　原蔵者内閣記録課、一九二五年複本作成）

「永治元年生、承元二年九月十四日於洛東黒谷入滅、六十八（四イ）歳、」

永治元年（一一四一）誕生、承元二年（一二〇八）入滅は六十八歳となる。徳川光圀・丸山可澄等編『諸家系図纂』全三十巻は元禄五年（一六九二）の序をもつ（『国書総目録』第四巻五四五頁）。

『系図纂要』五十（謄写本架番号2075―1200　原蔵者内閣記録課、一九二四年複本作成）

「建久四年出家、法名蓮生、承久三年九月四日入滅于熊谷、十（八）、」

承久三年（一二二一）に八十歳で入滅することは、直実子息の没年（『諸家系図纂』）と直実生年からの推算と思われるが、日付を四日とし場所を熊谷としていることは異説である。

『諸氏家牒』中（謄写本架番号2075―912　原蔵者鈴木真年、一八八六年複本作成）

「承元元（二）年九月十四日寂於黒谷、六十八才、母同、保延四戊午生、又家伝辛酉年生云々、然者永治元年辛酉歟、承元二年死時六十七才也、死日予指期云々、」

没年の承元元年は異説、保延四年（一一三八）生まれならば享年七十歳となる。家伝の永治元年（一一四一）生

まれならば、承元元年六十七歳、同二年六十八歳となる。

以上のように、『吾妻鏡』の次に掲載されている書目は十七世紀末以降に成立した系図類であり、それらの間では特に享年に混乱が見られる。一方、その最後に掲載されている『法然上人行状画図』（『四十八巻伝』）巻二十七は、『吾妻鏡』とほぼ同時代の成立でありながら(30)、伝えるところは大いに異なっている。

出家の事情は前述したから省略するが、年齢を「于時元久元年五月十三日午時に、偈の文を結びて、蓮生いま願をおこす、熊谷の入道年は六十七なり」と元久元年（一二〇四）において六十七歳であったといい、往生の様子を、

> 建永元年八月に、蓮生は明年二月八日、往生すへし、申す所若し不審あらん人は、来て見へき由、武蔵国村岡の市に札を立させにけり、伝え聞く輩、遠近を分たす熊谷か宿所へ群集する事、幾千万といふ事知らす、（中略）今日の往生は延引せり、来る九月四日、必ず本意を遂くへし、その日来臨あるへしと申しけれは、群集の輩嘲りをなして帰りぬ、（中略）八月の末に聊か悩む事ありけるか、九月一日、空に音楽を聞きて後、更に苦痛なく、身心安楽なり、四日の後夜に沐浴して、漸く臨終の用意を為す、諸人、又群集する事、盛りなる市の如し、既に巳刻に至るに、上人、弥陀来迎の三尊、化仏菩薩の形像を一鋪に図絵せられて、秘蔵し給ひけるを、蓮生、洛陽より武州へ下りける時、給はりたりけるを懸け奉りて、端坐合掌し、高声念仏熾盛にして、念仏と共に息止まる時、口より光を放つ、長さ五、六寸はかりなり、紫雲靉靆として、音楽髣髴たり、異香芬郁し、大地震動す、奇瑞連綿として、五日の卯時に至る、

と伝え、死没年月日を承元元年九月四日、その場所を武蔵国熊谷とする。享年は七十歳となる。既に早く『円光大師行状画図翼賛』巻二十七が「按スルニ、此ノ説、日ヲイヒ、処ヲサスコト、此ノ文及九巻伝、系図等ニ違ス、両説ノ

事跡ヲ載タル其文体・義意分明ニシテ、更ニ是非シガタシ」と記しているように[31]、出家の事情・死没年月日・享年・場所に関して全く異なる伝を伝えていることに注目しておきたい。

さて、『大日本史料』は、この後に参考史料として十三種の書目を掲げている。その中で、死没の年月日と場所について言及している書目について、同様に列挙しておく[32]。

『紀伊続風土記』高野山部三十八入道蓮生伝（謄写本架番号２０４１．６６―５　原蔵者内務省地理局地誌課、一八八七年複本作成）

「承元二年戊辰二月、聞法然之貶坐、辞社友還京師、其年九月寂于黒谷云、（新別所由来記）」

仁井田好古著『紀伊続風土記』は天保十年（一八三九）の成立（『国書総目録』第三巻三七九頁。明治四十三・四年刊行）。

『扶桑名画伝』卌一庶士（謄写本架番号２０８０―２５　原蔵者博物館（東京府）、一八八五年複本作成）。

吾妻鏡・北条系図・浅羽本北条系図・姓氏分脈・源平盛衰記・為盛発心集・法然上人行状絵図・花押藪・画工便覧・扶桑名公画譜・皇朝名画拾彙を引用した上で、

「按ふに、直実没年并に年齢ともまちまちにて一定せす、諸書を併せ考ふるに、承元二年九月十四日、六十八歳にて没すといへるそ正しかるへき、（中略）また直実入滅の地も、山州黒谷、或ハ武州村岡辺の様にも見ゆれと、黒谷のかた是なるへし」

堀直格著『扶桑名画伝』は嘉永七年（一八五四）の自序をもつ。宮内庁書陵部に原本六十六冊、東京大学に二冊、史料編纂所に一冊、活字本に『史料大観』がある（『国書総目録』第七巻八七頁）。

『画工便覧』三

「承元二年九月十四日於洛下黒谷卒、年八十三歳」

新井白石著『画工便覧』は寛文十二年（一六七二）の成立。東京大学に三種の写本、活字本に『日本画談大観』

『日本画論大観』中がある（『国書総目録』第三巻一〇四頁）。

『雍州府志』十熊谷直実塔

「蓮生予識死期、自鎌倉来斯寺（金戒光明寺）而逝去」

黒川道祐著『雍州府志』十巻は貞享元年（一六八四）の序をもつ。史料編纂所に写本のほか、貞享三年版本を所

蔵する（1041．62—31『国書総目録』第七巻八八二頁）。

『京都府寺誌稿』四金戒光明寺　陵墓　同熊谷直実髪塔・平敦盛影塔（謄写本架番号2015—641　原蔵者京都

府庁）。

「共ニ五輪塔、高六尺許、勢至堂前ノ地ニ南北対面ニ樹立ス、石面苔蝕文字判然ナラス、寺僧ノ云フ所ニ拠レハ、

其北面ノモノ、熊谷入道蓮生法師建永二年丁卯九月四日、（中略）法師ハ後チ武蔵ニ帰リテ寂ス、此塔ハ其髪ヲ

納ムル所ナリト」

『新編武蔵風土記稿』二百二十　大里郡二　忍領熊谷町　熊谷寺

「直実発心ノ後、元久二年ニ帰来リ、カノ城蹟ニワツカノ草庵ヲ結ヒテ蓮生庵ト号ス、（中略）同子孫へ残シ置自

筆状、（中略）蓮生墓　五輪ノ塔ナリ、文字ハ見エス、側ニ坂東阿弥陀仏蓮生法師廟拝所、承元元丁卯九月四日

ト彫タル青石ノ碑ヲ立、按ニ、直実カ卒セシハ、承元二年九月十四日ト云、丁卯ハ元年也、日モタカヘリ、疑フ

ヘシ」

間宮士信等編『新編武蔵風土記稿』二六五巻付録一巻は文化七年（一八一〇）から文政一一年（一八二八）の成立。史料編纂所に草稿残編九冊が所蔵（4141．34―9）。『大日本地誌大系』（雄山閣）所収等の刊本がある（『国書総目録』第四巻七七一頁）。

以上が、『大日本史料』卒伝条に掲げられた全史料のうち、死没年月日と場所とを伝えるものの概要である。赤松氏の批判を検証するため、煩を厭わず成立年と史料編纂所における複製作成年・架番号を記載した。収載史料のうちには、天正十一年（一五八三）や室町時代の写本があるという『為盛発心集』、大永四年の跋を記す京都真正極楽寺所蔵の重要文化財『真如堂縁起』などの中世に遡る書目もあるが、それらには死没年月日等に触れるところがない。各種史料の成立は、石田拓也氏が指摘されているように『吾妻鏡』と『四十八巻伝』とが古く、この両者を淵源として江戸時代に成立したものが多い[33]。

それらの中に「寺僧ノ云フ所ニ拠レハ、其北面ノモノ、熊谷入道蓮生法師建永二年丁卯九月四日、（中略）法師ハ後チ武蔵ニ帰リテ寂ス」との伝承や「側ニ坂東阿弥陀仏蓮生法師廟拝所、承元元丁卯九月四日ト彫タル青石ノ碑ヲ立」と刻された石碑があったことは、異説として注目されるが、しかし、「承元二年九月十四日、六十八歳にて没すといへるそ正しかるへき、（中略）また直実入滅の地も、山州黒谷、或ハ武州村岡辺の様にも見ゆれと、黒谷のかた是なるへし、発心集に承元々年としたるも非なり」、「日モタカヘリ、疑フヘシ」などと否定されている。収載史料のほかには、文化九年（一八一二）に堀田正敦等が編纂した『寛政重修諸家譜』巻五一一平氏維将流に「建久三年十一月二十五日、直実久下権守直光と所領の境相論の事により、頼朝の前に二人をめし決せらるの処、直実しば〳〵不審を蒙り、下問あるを憤り、西侍にをいてみづから刀を取て髪をはらひ、南門をはしりいでて家にかへらずして逐電す、頼朝直実が遁世をとゞめむと、雑色をして追しむれどもをよばず、のち僧源空が弟子となり、京師黒谷に住す、承元二年九月十四日東山の麓にをいて寂す、年六十六、法名蓮生[34]」と記載されており、『吾妻鏡』に基いて形成されていることが明瞭である。

さて、以上の『大日本史料』には『熊谷家文書』や『清凉寺文書』は掲載されていない。赤松氏が批判しているように、『大日本史料』はそれらを無視したのであろうか。

史料編纂所は、史料の研究と史料集編纂のための史料採訪を現在も継続して行っているが、『大日本史料』編纂当時、直実に関して、どのような史料が集められ、編纂の材料となっていたのであろうか。いま、「東京大学史料編纂所所蔵史料目録データベース」によって「熊谷直実」や「蓮生」を検索してみると、次のような史料を架蔵していることがわかる。

『熊谷文書』三冊二六二点（架番号３０７１．７７―１１　東京市芝区高輪南町公爵毛利元昭氏邸内熊谷頼三氏原蔵、一九二四年影写）

「蓮生［熊谷直実］画像」（架番号呂―１８４　金戒光明寺原蔵）

『熊谷伝』（架番号２０４４―９３　水戸市常盤町彰考館文庫原蔵、一八八五年謄写）

「伝熊谷蓮生書状（後半一紙ノミ）」（架番号台紙付写真５６７―６９８８　京都府葛野郡嵯峨村清凉寺所蔵、一九二四年撮影）

「伝熊谷蓮生直実譲状」（架番号台紙付写真７５９―１１３１１　山口県熊谷四朗氏所蔵、一九三七年撮影）

『熊谷文書』（架番号６１７１．７７―２３　山口県萩市熊谷正雄氏原蔵、一九七二年撮影）

『清凉寺文書』（架番号６１７１．６２―１７４　京都市清凉寺所蔵、一九六五年撮影）

以上のように、影写本・台紙付写真・写真帳はいずれも『大日本史料』第四編之四、同十の刊行以降の採訪である。したがって、赤松氏のいう「無視」という表現は必ずしも当たらないのである。なお、昭和十二年七月九日と同日付で撮影された「熊谷直国自筆書状」（架番号台紙付写真７５９―１１３１０）が「自筆」、「伝熊谷蓮生(直実)譲状」が「伝」と扱いが明白に分かれている点について断わっておくと、接写撮影が容易ではなかった時代において、全くの偽文書であれば撮影していないはずであるから、何らかの参考になると判断したからこそ標本撮影したと考えるべきであろう。

上述したように、直実の往生について、『大日本史料』当該条は、冒頭に『吾妻鏡』承元二年（一二〇八）九月三日・十月二十一日条[35]を次のように引用している（（Ａ）～（Ｃ）の記号は引用者が付す）。

九月三日、庚子、陰、熊谷小次郎直家上洛、是父入道来十四日於東山麓可執終之由、示下之間、為見訪之云々、進発之後、此事披露于御所中、珍事之由有其沙汰、而広元朝臣云、兼知死期非権化者雖似有疑、彼入道遁世塵之後、欣求浄土所願堅固、積念仏修行薫修、仰而可信歟云々、

十月廿一日、丁亥、（Ａ）東平太重胤(号東所)、遂先途、自京都帰参、即被召御所、申洛中事等、（Ｂ）先熊谷二郎直実入道、以九月十四日未剋、可為終焉之期由相触之間、至当日結縁道俗、圍繞彼東山草菴、時剋著衣袈裟、昇礼盤端座合掌、唱高声念仏執終、兼聊無病気云々、

同年閏四月二十七日に上洛した（Ａ）東重胤が、九月十四日の直実入道臨終の様子を、翌十月二十一日に告げてい

る。臨終に関する記述は、出家に関する記述と比較すると破綻は少ないように思われる。特に、九月三日条に、見訪うために上洛する子息直家が登場していることは、後述するように何らかの理由があることのように思われる。また、『四十八巻伝』巻四十二に見える法然の遺骸を警護した武士の一人「千葉の六郎大夫法阿」は、重胤の父頼胤であるから、いかにも相応しいとも思われる。(36)

ところで、十月二十一日に（A）東重胤が伝えた出来事は、この直実入道臨終のほかに、もう一つあった。それは次のような事件である。

（C）次去月廿七日夜半、朱雀門焼亡、常陸介朝俊（朝隆卿末孫、弓馬相撲達者）、取松明昇門取鳩子、帰去之間、件火成此災、凡近年
天子　上皇悉令好鳩給、長房・保教等本自養鳩、得時兮殊奔走云々、依彼門焼亡、去五日射場始延引云々、

という九月二十七日に起こった朱雀門焼亡記事である。

『吾妻鏡』編纂材料の一つに『明月記』があったことを指摘された八代国治氏によれば、この朱雀門焼亡記事（C）の出典は、『明月記』承元二年九月廿八日条であるという。(37)『明月記』当該条は、次のように自筆で記されている。(38)

廿七日、天晴、夜半許、西方有火、望之、焼甚細高、朱雀門焼亡云々、末代滅亡、慟哭而有余、依所労久籠居不出門、
廿八日、伝聞、常陸介朝俊（生于朝隆卿末孫、只以弓馬相撲為芸、殊近臣也、）取松明昇門取鳩、帰去之間、件火成此災、近年　天子上皇皆好鳩給、長房卿・保教等本自養鳩、得時而馳走、登旧塔鐘楼求取鳩、此事遂以滅社稷、嗟乎悲哉、

藤原定家も伝え聞いたというのであるから、重胤の伝聞と同じニュースソースの可能性は想定できよう。(39) しかし、

朝俊のプロフィールまでを同じニュースソースからの枝分かれとは考え難い。全くの同文ではないが、語彙や表現の類似性を重視すれば、八代氏・益田宗氏が指摘するように[40]、『明月記』を材料として作成されたと考えてよいのではあるまいか。もし、この考えが認められるならば、十月二十一日条の（A）東重胤が伝えたという状況には全く必然性がなく、すなわち（B）を含めて、同日の内容は事実を伝えていると考えなくともよいはずである。

ただし、次のように考えることも可能である。同日条は、（A）東重胤が、（B）九月十四日未剋に往生を遂げた出来事、（C）朱雀門焼亡の出来事、を鎌倉に伝えたという構成になっている。このうち、（C）は『明月記』に基づくものであるから、（C）は（A）という出来事を否定するが、しかし、（C）の事実そのものは否定しない。したがって、その典拠が不明である[41]（B）は、（A）によって鎌倉に齎されたと認める必要はないが、しかし、（B）が事実でないと否定することはできない。要するに『吾妻鏡』の直実死没記事は単純に受け入れることはできないが、しかし、それを否定することもできない。否定するためには別の要素が必要となるだろう。

一方、直実の往生について『吾妻鏡』とは異なる記事を伝える『四十八巻伝』巻二十七は、次の構成になっている。いま、三田全信氏「法然上人伝の成立史的研究序説[42]」等の成果に導かれて、各段詞書の対応関係を示すと以下のようになる。

第一段
　直実の法然への帰依　『九巻伝』
　九条兼実邸の出来事　『九巻伝』
第二段

直実の上品上生発願文　清凉寺所蔵「自筆発願文」

直実自筆の夢記　清凉寺所蔵「自筆夢記」

第三段

直実の関東下向と関東における行状　『九巻伝』

誡める法然の書状　『拾遺語灯録』・清凉寺所蔵「法然書状」

第四段

直実往生に関する九条兼実の書状

直実往生に関する法然の書状　『拾遺語灯録』・清凉寺所蔵「証空書状」

第五段

直実の往生の様子　『九巻伝』

巻二十七の構成は、『四十八巻伝』の草稿ともされる『九巻伝』（『法然上人伝記』）のほか[43]、清凉寺所蔵の自筆文書などの確かな原本類に基いて成立している、といえる。したがって、蓮生に関する伝記記載のうち、少なくともその一部は事実を伝えていると判断すべきであり、その死没についても、『九巻伝』、もしくは同伝が依拠した史料が存在したと考えるべきである。すなわち、その出典が不明なものと明らかなものの編纂物のうちから、二者択一をするならば、一般論としては出典が明らかな編纂物を採るであろう。『吾妻鏡』よりも『四十八巻伝』に信を置く由縁である。

その一方、『九巻伝』は正和元年（一三一二）頃の成立とされるが、「中世末から近世を遡る時代[44]」以前の写本が伝わらず、それを草稿とする『四十八巻伝』の記述は、必ずしも信頼を保証するものにはならないとする論の成立する余地もあり、また一説に『九巻伝』は『四十八巻伝』を抜粋したとの考えもある(45)。

しかし、その系統のいずれもが江戸時代以降に成立した、いわば中世においては孤立した史料というべき『吾妻鏡』に対して、『四十八巻伝』が伝える内容と同系統の史料は同時代や中世において確かに存在している。問題は場所と年月日である。

『迎接曼荼羅由来』(46)は、鎌倉時代後期の成立とされているものであるが、その記事には「やかて、九月の五日夜、上人の御ゆめに、（中略）いんせうし給と御らんせられて、そのやうをくわしく上人御しひつにゐにあそはされて、これを本そんとして、いよ〳〵念仏申へしとて、くまかいの入道のもとへおくらる、入道いよ〳〵た事をわすれて、一かうに念仏す、そのゝち五年をへてのち、九月五日、このまんたらのきしきにすこしもたかわすに、（中略）いきと念仏とゝもにこときれぬ」と、蓮生が上品往生したという夢を法然が見た五年後の九月五日に、蓮生その人が往生したことを伝えている。しかも、法然の夢の中の記述とはいえ、「くまかいの入道のいゑ」「いゑのうへゝかゝり」などの表現は、京都ではなく本貫の地における往生を示していると解釈すべきであろう。『清凉寺文書』の源空書状は「武蔵国熊谷入道」に宛てて出され、上洛を促す記事が見えること、また、『真如堂縁起』所収建永二年（一二〇七）正月朔日源空書状には「ハルカノ程ワザトヒトヲ上セ給ヒ候、（中略）京ト国ト程トホク候」と記されていることは（『鎌倉遺文』一六六三号）、蓮生最晩年の地が武蔵国であったことを物語っていると理解すべきである。

『光明寺絵縁起』は、諸系図類に先立つ十七世紀中葉の成立とされているものである。同書第十六段には「蓮生、恩賜の像を頚にかけ、程なく鎌倉に下着す、大樹、老後の見参思召よらす、と殊に御感に預り、武州へ下り、兎角する間に、光陰移りて、承元元甲子年に成ぬれは、（中略）蓮生、来ル九月初四日に往生すへきよし、仏の告を蒙りけれは、蓮生、此初四日に往生を遂る也、不審に思ハん人は来てみるへし、と武蔵国村岡の市に高札を立侍り、伝聞輩、遠近をわかす群集す、蓮生、未明に沐浴し袈裟衣を着、上人の給ハりし来迎の像前に、端座合掌し念仏熾盛にして、称名の声と共に息とゝまりぬ」と記されているが、「初四日」の「初」字は二箇所とも書き直した痕跡があり、十四日か四日かは江戸時代以降において問題とされ、結果的に四日を採用したことを示している。[47]

九条兼実は承元元年（一二〇七）四月五日に死没しているから、『四十八巻伝』巻二十七が伝える「熊谷の入道、往生をとけすといへとも、不思議の奇瑞等一にあらさるよし、天下にあまねくかたらひうたふ事」などに関する法然への問い合わせの四月一日付兼実書状は、承元二年ではありえなない。承元元年二月八日の往生の延期と関係があろう。先に『吾妻鏡』の記述に息子が上洛したことについては意味があったであろうと指摘したが、それはこの兼実書状に「その子息の会釈又以珍重」と記載されていることに対応するものと判断したからである。

以上のように、決定的な証拠はなく論証に未熟な部分があるとの批判を甘受しなければならないにしても、いわゆる「建永（承元）の法難」との関係で意図的であったかどうかはともかく、『吾妻鏡』には時期を一年間違えた、いわゆる切り張りの間違いがあったのではなかろうか。[48]とするならば、『吾妻鏡』の伝える蓮生死没の様子、及び『吾妻鏡』を主たる典拠とする『大日本史料』卒伝条については、信頼性に欠けることになる。そこで、改めて『吾妻鏡』の伝える出家に関して検討することにしよう。

四、譲状追筆「さねいゑ」は誰が執筆したか――直実の筆跡

前述したように、赤松氏は「譲状」に据えられた花押が「夢記」の花押と一致することにより、「譲状」が正しい文書であることは確実であると述べられている。では、何故、花押が「一致する」ことにより「正しい文書」といえるのであろうか。ここではその理由を考えておこう。

直実の花押は、「熊谷二郎　法名蓮生／直貞男　武蔵国御家人／建久三年十一月二十五日出家／承元二年九月十四日死六十八歳」との略伝を付して、『花押かがみ』二鎌倉時代一の一六一三号に掲載されている。それは次のような花押である。【図2】

㈠『熊谷文書』建久弐年参月一日僧蓮生（熊谷直実）譲状

地頭僧蓮生（花押）（〇五十一歳）

㈡『清凉寺文書』元久三年十月二日蓮生（熊谷直実）夢記

蓮生（花押）（〇六十六歳）

いま、改めて所見を述べれば、㈠の「地頭僧蓮生」という文字は、本文と同筆であろうから後筆とは考えがたく、したがって、その下の花押を意図的な後補と見る必要はない。唯一比較の対象となるのが㈡であるが、両者を比較すると、形体・運筆・筆勢等について、敢えて異を唱うべき点は見当たらない。それが、『花押かがみ』が両者のみを掲載した理由であろう。『熊谷家文書』の建久六年置文は、もし信頼に足るものであれば、現存する最後の花押であ

1613
熊谷直実

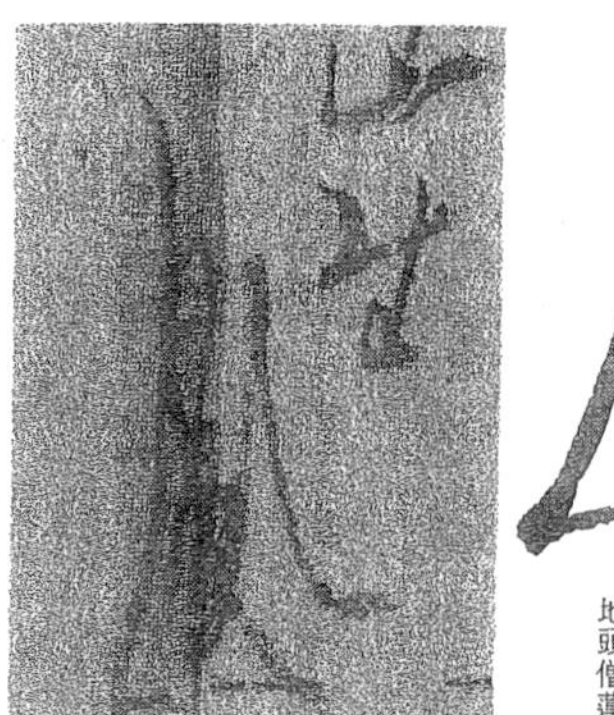

熊谷二郎　法名蓮生
直貞男　武蔵国御家人
建久三年十一月二十五日出家
承元二年九月十四日死六十八歳

(一)〔熊谷文書〕(二)〇山口
建久弐年参月一日僧蓮生熊谷直実譲状
地頭僧蓮生(花押)〇五十一歳

(二)〔清凉寺文書〕〇京都
元久三年十月二日蓮生熊谷直実夢記
蓮生
(花押)〇六十六歳

図２『花押かがみ』二鎌倉時代一 1613 号熊谷直実

るから、たとえ原本が不明でも影写本によって掲載したであろうと思われるが、採用されていないのは、問題があると判断したものと想像される。逆にいえば、掲載された花押は問題がないことになる。

なお、冒頭に触れたように、『花押かがみ』のこの部分には矛盾が存在している。それは、㈠の文書を掲載していながら、略伝に建久三年の出家を記していることである。いわば、『吾妻鏡』と「譲状」との矛盾を体現したものというべきであり、或いは、その矛盾を承知していたとも考えられるが、しかし、正しい花押を掲載している以上、略伝の出家年月日については明らかに矛盾していることになる。

先に紹介した『熊谷家文書』のうちの若干の文書が示しているように、一般的に問題がない文書であっても、そこに据えられている花押は後補の可能性もあるから、問題がないとはいい切れない。しかし、その形体・運筆・筆勢・位置などについて疑う余地のない花押が据えられている文書は問題がないといえる。つまり、「譲状」に据えられた花押は問題がないから、赤松氏が指摘し『花押かがみ』が掲載しているように、「地頭僧蓮生（花押）」との位署書が据えられた「譲状」は正しい文書と考えるべきである。したがって、建久二年の段階で、直実が出家していたことは確定し、建久三年の出家を伝える『吾妻鏡』の記述こそが問題であるとの結論が導き出せるのである。

果たして、この結論は他の方法によって証明できるであろうか。

では、「夢記」に据えられた花押が問題なく、また「誓願状」「夢記」が直実の自筆であるとする根拠は何であろうか。実は、赤松氏は、自筆であることを証明していないのである。(49) 氏にとっては自明のものであったとしても、より説得的であるためには、自筆であることの証明は積極的に行っておく必要があろう。というのも、自筆説に対して、あるいは根底から覆すかも知れない見解が提出されているからである。

すなわち、斎木一馬氏は、『清凉寺文書』の源空書状・証空書状に関して、①赤松論文を先駆的論文と評価しながらも、赤松氏以下の先行論文の読解について誤りを訂正し、②証空書状が、『拾遺語灯録』『四十八巻伝』において、その冒頭二十字が削除され源空書状として収載された理由を推定し、削除された二十字の意味を解釈して、そのことにより、『真如堂縁起』所載源空書状や『四十八巻伝』所伝を無稽でないとし、③「興善寺発見の源空自筆書状と本書状とを比較してみると、両者の筆蹟が完全に一致することには疑いがない」、「興善寺発見の証空自筆書状および誓願寺所蔵の証空自筆書状等と比較して見ると、筆蹟はまさしく一致し、証空の自筆であることは間違いないと思われる」が、しかし、「草・案若しくは写であろうということになり、しかも写である場合の可能性が最も大きいように考えざるを得なくなった」、「そしてそのことは、この証空書状についても同じである」と、源空書状・証空書状が写であろうことを指摘されているのである。(50) ただし、「誓願状」「夢記」に関しては触れていない。

『清凉寺文書』の源空書状・証空書状は、草案もしくは写の可能性がある。したがって、「誓願状」「夢記」も写の可能性は考えられるが、仮にそうであっても、源空書状・証空書状には確実な原本が存在していたように、「誓願状」「夢記」も確実な原本が存在していたはずであるから問題はない、といえる。ただし、自筆の証明はなお必要である。

ところで、一般的に、なぜ自筆、あるいは右筆と判断できるのであろうか。いま問われているのは、その判断を共有化する方法である。

先ず考えられるのは、疑いのない文書で「自筆をもって記す」、あるいは「右筆をもって記す」などと記されている場合、また、特に武家文書のうちで、署判が一筆で続けて書かれている場合などは、自筆や署判者の筆跡と判断できるであろう。本文と花押の墨色が同じである場合もその可能性があるが、しかし、一見しただけでは同墨であるとはいえず、また、仮に同じ墨・同じ筆の使用が証明されても、例えば現代の芳名録・記名帳など、同じ墨・同じ筆が使用されながら各自が執筆しているように、他人が執筆する場合も想定できるから、必ずしも自筆の証明にはならない。

それでは、以上のような自筆と判断できる証拠がない場合は、どうであろうか。その場合には、特に筆跡の比較、同筆と判断する根拠の説明が求められるであろう。

そこで、いま一度、蓮生の自筆とされている筆跡を比較してみよう。対象となるのは、二尊院所蔵『七箇条制誡』と奈良興善寺所蔵「阿弥陀仏像胎内文書」である。(51)

【図３】の右上にある四角の囲みは、『七箇条制誡』の連署の一部分である。「僧綽空」は若い頃の親鸞の署名であ

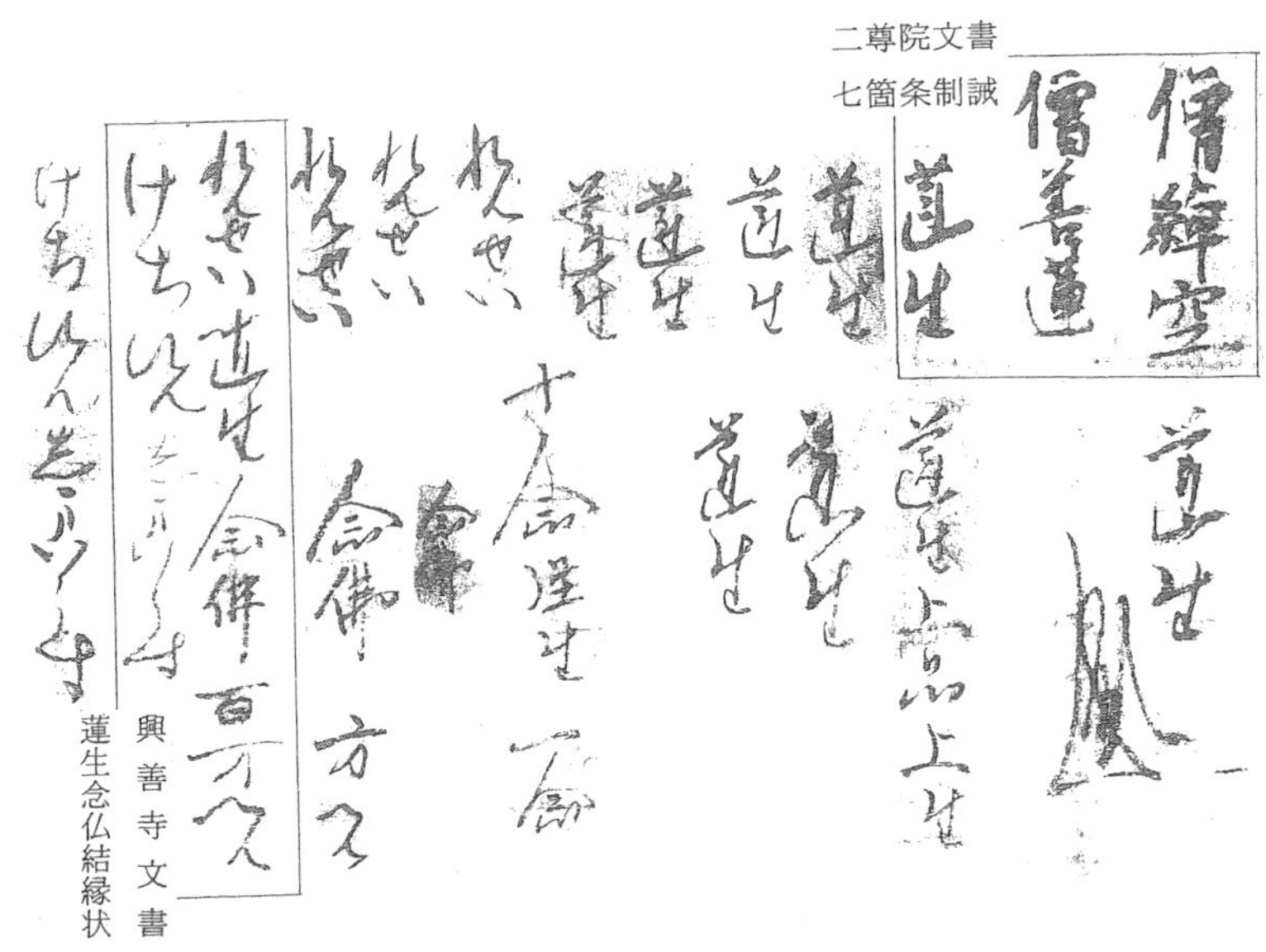

図３　熊谷直実の筆跡比較（「誓願状」「夢記」と「七箇条制誡」「蓮生念仏結縁状」）

るが、一人おいた「蓮生」が直実であることは、『二尊院縁起』第四段に「去元久元年十一月七日、念仏の門にをきて、上人七箇条の起請を制せられける、右の条々停止せらる、趣は、或奉破真言止観謗余仏菩薩事、或於念仏門号無戒行専勧婬酒食肉事等也、かの正文自筆判形等別紙にある間一二にあたはす、仍其旨を門葉にしめさる、時、当院第二世信空をはじめとして、西山上人等以上百八十九人起請に同せらる、旨、上人の御前にしてをのをの自筆に名をか、れけり、熊谷二郎直実も九十人めにいてて法名を蓮生とそ書ける」と記されているほか、両者に共通する文字「蓮生」の比較によっても確かめられる（【図３】）。「蓮」字のうち「車」部分を連続した三点と一本の縦棒で「斗」字のように表現する点、之繞を縦から横へ連続した線で表現する点、また、「生」字については、起筆を大きくはっきり示し、縦・横をループで繋げるという共通項がある。それらは極めて良く似ているといえるだろう。

【図３】の左側の長方形の囲みは、『興善寺文書』中の

「蓮生念仏結縁状」全ての文字である。この「蓮生念仏結縁状」の「蓮生」が直実であることを証明するものは、その名前と筆跡だけである。「念佛」の「念」字の起筆を大きく右に張り出し「人」字のように表現する点、「マ」字を横棒二本、「心」字を連続した三点で表現している点、「生」「れんせい」「へん」や、「万」と「方」字などの類似は、同一の筆跡と判断して良いだろう。また長方形の囲みの左側は、結縁状に記された「けちえんしまいらする」に対応する字を「夢記」から拾い集めて並べたものであるが、字形はもちろんのこと、無理な続き具合ではないといえるだろう。胎内文書という性格は写を作成する必然性がないし、その機会もないはずであるから、作為性を認める必要は全く存在しない。両者の酷似から直実自筆と認めて良いであろう。

以上に述べた直実の花押と筆跡についての事例を一般化すると、自筆で書かれた史料に据えられた花押は当然自筆とみるべきであり、自筆の署判と同じと判断すべき花押は疑うべき根拠がなく、疑うべき必然性のない花押が据えられた文書は決して偽文書ではありえない。

だから、赤松氏の花押の一致による「正しい文書」説は承認されるのである。それでは、上述した以外に直実の自筆と認めるべき筆跡は存在していないのであろうか。このような観点に立ったとき、注目されるのは、譲状の追筆「さねいゑ」である。

すなわち、前述したように『熊谷家文書』には、後人による竄入の痕跡が認められるものがあるものの、この四文字については、それを加えることによって文書自体に付加価値を生じさせるものではなく、また、わざわざ挿入符を加えて竄入することも考えがたく、常識的には、本文執筆直後の訂正を考えるべきであろう。

そこで、「さねいゑ」四文字（上段）と共通する文字を自筆「誓願状」「夢記」から抜き出して（下段）、比較したも

図４　熊谷直実の筆跡比較（「誓願状」「夢記」と「僧蓮生熊谷直実譲状」）

のが【図４】である。比較の対象とすべき文字が少なく、「い」字など特徴があるとは必ずしもいい難い文字もあるが、例えば、「ゑ」字が「ろ」の下に「ん」を組み込んだように書いている点など、同筆と認めても良いのではあるまいか。

　この例証が認められるならば、「譲状」の作成過程を次のように推測することができるだろう。右筆は、本文及び「地頭僧蓮生」までを書いて蓮生に示し、本文を確認した蓮生は、「真家」とあるべきところが、「家真」と記されていることに気付き、返って読むべきことを示す記号を挿入し、「さねいゑ」と追記し、本文確認の前後に確認・了解の花押を据えたのである。

　すなわち、「譲状」は鎌倉時代末までに成立したものではなく、まして「偽文書」などではありえない。まさに蓮生自らが確認し手を加えた間違いのない当時のものと理解すべきである。「譲状」が示す事実によれば、直実は建久二年以前に既に出家しており、建久三年になって初めて出家したかのごとき記事を掲載する『吾妻鏡』は信頼すべきではない。そして、その信頼性の欠如は、必ずや卒伝の記述にも影響を及ぼすものと思われるのである。

おわりに――『吾妻鏡』北条時頼出家・卒伝条の問題

以上を簡単に要約すると、以下のようになろう。

赤松氏がその論考の最後において、『吾妻鏡』と『四十八巻伝』との関係の再考を示唆されているように、直実の出家と往生に関する史料については再考する必要がある。熊谷直実入道蓮生の出家と往生に関する『吾妻鏡』の記述には問題があり、先ずは『清凉寺文書』の「誓願状」「夢記」、『四十八巻伝』等に基いて考察すべきである。『吾妻鏡』よりも『四十八巻伝』等の記述を、より信頼性があるとする根拠は、蓮生自筆の「誓願状」や「夢記」に基いており、また、自筆と判断する根拠は、その花押に基いている。したがって、自筆の筆跡や花押については、もっと重要視されるべきである。直実に即して論ずれば、先ず採り上げるべきは、「譲状」とそこに据えられた花押であり、直実の出家と往生とに関する混乱は解決できるのである。

ところで、『吾妻鏡』と『四十八巻伝』との関係で注目されるのは、執権北条時頼の出家と死没の場面である。

先ず、出家についていえば、『吾妻鏡』康元元年（一二五六）十一月二十三日条に「寅刻、於最明寺、相州令落飾給年卅、依日来素懐也、御法名覚了房道崇云々、御戒師宋朝道隆禅師也」とあって、本格的な正統禅を伝えたとされる大覚禅師蘭渓道隆（一二一三〜七八）を戒師とするとしながらも、その法名が「覚了房」という房号であるのは不審とすべきではないか。『吾妻鏡』記載が事実を伝えているとするならば、正統禅とされる禅僧が房号を付与して出家させた点に疑問を付すべきであり、あるいは房号付与を認めるならば、時頼の出家は禅宗規式による出家作法ではなく、蘭渓道隆にとっては純粋禅を標榜するものではなかったことになり、そうではないとするならば、この記事は事実を伝えていないことになる。

時頼の出家以降臨終に至るまでの『吾妻鏡』の関係記事には、禅僧的な側面は薄く浄土教や密教が色濃く反映している点についても指摘があり、問題となるが、その死没の様子について述べれば、同書弘長三年十一月二十二日条には「戌刻、入道正五位下行相模守平朝臣時頼御法名道崇、御年三十七、於最明寺北亭卒去、御臨終之儀、着衣袈裟、上縄床令座禅給、聊無動揺之気、頌云、業鏡高懸　三十七年　一槌打砕　大道坦然、弘長三年十一月廿二日道崇珍重云々、（中略）終焉之刻、叉手結印、口唱頌而現即身成仏瑞相、本自権化再来也」と描写されている。

時頼が遺偈を唱えて亡くなったかのように記述されているが、実際に唱えたものを『吾妻鏡』が表記したとすれば、年号月日・署名があるのは不審であり、それらが記載されていることは、いかにも記された遺偈を引載した感がある。「口唱頌」を先の遺偈を唱えたと理解することもできるが、下文「現即身成仏瑞相」への接続を重視すれば「頌」が遺偈であるとはいい難い。しかも、この遺偈については、鷲尾順敬・八代国治・辻善之助など各氏が指摘されているように[52]、南宗の笑翁妙湛がその死没に際して遺したものに基づくものである。当時の日本社会において笑翁妙湛その人自身や遺偈が著名であったか否かという理解の相違があり、そのことにより時頼が妙湛の遺偈を借りて自己の心地を述べたものか、或いは『吾妻鏡』編纂者の潤色であるか、の疑問もある。

一方、『四十八巻伝』巻二十六では「唐ころもめして、けさかけて、西方にあみたほとけをかけまいらせて、ゐすにのほらせ給て、御いきすこしもみたれす、合掌して御往生候也」と描き叙している。

「禅宗の帰依者でその往生も禅的である（吾妻鏡）」とする三田全信説に対して、[53]禰津宗伸氏は、『四十八巻伝』のこの場面が「諏訪入道蓮佛自身の書状」に基づく記載であることを指摘されながらも、両者は「むしろ内容は近似しているといえる」「ほぼ同様の内容と判断できる」[54]と『吾妻鏡』の記事に近付けて『四十八巻伝』を解釈し、『吾妻鏡』に禅僧的な記述がないことに意義を認める市川浩史氏もまた、この見解を参考にされている。[55]

しかし、熊谷直実の出家と往生をめぐる『吾妻鏡』の記事が事実と相違するとした私見が、もし認められるならば、北条時頼死没の場合においても、『吾妻鏡』との整合性を求めるよりも、『四十八巻伝』それ自身の記述を基にして考えていくべきものと考えるのである。

註

（1）東京大学史料編纂所編『花押かがみ』二鎌倉時代一（昭和五六年）。

（2）赤松俊秀氏『続鎌倉仏教の研究』（昭和四一年、平楽寺書店）。

（3）東京大学史料編纂所架蔵写真帳『熊谷家文書』（架番号6171．77－23）、影写本『熊谷文書』（架番号3071．77－11）、刊本に『大日本古文書　家わけ第十四　熊谷・三浦・平賀家文書』（昭和一二年）、埼玉県立図書館編『熊谷家文書』（昭和四五年）等がある。

（4）赤松氏前掲書二九二・三頁。

（5）前掲『大日本古文書　熊谷・三浦・平賀家文書』一頁。

（6）前掲『大日本古文書　熊谷・三浦・平賀家文書』二三三頁。前掲影写本『熊谷文書』三。なお、『日本歴史地名大系　埼玉県の地名』（平凡社、一九九三年）の「熊谷寺」（熊谷市仲町）に「所蔵文書として建久六年二月九日の熊谷直実置文などがあり」（八四四頁）、また『新編武蔵国風土記稿』二百二十大里郡二・忍領熊谷町熊谷寺に「同子孫へ残シ置自筆状（至子々孫々能々可令存知旨～建久六年二月九日　蓮生判）」と記されている文書は同文ながら、『熊谷家文書』第二五二号文書とは別である。

（7）赤松氏前掲書二九六頁。

（8）『吾妻鏡』の語句検索については、及川大渓氏『吾妻鏡総索引』（昭和五〇年、日本学術振興会）、福田豊彦氏監修『吾妻鏡・玉葉データベースCD－ROM版』（一九九九年、吉川弘文館）を利用した。

（9）『方丈記』（『新日本古典文学大系』39、一九八九年、岩波書店）

（10）続史料大成『親元日記』二（昭和四二年、臨川書店）一〇頁。

（11）『浄土宗全書』一六（大正二年、浄土宗宗典刊行会）四三一頁。この点については、福田行慈氏「吉水入門後の熊谷直実について」（『大正大学大学院研究論集』七、一九八二年）に指摘がある（一六五頁）。

（12）『東京大学史料編纂所史史料集』（二〇〇一年）四〇七・八頁。

（13）『萩藩閥閲録』一（昭和四二年、山口県文書館）六三七～六七一頁。

（14）『南禅寺文書』建武二年五月十七日雑訴決断所牒の「左中将源朝臣」に判は据えられていない（『大日本史料』第六編之二、三九三頁）。

（15）また、第八〇号貞和元年二月日足利尊氏下文には「コノ文書以下二通同筆ナリ、其ノ書風等ヲ検スルニ当時ノモノニアラズ、今姑クコ、ニ収ム」との按文が付されている。貞和元年の改元は十月二十一日であり、またその尊氏の袖判も疑うべき形体を示している。

尊氏の袖判に関しては、上島有氏「折紙の足利尊氏袖判文書に関する覚書」（『古文書研究』二七、一九八七年）、漆原徹氏「「相良家文書」の足利尊氏袖判文書」（『史学』六八－一・二、一九九九年）などの論考があるが、更に議論を深めるべき論点があるように思われる。

(16)『東京大学史料編纂所報』七（昭和四八年）八四頁。
(17)『吾妻鏡』は『新訂増補国史大系本』による。なお、底本の内閣文庫所蔵北条本については、井上聡・高橋秀樹氏「内閣文庫所蔵『吾妻鏡』（北条本）の再検討」（『明月記研究』五、二〇〇〇年、明月記研究会）、東京大学史料編纂所架蔵写真帳『吾妻鏡（北条本）』（架番号６１４０．４－４）を参照した。
(18)『師守記』（『大日本史料』第六編之四、七九頁）、史料纂集本四、一〇頁。
(19)『法然上人絵伝』上中下（『続日本の絵巻』１～３、一九九〇年、中央公論社）。
(20) 熊谷市史編纂委員会編纂『熊谷市史』（昭和三八年）、埼玉県立図書館編集『熊谷蓮生坊文書』（昭和四四年）、河合正治氏「武士の生活と鎌倉仏教」（『中世武家社会の研究』、昭和四八年、吉川弘文館）、石田拓也氏「熊谷直実の伝承」（『大東文化大学紀要』二一、一九八二年）、「法然寺の熊谷直実縁起」（『大東文化大学紀要』二四、一九八五年）など。
(21)「熊谷直実の吉水入門をめぐって」（『日本仏教史学』一五、一九七九年）六八頁。
(22) 前掲「吉水入門後の熊谷直実について」一七三頁。他に、同氏「熊谷直実宛源空書状について」（『印度学仏教学研究』三一―二、一九八二年）、「熊谷直実の予告往生をめぐって」（『仏教論叢』二七、昭和五八年）、島田雅江氏「熊谷直実の出家時期、及び法然の門に入る迄の過程」（『大正史学』一八、一九八八年）などがあり、玉山成元氏「法然伝の疑問について」（『三康文化研究所年報』六・七、昭和五〇年）、丸山博正氏「法然の九品観と熊谷直実の上品上生往生立願」（『三康文化研究所年報』一九、昭和六二年）が関説する。なお、安田元久氏編『吾妻鏡人名総覧』（平成一〇年、吉川弘文館）は「熊谷系図」（『続群書類従』六上）により、直貞を父、永治元年生まれ、承元三年九月四日歿とするが、掲載している『熊谷系図』「法名蓮生。生年辛酉。承元三年九月十四日午刻於熊谷病死。年八十四歳」（二四四頁）と『熊谷系図』「熊谷次郎／承元二年九月十四日死。年六十八歳」（二四九頁）には矛盾がある。
(23) 桜井好朗氏『隠者の風貌』（昭和四二年、塙書房）六四頁。樋口州男氏「鎌倉武士と遁世」（『中世の史実と伝承』、一九九一年、東京堂出版。初出「「鎌倉武士と遁世」覚書」、『民衆史研究』一〇、一九七二年）二二一頁。
(24) 拙稿「黒衣の僧について―鎌倉・南北朝期における遁世の一面―」（『中世政治社会の研究』、一九九八年、続群書類従完成会）。

(25)『一遍聖絵』は『一遍上人絵伝』(『日本の絵巻』20、一九八八年、中央公論社)による。
(26)佐藤進一氏『鎌倉幕府訴訟制度の研究』(一九九三年、岩波書店)二〇頁。
(27)『大日本史料』第四編之四が明治三十八年十月二十一日、同十が明治四十三年十二月十五日の刊行というように毎年一冊以上の刊行ペースであり、現在から見れば、編纂材料が揃っていない段階における編纂と刊行は、いきおい粗い読解を齎さざるを得ないといえる。『大日本史料』の読解については、一部訂正した部分がある。
(28)前掲『東京大学史料編纂所史料集』三八二・三頁。
(29)なお、『大日本史料』編纂当時の関係史料収集の有無を示すために、「東京大学史料編纂所所蔵史料目録データベース」によった検索結果を示した。
(30)『四十八巻伝』の成立については、「一三一〇年代(A)、及びそれをややずれる時期(B)の制作」(村重寧氏「知恩院蔵法然上人絵伝(四十八巻本)について」『MUSEUM』二七五号、一九七四年、二三頁)、「徳治二年(一三〇七)より十年を経て完成したといわれる。絵もそのころ(鎌倉時代末期)の画風を示」すとされ(『国史大辞典』六四四頁)、また、巻四十執筆者を伏見天皇(一二六一〜一三一七)の真筆に比定する中田勇次郎氏「法然上人行状絵図絵詞の筆者について」(『新修日本絵巻物全集　一四　法然上人絵伝』昭和五二年、角川書店、三八頁)の見解に従えば、成立は文保元年以前となる。ただし、鎌倉時代(十四世紀前半)とする『原色版国宝』鎌倉Ⅰ(一九八〇年、毎日新聞社、一三六頁)は筆者に関する「伝承には必ずしも信憑性がなく、今後より綿密な考証が必要とされる」とする。一方『吾妻鏡』については、笠松宏至氏「徳政・偽文書・吾妻鏡」(『中世の窓』一二、昭和三八年)は永仁五年以降、もしくは正安二年以降の可能性を指摘されており、「十三世紀末頃に金沢氏の手により編纂された」(五味文彦氏『増補吾妻鏡の方法―事実と神話にみる中世―』二〇〇〇年、吉川弘文館、六一頁)、「二部に分ける説では、前半部は文永年間(一二六四―七五)、(中略)後半部が正応―嘉元年間(一二八八―一三〇六)に編纂されたとする。前後二部に分ける蓋然性がないとすれば、十四世紀初頭の成立とみることができる」二一二頁)とされ、それは最新の研究においても支持されており、二段階編纂説の証拠は乏しく全体は同じ頃に成立したと見られている(五味文彦・井上聡氏「吾妻鏡」八〇五頁、皆川完一・山本信吉氏編『国史大系書目解題』下巻、二〇〇一年、吉川弘文館)。

(31) 前掲『浄土宗全書』四二八頁。
(32) 掲載史料のうち、省略したものは、
『為盛発心集』（謄写本架番号２００１－３　『続群書類従』釈家部巻第八三七、原蔵者塙忠紹、一八七九～八五年複本作成）は、『群書解題』七釈家部（昭和三十七年）によれば、作者・成立ともに未詳であるが、「中世末期の談義僧でもあらうか」と推測されている（一五〇頁）。著者を伝蓮如とし、慶応大学に天正十一年（一五八三）写本、龍谷大学に室町時代写本、大阪光徳寺・西本願寺に室町末期写本などが所蔵されている（『国書総目録』第五巻五八五頁）。

『真如堂縁起之写』（謄写本架番号２００１－３　『続群書類従』釈家部巻第七八四、原蔵者塙忠紹、一八七九～八五年複本作成）は、『実隆公記』大永三年八月十日条に「真如堂縁起絵詞青蓮院御所望、下巻六段今日書之」と見え、大永四年の跋を記す京都真正極楽寺所蔵三軸は重要文化財に指定されている（『国書総目録』第四巻七五五頁、『群書解題』七釈家部三五一頁、台紙付写真４４９－４７３１～４７５０）。

『熊谷伝』（謄写本架番号２０４４－９３、原蔵者彰考館文庫、一八八五年複本作成）。

『塩尻』五・同十二
天野信景著『塩尻』一〇〇巻（『国書総目録』第四巻一一頁）。

『集古十種』古画
松平定信編『集古十種』八十五冊（『国書総目録』第四巻二四九頁）。

『皇朝名画拾彙』二
檜山義慎編『皇朝名画拾彙』五巻は文政元年（一八一八）序、同二年刊（『国書総目録』第三巻二七四頁）。

『山州名跡志』二十法然寺・同四紫雲山金戒光明寺熊谷堂。

白慧（坂内直頼）著『山州名跡志』二十二巻は元禄十五年（一七〇二）序、正徳元年（一七一一）刊（『国書総目録』第三巻七九三頁）。
(33) 石田氏前掲「熊谷直実の伝承」は、熊谷市文化連合編『熊谷直実』を引用して指摘されている。

(34)『新訂寛政重修諸家譜』八―三三七頁（昭和四〇年、続群書類従完成会）。
(35)東京大学史料編纂所架蔵謄写本『文治以来記録』（架番号２０４０．４－１５）。
(36)外山信司氏「鎌倉時代の東氏―東国武士の歌の家―」（千葉県史料研究財団編『中世の房総、そして関東』、平成一五年）。
(37)八代国治氏『吾妻鏡の研究』覆刻版（昭和五一年、芸林舎）九四頁。
(38)『明月記』は冷泉家時雨亭叢書第五十七巻『明月記』二（一九九六年二月一日、朝日新聞社）による。自筆については、尾上陽介氏「『明月記』原本及び原本断簡一覧稿」（『明月記研究』七、二〇〇二年、明月記研究会）七六頁参照。
(39)五味氏前掲書八九頁。
(40)八代氏前掲書九四頁、益田宗氏「吾妻鏡の本文批判のための覚書き」（『東京大学史料編纂所報』六、昭和四六年）。
(41)益田氏前掲論文一〇頁。
(42)法然上人伝研究会編『法然上人伝の成立史的研究』覆刻版（平成三年、臨川書店）。
(43)『四十八巻伝』と『九巻伝』との成立時期とその前後関係については、『浄土宗大辞典』（昭和五五年、浄土宗大辞典刊行会）「法然上人行状絵図」（三〇三頁）、福田氏前掲「熊谷直実の吉水入門をめぐって」七三頁参照。
(44)前掲『法然上人伝の成立史的研究』二、五五頁。
(45)井川定慶氏『法然上人伝全集』（昭和二七年、法然上人伝全集刊行会）、前掲『浄土宗大辞典』。
(46)『日本名跡叢刊』五七「源空消息　証空消息　熊谷直実誓願状　迎接曼荼羅由来」（一九八一年、二玄社）。
(47)『平成新修粟生光明寺絵縁起』（平成一〇年、西山浄土宗宗務所）。
(48)いわゆる切り張りの間違いのうち、「時期を一年も間違えて」掲載されている点については、井上・五味氏前掲「吾妻鏡」八〇八頁に指摘がある。
(49)赤松氏前掲「熊谷直実の上品上生往生立願について」によれば「直実の自筆と認められる、と教えてくれたのは文化財調査官の近藤喜博博士である」（二七九頁）、「博士はその後『文化財』第一〇号（ママ）にその所見を発表している」（三〇二頁）という。ただし、近藤喜博氏「法然上人の書状と熊谷蓮生坊―清凉寺文書を中心に―」（『月刊文化財』一九八五年十月号）においては「蓮生坊の自筆にして」と述べるに止まっている。

なお、前掲『日本歴史地名大系　埼玉県の地名』に「しかしその前年の建久二年三月一日、先祖相伝の「大里郡内熊谷郷内」の田二〇町を子息真家に譲与する際に作成された熊谷直実譲状（熊谷家文書、以下断わりのないかぎり同文書）には「地頭僧蓮生（花押）」と署名されており、この譲状が正文であるとすれば、直実はこれ以前にすでに出家していたことになる」と記述されている（八四〇頁）。

(50) 斎木一馬氏「清凉寺所蔵の源空自筆書状について」（初出『高僧伝の研究』、昭和四八年、山喜房仏書林）、「興善寺所蔵の源空・証空書状覚え書」（初出『藤原弘道先生古稀記念史学仏教学論集』、昭和四八年）、「清凉寺所蔵熊谷入道宛証空自筆書状について」（初出『仏教史研究』七、昭和四八年）（『斎木一馬著作集三　古文書の研究』、平成元年、吉川弘文館）。

(51) 伊藤唯真氏は、『伊藤唯真著作集　第四巻　浄土宗史の研究』（一九九六年、法蔵館）第四章「聖研究からみた法然真筆史料」第一節「七箇条制誡（京都　二尊院蔵）」において、「署名中、信空、欣西、蓮生はそれぞれ高山寺蔵「円頓戒々脈」、興善寺蔵「欣西書状」「蓮生念仏結縁状」、清凉寺蔵「熊谷直実自筆夢記」によって、自筆であることが確かめられる」と述べられている（八九頁）。

(52) 八代氏前掲書によれば、この遺偈が妙湛のそれに基づくものであることは、鷲尾氏『鎌倉文明史論』が指摘されたという（一七七頁）。辻氏『日本仏教史』中世篇之二（昭和二四年、岩波書店）一五四頁。

(53) 前掲『法然上人伝の成立史的研究』三―六六頁。

(54) 「『法然上人絵伝』における諏訪入道蓮佛」（『長野県立歴史館研究紀要』六、二〇〇〇年）。

(55) 『吾妻鏡の思想史―北条時頼を読む―』（二〇〇二年、吉川弘文館）。

【付記】本稿執筆の経緯については冒頭に述べたが、その後、ダルマ会・石川県古文書講座・慶応大学大学院法学研究科・日本女子大学大学院文学研究科で報告する機会を得て、成稿することができた。また、『吾妻鏡』の研究史全般に関しては、細川重男氏の御教示を得た。さらにまた、昨年度の本所所報紀要委員会には御迷惑をおかけした。ここに、その後の経緯を付記し、関係各位に御礼とお詫びを申し上げる次第である。

なお、本稿は文部科学省科学研究費補助金中核的研究拠点形成基礎研究費「前近代日本史料の構造と情報資源化の研究」（研究リーダー石上英一東京大学史料編纂所教授）による研究成果の一部である。

Ⅱ　熊谷直実の出家に関する一考察――問注所の移転をめぐって

森内優子

はじめに

源平の争乱期から鎌倉幕府の草創期にわたって活躍した熊谷直実（法名蓮生）は、武蔵国熊谷郷（現在の埼玉県熊谷市）を本貫地とした武蔵武士である。[1]鎌倉幕府が編さんした史書『吾妻鏡』や源平の争乱を描いた軍記物語『平家物語』に記された直実の足跡は、江戸時代以降に読み物や歌舞伎など演劇・文学の作品として再構成された。そのため、直実の知名度は高く、地元熊谷市のみならず、埼玉県内の「郷土を代表する人物」の一人に選ばれることも多い。[2]しかしそれは同時に、今日の私たちが描く直実像が、多分に演劇や文学作品からの影響を強く受けたものであることをも意味する。[3]熊谷直実に限らず、約八百年余もの時間の壁を隔てた武蔵武士たちへのアプローチはいずれも困難を極めるが、そのなかでも特に直実は、演劇等の世界から発信された情報のインパクトの強さゆえに、その実像が陰に隠れがちであるように思うのである。

そこで本稿では、平成十八年度、熊谷市内において二度にわたり直実をテーマとした講演をさせていただく機会に恵まれたことをきっかけとして、これまでに確認されている史料を読み直すことにより、広く知られた直実のイメージを再検討し、多少なりとも直実の真実の姿に近づくことを試みる。そしてとりわけ、鎌倉幕府の訴訟機関である問注所の移転問題と絡め、頼朝存命中の初期鎌倉幕府における裁判制度とのかかわりという視点から、直実の出家の動機と時期を再考してみたい。

一、直実に関する史料について

直実を研究しようとするとき、家伝文書「熊谷家文書」(4)と『吾妻鏡』は欠かすことができない。本稿もこれらを再検証することによって論を進めていくが、はじめに直実に関する史料の特徴を確認しておきたい。

まず家伝文書「熊谷家文書」で特徴的なのは、出家前の俗人熊谷直実としての文書が含まれていないということである。最も古い年紀をもつのは、建久二年三月一日付の真家宛熊谷直実譲状であるが、次に示すとおり、すでに法名蓮生の署名が認められる。

(端裏書)
「くまかやの四郎ニゆつり了、」

譲与　先祖相伝所領壱処

在　武蔵国大里郡内熊谷郷内

四至　東限源三郎東路　南限雨奴末南里際
西限村岳境大道　北限苔田境ヲ源次之前ノ路へ

此外為真之壁内ヲ加、

田弐拾町佐谷田ノ境ニ付テ
右件所領、依為子息家真朝臣限永年
「さねいゑ」
所譲与実也、於代々證文者嫡男直家朝臣
為連券故、相副手次文書所譲渡也、但子
孫之中不善者出来、寄権門勢家成他
領者停背兄弟骨肉之儀随器可知行
也、仍為向後證文勒状、以解
建久弐年参月一日
嫡子平直家（花押）
次男同実景（花押）
地頭僧蓮生（花押）

従って、直実の幕府御家人としての活躍を「熊谷家文書」から知ることはできないということになる。

一方、鎌倉幕府の史書『吾妻鏡』には、幕府御家人熊谷直実の活動が記されている。しかし、編年体の短文で綴るという形式のためか、非常に断片的な内容である感が否めない。しかも、後述するように直実は、文治三年（一一八七）八月四日に流鏑馬の的立役を拒否したことによって処分され、以後建久三年（一一九二）十一月二十五日の記事までの約五年間、『吾妻鏡』の記事に全く登場しないため、その間は空白となっている。

この他には、軍記物語『平家物語』がある。これまでの研究で、『平家物語』の内容に多くの『吾妻鏡』との類似点があることが指摘されているが、それはどちらの成立にも「手書（てかき）」と呼ばれる従軍記録者が著した合戦の記録がベースとして用いられている可能性が高いためと考えられている。[5] このように、『平家物語』は単なる物語ではなく、源平の争乱期を考えるうえで貴重な情報を提供しているととらえることもできるのであるが、一方で諸本によって内容に大きな違いがあることや、大幅な脚色が加えられている可能性を差し引いて考えなければならないことはいうまでもない。さらに、「清凉寺文書」に蓮生（直実）と師である法然房源空とのやりとりを伝える書状が伝えられているほか、[6] 国宝『法然上人絵伝』巻二十七（知恩院所蔵）などには往生の様子などが描かれているが、いずれも断片的でほとんどが出家後のものであり、御家人時代を知る手がかりにはならない。

こうしてみると、直実の具体像は、『吾妻鏡』が伝える御家人時代の足跡に、「熊谷家文書」や「清凉寺文書」等が伝える出家後の直実とその一族の動静を補完することによって描いていかなければならないことがわかる。しかも、複数の史料が同じ時期の出来事を記録している部分にさえ内容に相違があり、何が正しいのかを判断しながら読み取っていかなければならないという点も、直実像の理解を難しくしている一因といえるであろう。

史料ごとの相違点といえば、直実の往生の年齢や往生の地が微妙に違っていることはよく知られているが、本稿では、『吾妻鏡』と「熊谷家文書」における直実の出家の時期の相違に注目していくこととする。「熊谷家文書」の直実譲状には法名蓮生の署名があり、建久二年三月一日時点ですでに出家していたと考えられると前述した。しかし『吾妻鏡』では、建久三年十一月二十五日の裁判敗訴をきっかけに出家したと記されており、出家の時期は、明らかに一年半以上ずれているのである。ところが、近年では相違点が検討されることもなく、ともすると相違点があることさえ指摘・認識されないままに、「直実は建久三年に出家した」とみなされ、そのように情報が流布されている感があるといっても過言ではない[7]。

このような中、平成十七年に東京大学史料編纂所の林譲氏が、「熊谷家文書」の直実譲状は直実の真筆であるとする論文を発表された。林氏は、「熊谷家文書」の直実譲状をはじめとする直実関連の文書の筆跡や花押を丹念に調査・検討されたうえで『吾妻鏡』の問題点を指摘され、これまで問題ありとみられてきた直実譲状が、直実の自筆文書であるとの見解を発表された[8]。こうして林氏が改めて一石を投じられたことにより、『吾妻鏡』の記事に基づく〝建久三年出家説〟を再考し、これまで看過されてきたきらいのある直実譲状を見直す必要性がでてきたのである。

ではなぜ、『吾妻鏡』による建久三年説が通説とされてきたのであろうか。これについても林氏が前述の論文中で簡潔に説明されている。すなわち、東京大学史料編纂所がまとめた『大日本史料』および『大日本古文書』が、直実譲状を「コノ文書、原本ヲ検スルニ、当時ノモノニアラズ、但、鎌倉時代ヲ降ラザル時ノモノナルベシ[9]」と判断し、建久三年十一月二十五日断髪説を明記したことによるところが大きいという。尤も、こうした『大日本史料』『大日本古文書』の見解については、後に清凉寺所蔵の直実自筆置文・夢記が発見されたことを踏まえて、昭和四十一年に赤松俊秀氏が指摘・批判されている[10]。しかし、結果的に赤松氏の声よりも『大日本史料』『大日本古文書』の影響力が大きく、それは現在も続いているといわざるを得ない。林氏はこうした経緯を前提として、敢えて東京大学史料編纂所紀要において再考の必要性を提起されたのである[11]。

周知のとおり『吾妻鏡』そのものについては、その成立過程や記事の内容について、これまでにも種々の問題点が指摘されている[12]。林氏も前述の論文において、

（一）直実と頼朝の流鏑馬の的立役をめぐる確執の記事（文治三年八月四日条）

（二）直実が裁判を中座して出奔した記事（建久三年十一月二十五日条）
（三）直実の裁判途中放棄の一件をきっかけに長く御所での裁判が停止していたこと、改めて問注所が新築されたことを伝える記事（正治元年四月一日条）
（四）直実の往生を伝える記事（承元二年九月三日・十月二十一日条）
などを中心に史料批判を加えられている。そして、『吾妻鏡』がその編さん過程において他の史料を引用した際の、いわゆる「切り貼り」のミスによって、直実の出家の時期が異なってしまった可能性を示唆された。

　しかし筆者は、前述の林論文をはじめとする先行研究を踏まえつつ改めて直実に関連する史料を読み直した結果、「切り貼り」のような単純な手違いではなく、意図的な情報操作の可能性があるのではないかとの考えに至った。そしてそれは、『吾妻鏡』が、建久三年におきた直実と久下直光の裁判を単なる直実個人の裁判としてだけではなく、「その後の鎌倉幕府の裁判制度に大きな影響を与えた事件」として扱っていることに関係するので、以後、その視点から考えていくこととする。

二、出家の動機について

　鎌倉幕府の御家人であった熊谷直実は、法然房源空を師と仰いで出家し、蓮生と称したとされている。出家の〝時期〟については、直実譲状と『吾妻鏡』で一年半の相違があると述べたが、出家の〝動機〟にも、二つの説が知られている。まず、これについて考えてみることとしたい。

一つは、『平家物語』に記されているもので、一の谷合戦において我が子と同世代の敵将・平敦盛を討ったことに強い無常観を感じ、現世を捨てる決心をしたというものである。この直実と敦盛の場面は、『平家物語』の中でも特に有名な名場面で、泣く泣く敦盛を討つ直実の姿から〝情に厚い直実〟というイメージが広まった。しかし物語上の脚色が加味されている可能性が高く、そのまま史実として扱うことは懸念される。そもそも、一の谷合戦において平敦盛が討たれたことは確かであったとしても、それを討ち取ったのが果たして本当に直実であったかを検証することは難しい。そしてなによりも、直実は一の谷合戦後すぐに出家せず、その後しばらく御家人として活躍しているため、敦盛の一件を出家の直接の動機とするのは、説得力に欠けると言わざるを得ない。ましてや、戦うことを生業とする武士が、我が子と同世代の若者を手にかけたことで、現世を捨てようとまで思いつめるものかという疑問も残る。しかし一方で、現時点において直実が敦盛を討つことが不可能な状況（例えば直実が一の谷合戦に参加していなかったことが証明されるなど）が立証できる訳ではない。さらに、『平家物語』が言うところの〝無常観〟といった精神面への影響力については、検証すること自体が不可能であると同時に、そうした理屈をこえたところに、この話の人気の理由があるようにも思う。

もう一方の説は、『吾妻鏡』によるもので、出家の時期にはっきりと言及している。建久三年（一一九二）十一月二十五日、伯父久下直光との境相論の御前裁判（頼朝の御前での裁判）に臨んだ直実は、自分が敗訴すると思い込み、裁判を途中放棄したうえ御所の西侍[13]で髻を切って出奔、あげくに出家したとされている[14]。敗訴と思い込んだ理由は、自分の弁論の出来が不十分であったことに加え、将軍源頼朝の厚い信頼を得ていた梶原景時が、久下氏側に味方しているとの情報を信じたためという。この時の振る舞いによって、直実は短気で直情径行型の性格であると言われることが多い。以下が、その記事である（以下『吾妻鏡』は、全て「新編増補国史大系本」に拠る）。

廿五日甲午、白雲飛散、午以後屬レ霽、早旦熊谷次郎直実與二久下権守直光一、於二御前一遂二一決一、是武蔵國熊谷久下境相論事也、直実於二武勇一者、雖レ馳二一人當千之名一、至二對決一者、不レ足再往十之才、頗依レ貽御不審一、将軍家度々有下令二尋問一給事上、于レ時直実申云、此事、梶原平三景時引二級直光一之間、兼日申二入道理一之由歟、仍今直実頻二下問一者也、御成敗之處、直光定可レ開レ眉、其上者、理運文書無レ要、稱レ不レ能二左右一、縡未レ終、巻二調度文書等一、投二入御壷中一起座、猶不レ堪二忿怒一、於二西侍一自取レ刀除髻、吐レ詞云、殿乃御侍倍利波登手云々、則走二出南門一、不レ及レ帰二私宅一逐電、将軍家殊令驚給、或説、指レ西馳レ駕、若赴二京都之方一歟云々、則馳二遣雑色等於相模・伊豆所々并筥根走湯山等一、遮二直実前途一、可レ止二遁世之儀一之由、被レ仰遣于御家人及衆徒等之中云々、直光者、直実姨母夫也、就二其好一、直実先年為二直光代官一、令レ勤二仕京都大番一之時、武蔵國傍輩等勤二同役一在洛、此間、各以二人之代官一、對二直実一現二無礼一、直実為レ散二其鬱憤一、屬二于新中納言知盛卿一、送二多年一畢、白地下二向関東一之折節、有二石橋合戦一、為二平家方人一、雖レ射二源家一、其後又仕二于源家一、於二度々戦場一抽二勳功一云々、而棄二直光一、列二新黄門家人一之條、為二宿意之基一、日来及二境違乱一云々、（後略）

そもそも、直実と久下直光の所領をめぐる争いは、これが初めてではない。直実の本貫地熊谷郷と伯父久下直光の本貫地久下郷が隣接していることから、熊谷氏と久下氏は長年にわたって相論を繰り返してきた。どちらに正義があるかは別として、直実は本領の熊谷郷までをも久下直光に押領されていた時期すらあったのである。(15) そのたびに直実は、当時の武士の常として、所領を守るためまさに一所懸命に活動している。建久三年の裁判もそうした数年来の相論と一連のものであったと思われるのであるが、それが何故かこの時だけ、直実は自暴自棄になって裁判を途中退席し、さらには髻を切って出家するに至ったというのである。この裁判が「出家の動機」であるというためには、この裁判がそれまでの相論と大きく異なり、直実が敗訴によって出家を覚悟せざるを得ないような重い意味をもつものであったことが説明されなくてはならないであろう。ただ単に直実が短気だからという性格上の理由で片付けてしまうのは、あまりに乱暴である。では果たして本当にこの裁判は、直実にとってこれまでの他の相論と大きく異なる重いものだったのであろうか。

当時、幕府御家人の裁判は、鎌倉殿である頼朝の主導によって進められた。原告・被告双方があらかじめ書面で言い分を提出し、次いで頼朝の御前でそれを口頭により説明する。そしてそれらをもとに、頼朝が裁決を下すという手順であったと考えられている[16]。この頃すでに、裁判を司る役所「問注所」が御所内に開設されていたと『吾妻鏡』は記しているが[17]、その成立時期や組織の独立性は疑問視されており、またたとえ形式的に成立していたとしても、公文所や侍所といった他の役所と同様に組織としてはかなり未熟なものであり、且つ役所同士の業務内容が渾然一体としていた部分があった可能性が指摘されている[18]。つまり、当時の幕府はまだ完全な組織としての体を為しておらず、幕府政治全体が、超法規的なルールブックとしての鎌倉殿頼朝の意向に大きく左右されるものだったと考えられる。

そして当然のことながら、裁判制度もこの例外ではなかったであろう。そのような裁判においては、いかに頼朝に好印象を与え、自らの主張に共感してもらえるかが勝訴の決め手となったと思われるが、「梶原景時が久下直光に肩入れしている」と不満を訴え、裁判自体を自ら放棄するという直実の振る舞いは、全く逆行した行為といわざるを得ない。『吾妻鏡』の文脈から判断するかぎり、直実は自らの敗訴が決定的と考えて「綷未だ終らざる」にもかかわらず裁判を放棄したのであって、敗訴という判決を言い渡されて自暴自棄になった訳ではない。万が一、何らかの事情によって本当に久下氏の勝訴が確定的だったのだとしても、過去に何度も繰り返されてきた久下氏との相論のうちの一回に敗訴することが、出家・出奔しなければならないほど深刻な問題であったのかは理解に苦しむところである。それよりも、裁判の途中放棄という鎌倉殿や御所（幕府）に対する非礼によって熊谷家の立場を貶める可能性や、さらにはそのために処分されるかもしれないというリスクを想定しなかったのであろうか。

確かにこの裁判に問注所執事ではなく侍所執事であった梶原景時が関わっていることは一見不自然なように思えるが、前述のように幕府組織がまだ混沌としていたこの時期には、梶原景時に限らず、問注所専任の役人以外の有力御家人が裁判に参画している例があることも明らかにされており[19]、梶原景時は単に問注所執事の役目を補うために列席していたと考えるべきであろう。特別な意図をもって久下直光に加担するためにわざわざ列席したとは考えにくく、また不公平に関与したことが立証できるわけではない。梶原景時が裁判に参画していたことに対する直実の不満を正当なものとするためには、明らかに梶原景時と久下直光が結びついていたことが裏付けられなければならないが、管見の限りにおいて、『吾妻鏡』をはじめいずれの史料からも確認することはできないのである。この数年後、梶原景時は御家人等の弾劾にあって失脚するが[20]、そのイメージをもって今回の直実の裁判に対する不満を梶原景時に結び付けるのはナンセンスである。むしろこの直実の記事は、景時弾劾への伏線として記された可能性を考えてもよいのではないだろうか[21]。

加えてもう一つ、裁判放棄という直実の冷静さを欠いた行動に疑念を抱かせる理由がある。この裁判の五年前、直実は、頼朝が鎌倉入り後初めて鶴岡八幡宮の放生会を主催した際、奉納する流鏑馬の的立役を拒否して所領を没収された[22]。するとこれ以降、直実は幕府の諸行事に一切参列しなくなり、代わって嫡男直家が熊谷家の代表として重要な役割を担うようになるのである[23]。このことは、武士にとって命がけで守るべき、一族の基盤である本領の没収という処分を受けたことが熊谷家全体にとっての大きな傷になり、同時に直実自身にとっても人生の転機となったことの表れなのではないかと思われる。そしてそのような苦い経験をもつ直実が、再び所領について軽率な振る舞いを行ったということに強い違和感を覚えるのである。

直実と入れ替わるかのような息子直家の活躍は、直実が、所領を没収されたときを境に、御家人としての第一線から実質的に引退していた可能性を想起させるが、かといって、直実が熊谷家当主を引退したことを裏付ける材料があるわけではない。さらに、『平家物語』にあるように直家が平敦盛と同年代であったとすると、敦盛が十七歳とされていることから考えて、直家はこの時弱冠二十歳になるかならないかであったことになるので[24]、表向きは引き続き直実が当主であったと考えるのが妥当と思われる。おそらく直実は、実質的な奉公を全て直家に譲り、その成長を見守りながら形式的に当主を務め、名実ともに直家に家督を譲って隠居するタイミングをはかっていたのではないかと考えられるのである。

いずれにしても、裁判をまっとうせず頼朝に逆らうような直実の行動は、熊谷家当主の振る舞いとして腑に落ちない。そもそも、頼朝の前でそれほどまでの憤りを露わにせずにいられなかったということ自体が、不自然ではないだろうか。

そこで次に、この裁判の後日談ともいえる記事をみてみたい。これは、幕府の裁判を司る役所「問注所」の独立に関する記事であるが、そこからは、幕府もしくは『吾妻鏡』編集者の、直実に対する意識をうかがうことができると思われる。

三、問注所の独立と直実

武士の都・鎌倉を築き、頼家・実朝という二人の男児にも恵まれて順風満帆にみえた鎌倉殿源頼朝の人生は、正治元年（一一九九）正月十三日、突然幕を閉じる。周知のとおり、『吾妻鏡』はちょうどこの時期の記事を欠いているのであるが、後日の記事によれば、死因は不慮の落馬事故であったという[25]。ほどなくして嫡男頼家が跡を継承し、表面上幕府の経営に動揺はなかったが、早くも頼家の将軍就任から約二ヶ月半後の同年四月、幕府の組織に大きな変化が見られる。まず四月一日、それまで御所（大倉幕府）内部に置かれていた問注所の独立・別置が決定し、独立庁舎が建設された[26]。このことについて『吾妻鏡』は、以下のとおり、久下直光との裁判にあたっての直実の振る舞いのために、御所での裁判ができなくなり、それが問注所を独立させるきっかけになったと書いている。

一日壬戌、被レ建二問注所於郭外一、以二大夫属入道善信一、為二執事一今日始有二其沙汰一、是故将軍御時、営中点二一所被レ召二-決訴論人一之間、諸人群集成二鼓騒一現二無礼一之条、頗為二狼藉之基一於二他所一可レ行二此儀一歟之由、内々有二評議一之処、熊谷与二久下一境相論事対決之日、直実於二西侍一除二鬓髪一之後、永被レ停二-止御所中之儀一、以二善信家一為二其所一、今又被レ新二-造別郭一云々、

そしてさらに同月十二日には、以下のとおり、裁判が将軍頼家の専決から、十三名の有力者たちによる合議が反映される方式へと変更され、将軍の権限が大幅に削減された[27]。

十二日关酉。諸訴論事。羽林直令二決断一給之条。可レ令レ停二止之一、於二向後大少事一、北条殿、同四郎主、并兵庫頭広元朝臣、大夫属入道善信、掃部頭親能在京、三浦介義澄、八田右衛門尉知家、和田左衛門尉義盛、比企右衛門尉能員、藤九郎入道蓮西、足立左衛門尉遠元、梶原平三景時、民部大夫行政等加二談合一、可レ令二計成敗一、其外之輩無二左右一不レ可レ執二申訴訟事一之旨被レ定之、云々

前掲の『吾妻鏡』正治元年四月一日条を意訳すれば、「大勢の人が御所に集まって騒がしく、乱暴で無礼な振る舞いがあり、別の場所で裁判をするべきかと内々に相談していたところ、直実が久下氏との裁判の日に御所の西侍で髻を切ったため、それ以降、永く御所での裁判を中止し、（問注所長官である）三善康信宅で裁判を行っていたが、この度新しく（問注所の独立庁舎を）造ることになった」となるであろう。すなわち、直実の裁判における振る舞いが、将軍親裁であったそれまでの裁判体制を一変させる直接のきっかけとなったというのである。この記事だけでは、なぜ直実の裁判を最後に御所で裁判が行えなくなったのかについての説明が十分ではないが、強いて気になる点を指摘するならば、神聖を保ち将軍への敬意を表すべき御所内で、当時の成人男子に必須とされた烏帽子を外して髻を露わにし、さらにその髻を自ら断ち切った直実の行為が、将軍や幕府全体に対する非礼にあたった可能性はある。こうしたことを含む直実の振る舞い全てが、〝幕府の裁判〟そのものに対する侮辱行為とみなされ、その穢れによって結果的に御所内での裁判が中止された可能性は大いに考えられるであろう。ただ、それならば直実にしかるべき処分が下されるべきと思われるが、出奔した直実に対して向けられたのは、追手ではなく翻意を促すために派遣された頼朝のブレーンの政僧・専光房良暹であったという[28]。そして、その後も直実が処罰された形跡が全くないのは、非常に不可解なことである。

問注所独立と裁判制度の変革という二つの記事を合わせ読むと、奥歯に物が挟まったような違和感が残る。直実がなぜ裁判を放棄して出奔したのか、またそれが本当に御所での裁判を中止しなければならないほどの大事件とみなされたのかについて疑念が湧くのである。前述の『吾妻鏡』の記事は、大勢の人がわきまえずに騒ぐため、直実の裁判以前から問注所の移転を検討していたかのような口ぶりであるが、それにしては、問注所の独立庁舎建設が実現するまでにあまりにも時間がかかりすぎている。かねてより必要性が検討されていたのであるならば、なぜ直実の裁判直後に、問注所の専用庁舎建設が計画されず、しかも御所で裁判ができなくなってから専用庁舎が建設されるまでに六年以上もかかってしまったのであろうか。あるいは、なぜ六年も経てから改めて独立庁舎を建設したのであろうか。

この疑問を解く答えは、ひとつしかない。鎌倉殿頼朝が、問注所を御所から移すことに反対だったのであろう。つまり、『吾妻鏡』がいうところの「別の場所で行ったほうがよいのではないか」と評議していた人々の中に、おそらく頼朝は入っていなかったのである。有力御家人たちは、直実の裁判よりも以前から、御所から問注所を切り離せないものかと考え始めていた。その理由は、もちろん群衆が騒いだためではなく、将軍にあらゆる権限が集中している状況を変えたかったからに他ならない。しかし、ルールブックたる肝心の頼朝は、将軍親裁による裁判を継続し、後継の将軍にもその権限を継承していくつもりであった。そのため、有力御家人たちも、頼朝の生前は全く手を出すことができなかったのである。

頼朝が亡くなってわずか三ヶ月後に問注所が独立し、将軍の手から裁判権が大きく殺がれたことが、なによりそれを証明しているであろう。しかし御家人たちは、幕府の公式記録である『吾妻鏡』上において、あくまで頼朝の築いた幕府の忠実な継承者でなければならなかった。そのため、幕府の主要機関である問注所が、あたかも頼朝の死を待ちわびていたかのような形で御所内から独立移転することになったことに対する言い訳が必要だったのである。そしてその言い訳（移転理由）は、当然のことながらできるだけ彼らと関わりのないものであることが望ましかったであろう。このような事情から必要とされた「問注所移転の大義名分」が、直実によるあの裁判放棄・出奔騒動だったと思われるのである。

前述のとおり、熊谷氏と久下氏は長く所領をめぐる相論を続けてきた。そしてそれは直実、直光両当主の死後も続けられていく。[29]当然その間には、建久三年の記事のように頼朝の御前で対決したこともあったであろう。一方、建久年間に直実が出家し世俗を捨てていたことは、他の史料からも裏付けられた事実である。[30]しかし、出家のきっかけが建久三年の裁判に絶望したためでなければならない理由はない。『吾妻鏡』には、裁判から出家にいたるまでの経緯が非常に具体的に記されているが、何年も話題にのぼらなくなっていた直実が、この記事で唐突に再登場するのであり、またその記事の詳細さは不自然なほどである。いずれにしても、この裁判における直実の振る舞いが、後の幕府の体制に大きく影響を与えたと書かれていることから考えて、この記事が『吾妻鏡』の編者よって意識的に挿入されたものであることは間違いないであろう。

ここまで、出家の動機を問注所との移転問題と絡めて考えてきた。そしてその結果、直実と久下氏の裁判には不可解な点が多いこと、直実の出家の動機が久下氏との裁判でなくてはならない必然性がないこと、そして仮に直実の出家のきっかけがその裁判だったとしても、それが建久三年十一月二十五日に行なわれたものでなくてはならないわけではないことを確認した。

それでは、直実はいつ出家したのであろうか。次に、その時期について考えたい。

四、出家の時期について

これまでに何度も述べたとおり、『吾妻鏡』と「熊谷家文書」の直実譲状のいずれを根拠とするかによって、直実の出家の時期は一年半以上変わってしまう。それなりに確かな出自をもつ二つの史料に、明らかに異なる年月日が記されてしまったのはどういう訳であろうか。もしもこれがただ単に、直実個人の出家の時期を探るだけならば、出家した事実が動かない限り、わずか一年半程度の違いは大した問題ではないのかもしれない。しかし、直実の出家の記事には、前述のような幕府内部の政治的な思惑が隠されている可能性がある。そして直実はその思惑を隠すための口実に利用され、さらに後世の私たちはそのようにして創り上げられた話を、直実の生き様だと思い込んできたのかもしれないのである。つまり、直実の出家の時期をめぐる問題の検討は、熊谷直実という人物の真の姿に近づくために不可欠な作業だといえるであろう。

ではまず、文治元年から建久三年における幕府のうごきと政策から、当時直実が置かれていた状況を考え、出家にふさわしい時期を模索してみることにする。

源頼朝は、文治元年（一一八五）に治承・寿永の乱に勝利して平氏を滅ぼし、名実ともに武家の棟梁に君臨すると、幕府内の秩序や体制づくりに力を注いだ。まず文治元年十月に、父義朝の供養として鎌倉に大寺院・勝長寿院を建立し[31]、その二年後には、鶴岡八幡宮の放生会を初めて主催した[32]。そしてその翌年以降も、八幡宮の大般若経供養や塔供養を盛大に行い、名実ともに鎌倉殿として政治と宗教を掌握したことを広く誇示している[33]。またこの頃までに、侍所・公文所・問注所といった幕府の諸機関も整備されたといわれている。[34]

文治五年に奥州藤原氏を討つと、その翌年の建久元年（一一九〇）には上洛を果たし、右大将家の称号を得た。[35]頼朝はこの称号を、わずか十日で朝廷に返上したが、以後、好んで「前右大将家」と名乗ったことはよく知られている。

また、建久二年一月十五日の政所吉書始では、御家人がもつそれまでの所領給与・安堵にかかる御判または奉書の文書を返還させ、代わりに家司が連署する政所下文（「前右大将家政所下」の文言で始まる文書）を発給して所領を安堵し直すことにする、と宣言した。[36]これには、それまでの頼朝個人の花押によって所領を安堵するという、いわば頼朝と御家人の一対一の結びつきを、政所という幕府の一機関が発給する文書による結びつきに替えることで、幕府を、頼朝個人に頼らない「組織」として確立させようという意図があったのだと考えられている。

そして建久三年七月十二日、頼朝が念願の征夷大将軍に任ぜられると、政所下文も「前右大将家政所下文」から「将軍家政所下文」へと変わり、再び文書の更改が行われた。[37]これについては、建久三年八月に千葉常胤が従来どおりの頼朝の花押を据えた文書でなくては将来の証拠能力に不安があるとして、頼朝の花押を据えた下文を発給するよう願い出て叶えられたとある。[38]また同年九月十二日付で、小山朝政は寿永二年（一一八三）の勲功によって常陸国村田下庄を賜っており、『吾妻鏡』では将軍家政所下文のみが発給されたかのように記録されているが、[39]同日付での地頭職補任にあたっては、将軍家政所下文に加え、頼朝が小山朝政の求めに応じて発給した袖判下文が現存しているので、[40]小山朝政も千葉常胤と同様に、将軍家の花押を据えた下文の発給を求めたことがわかる。おそらくは、この二人のみならず、こうした要望が広く御家人から出されたものであろう。

この、将軍家政所下文への更改に対し異議を唱えた千葉・小山両氏は、建久二年の前右大将家政所下文への更改の際には異議を唱えた形跡がない。また、現存する建久三年七月以前の政所下文が極めて少ないことなどから、建久二年時の前右大将家政所下文への更改が行われた可能性を、懐疑的に見る意見もある。[41] 確かに、現存する文書の少なさからその施行を疑うのは自然な見方であるが、果たして全く否定してしまうことができるであろうか。

御家人にとって、所領の安堵状の形式が、それまでの頼朝個人の花押を据えた袖判下文から、役所名で発給される前右大将家政所下文に変更されることは非常に重大な出来事であったと思われ、その意味や目的、自分たちにとってのメリット・デメリットを理解・認識するのにそれなりの時間を要したとしても不思議ではないであろう。ところが、それからわずか一年半後には、さらに「前右大将家政所下文」を「将軍家政所下文」へ更改するとの発表が出されているのである。つまり、建久三年七月以前の前右大将家政所下文がほとんど現存していないことの理由のひとつとして、幕府の方針は確かに発表されたものの、事の重大さに比べて、理解や対応のために与えられた時間があまりにも短かったため、現場での袖判下文から前右大将家政所下文への更改がスムーズに進まないうちに、次なる将軍家政所下文への更改に移ってしまった可能性が考えられないであろうか。現実的な実行性はともかく、幕府が理念として建久二年に「前右大将家政所下文」を用いるという方針をうち出したこと自体を否定できるだけの根拠は見当たらないように思うのである。

一方、直実の立場に戻って考えてみると、建久二年一月十五日に幕府から新方針が発表されたことによって、直実を含めた御家人たちは、改めて「前右大将家政所下文」によって安堵し直してもらうための準備を迫られたことであろう。直実は、幕府から新方針が発表された約一ヶ月半後に、あの「熊谷家文書」に伝えられた譲状を認めている。直実が文書の更改を現状のまま申請すれば、新しく発給される政所下文は、当然直実宛となる。しかし、前述のとおり直実はこのときすでに幕府御家人としての第一線の活動から身を退いており、奉公は嫡男直家が務めていた。直実は、できることなら実質的に隠居した自分宛てではなく、息子たち名義で所領が安堵されることを期待したのではないだろうか。そしてそのための前提条件として、まず自身が出家して当主を退き、さらに譲状を作成して所領分与を明らかにしたのではないかと思われるのである。

いうまでもなく譲状とは、土地や家屋などの財産の権利が移転した事実を証明し、権力（ここでは鎌倉幕府）に承認してもらうために作成される文書である。平時に作成されることもあるが、単に将来に備えてというよりは、老衰や重病などの理由で譲渡の必要性を意識したときに作られることが多い。もちろん、今日の遺言同様その効力が発生するのは原則として譲渡者の死後であり、生前に書き直された場合には新しい日付のものが有効とされた[42]。直実は、この譲状の日付から、さらに十七年余も生存している。従って一般的に考えれば、今日伝えられたこの直実譲状がただちに有効とはならなかったと思われるが、出家して僧・蓮生になることで世俗からの引退を明らかにし、この譲状を携えて安堵を申請することによって、子・真家あてに政所下文が発給されるよう求めたのではないだろうか。現存する直実の譲状はこの一通のみであるが、実際には、嫡男直家をはじめ他の子ども宛ての譲状も作成されたものであろう。

このように直実は、幕府が所領安堵の文書の形式を改めて発給し直すという方針を発表したことを期に正式な引退を決意し、それから一ヶ月半の間に子どもたちへの所領の配分を決め、出家して蓮生と名乗ったものと思われる。従って出家の時期は、幕府の方針が出された建久二年の正月中旬（十五日）から譲状を認めた同年三月一日より前の、約一ヶ月半の間であったと考えられ、直実譲状の年紀はなんら矛盾のない、むしろ当時の状況に適ったものといえるであろう。

ではなぜ、『吾妻鏡』は直実の裁判・出家を、建久三年の出来事だとしているのであろうか。次にこの点を、『吾妻鏡』が記す鎌倉大火の記事を通して考えてみたい。

五、鎌倉の大火

源頼朝は、建久元年に上洛を果たし、翌二年には、政所下文による所領安堵・新恩給与を始め、同三年には念願の征夷大将軍に任命された。同六年には再度上洛し、東大寺の開眼供養会にも臨席している。このように、建久年間(一一九〇~一一九五)は、頼朝が鎌倉殿としての地位を確立した時期として評価されているが、頼朝が何よりも心血を注いだのは、都・鎌倉の建設であった。

『吾妻鏡』によれば、直実が息子真家宛ての譲状を認めた日の三日後にあたる建久二年三月四日夜半、鎌倉の中心部は大火に見舞われ、幕府及び有力御家人宅多数が炎上したという[43]。先行研究によれば、この火災による延焼地域は、鶴岡八幡宮・大倉幕府、段葛と平行して走る小町大路から比企ヶ谷、さらには大町大路と交差する辺りにまで及んだのであるが、驚くべきことにこの火事は、頼朝を含む幕府中枢によって企図された、いわゆる「手取早い平地造成」のための放火であった可能性が極めて高いという[44]。それを裏付けるかのように、この火事で焼け野原となった鎌倉の中心部には、頼朝の計画に基づいた理想の都市が造られた。そしてそれらがほぼ完成した翌年の七月十二日、頼朝は念願の征夷大将軍に就任し、さらに同年十一月二十日には平泉の栄華を模したといわれる永福寺を建立して、まさに絶頂期を迎えるのである。

『吾妻鏡』の記事に従えば、直実の裁判は、この永福寺が落成した五日後のことである。つまり、せっかく御所（幕府）をはじめとする新しい町並みが完成したのも束の間、すぐに直実のために問注所で裁判が行えなくなってしまったということになる。このように、あまりにも完成直後のことだったため、すぐ独立庁舎を建設しようという運びになりにくく、しばらく建設を保留したというのが、『吾妻鏡』の言い分なのであろう。

もしも裁判が建久二年三月以前に行われていたのならば、裁判は大火の前の出来事なのであるから、大火後の再建工事は、直実の裁判で不都合が生じていた問注所を移転させる絶好の契機であったことになる。にもかかわらず、再建時も御所内に問注所を設けたとあっては、「群集が騒いで無礼な振る舞いがあり、以前から問注所を移転させようと思っていた」という『吾妻鏡』自身の記述と大きく矛盾してしまうのである。

前述のとおり、なかなか問注所を独立させられなかった本当の理由は、頼朝にその意思がなかったためであろう。しかし、「頼朝にその意思がなかったので」と『吾妻鏡』に明記してしまえば、問注所移転計画が、一部の御家人の恣意的な行動であったことが明るみにでてしまう。そのため、移転計画派たちは、頼朝との意見対立に触れることなく、問注所を移転するための理由を必要としていた。そうして持ち出されたのが、直実の「建久三年の裁判騒動」であったのである。そして、以上の時間的辻褄をあわせるために、直実の裁判と出家は建久二年の大火およびそれから約半年以上をかけて行われた鎌倉の復興よりも後の出来事でなくてはならなかったのであり、譲状の時期では不都合だったのである。

いうまでもなく、問注所移転をめざす有力御家人たちの目的は、単に問注所を移転させることにあったわけではない。頼朝の死を境に、幕府の実権を将軍から一部の御家人へ移譲させることにあったのであり、問注所の移転によって裁判制度を掌中に収めることはその第一歩であった。直実は、そうした思惑を表面化させることなく実現していくための口実に使われた可能性が高いのである。

六、まとめにかえて

熊谷直実の出家の時期について、問注所の移転・独立とあわせて考えてきた。これまで述べてきたことを今一度整理しておくと、次のようになる。

（一）熊谷直実の出家の時期については、「熊谷家文書」の譲状による建久二年三月以前説と、『吾妻鏡』にある建久三年十一月の裁判放棄をきっかけとする説がある。これまでは『吾妻鏡』説が支持され、譲状には問題があるとされてきたが、林譲氏が譲状を直実の真筆と評価され、再考の余地が生まれた。

（二）『吾妻鏡』によれば、直実は文治三年に処分されたことを機に幕府の行事から姿を消し、入れ替わるように嫡男直家の活躍が確認される。そして直実は、約五年ぶりに『吾妻鏡』建久三年十一月二十五日条の久下直光との裁判の記事に再登場するが、その記事には背景の説明や前後の脈絡が全くなく、唐突な感が否めない。

（三）熊谷氏と久下氏の所領をめぐる争いは、直実の出家の動機になったとされる建久三年の裁判以前からあったことであり、またそれ以後も子孫の代まで続いている。従って建久三年の裁判のみが殊更に重大な意味をもっていたとは考えにくい。さらに、直実が頼朝の御前で感情を露わにし、巻物を投げ捨て御所内で髻を切って出奔するなど、処分の対象になり兼ねない行動をとったとの内容は、一族の当主としてあまりに破天荒であり腑に落ちない。

（四）『吾妻鏡』は、建久三年の直実の裁判における騒動が、のちに問注所が幕府内から独立し専用庁舎を建設するきっかけとなったとしている。

（五）問注所は、頼朝の死後約三ヶ月以内に御所（幕府）内から独立し、裁判は将軍親裁から有力御家人による合議制に変革された。

（六）頼朝は、建久二年、前右大将家政所下文によって一斉に御家人の所領を安堵しなおすと発表した。直実は出家し、息子たちに所領を譲り、息子たちへの安堵状発給を期待した。安堵状の更改という方針が出された建久二年は、直実にとって譲状を認め引退を決意する好機であったと思われ、「熊谷家文書」の譲状の年紀はまさにそれに適っている。

（七）建久二年三月四日、鎌倉の中心部は、幕府の意図的な放火により炎上し、その跡地に新しい鎌倉が築かれていった。譲状が示す時期に直実が出家していたとすると、この大火前に久下直光との裁判が行われ、問注所独立の必要性がすでに生じていたことになる。にもかかわらず、実際には大火後の再建においても、問注所は幕府（御所）内に設けられていた。この矛盾を解消し、移転・独立の必要性を主張するためには、裁判が再建直後に行われたこととするのが『吾妻鏡』の編者にとっては好都合だったのである。すなわち、直実の裁判に絡む一連の騒動は、頼朝の意に反した合議制による裁判制度を実現するために、問注所を独立させる口実として挿入された記事である可能性が高い。

（八）以上のことから、熊谷直実の出家は、「熊谷家文書」の譲状が示す地頭僧蓮生の署名を根拠として、建久二年三月一日以前のことと考える。そして『吾妻鏡』の建久三年十一月二十五日の裁判という記述は、林氏のいう「切り貼りによるミス」ではなく、問注所の独立と合議制を始めるための根拠（口実）として、意図的に挿入されたものと思われる。

尤も実際に、久下氏との相論で御前裁判が行われた可能性は十分あり得ることであり、全てが創作ではないであろう。ただ、裁判放棄から出家にいたるまでの直実の態度・行動には、かなりの脚色が加えられているように思われ、今一度、直実の性格を〝短気〟〝直情径行型〟と評することを再考するべきであると思われる。

最後に、直実が御家人という立場をはじめとするいわゆる俗世を捨てた心境について思うところを述べておきたい。直実が息子・直家に幕府への奉公の一切を任せるようになった頃の幕府は、まさに一大転換期を迎えようとしていたといっても過言ではない。文治元年から建久二年までの五年余の間に、頼朝は怒涛の勢いで幕府の体制を作り、その組織化を試みた。平氏や奥州藤原氏を滅ぼして武家の頂点に立ったとき以降、時代はまさに武から文の時代へと転換しつつあり、幕府には力だけでなく朝廷と渉り合える政治力と秩序を兼ね備えることが求められるようになっていたのである。このような新しい体制づくりの影には、京都から登用された大江広元や、二階堂行政など文書事務に精通した官僚の活躍があった。

一方、頼朝の父義朝に従って平治の乱を戦ったとされる直実は、まさに武をもって頼朝を支え幕府に仕えた、いわば対極の存在であった。このような直実が、大きく変貌を遂げようとしている幕府の中において、これまでどおりのやり方で生きてゆくことに限界や困難を感じたとしても不思議ではない。直実が息子真家に宛てた譲状を作成したのは、頼朝の指揮のもとで幕府が急成長し、それまでの武力集団からいわゆる政府へと変貌を遂げつつあった建久二年のことである。

文官たちが活躍し、朝廷との政治的外交的交渉に力を注ぐ時代がきた時、直実は自らの役割が終わったことを自覚したのではないだろうか。そしてそれが、形式的な出家にとどまらず、法然房源空に従って修行を積むという本格的な出家への道を選ばせたように思うのである。

「情に厚く、しかし短気で直情径行型な性格」は、演劇の主人公として、あるいは現代人好みのヒーローとしては非常に魅力的かもしれない。しかし、生身の武蔵武士としての直実を考えるには、なによりもまず地道に家と土地を命がけで守り、武芸一筋に頼朝を支えて生きた姿を感じとるべきである。そして直実の名誉挽回のためにも、『吾妻鏡』に記された裁判に始まる一連の騒動が、意図的に脚色され流布されたものである可能性が高いことを、我々は認識するべきだと思うのである。

註

（1）「熊谷系図」（『新編埼玉県史　別編4　年表・系図』所収）によれば、熊谷家は桓武天皇に始まる平国香の流れをくみ、直実の父直貞が初めて熊谷姓を名乗ったことに始まる。直実の母は、成木太夫久下権守の妹であったという。従って、本稿で取り上げる境相論の相手、久下直光は直実の母方の伯父であり、直実は二〜十二歳までの十年間、この伯父に養育されていたとされている。なお、熊谷家の族的結合に関する論稿に、高橋和弘「熊谷氏の族的結合の形成―熊谷直実の歴史的位置―」（『立正大学北埼玉地域研究センター年報二十号』所収、一九九七年）がある。

（2）平成二十年一月現在、埼玉県文化振興課が提供しているホームページ「埼玉ゆかりの偉人」（平成十九年度版）の「熊谷直実」

の項（http://www.pref.saitama.lg.jp/A02/BP00/jiindatebase/syosai-102.htm）や、『中世武蔵人物列伝』（埼玉県立歴史資料館編、二〇〇六年）「熊谷直実」の項など。

（3）『平家物語』にみえる、一の谷の合戦で泣く泣く平敦盛を討ち取ったとのエピソードから、情に厚いといわれることがある。また、『吾妻鏡』の文治三年八月四日条で、頼朝に命じられた的立役を拒否して処分されたことや、建久三年十一月二十五日条の久下直光との裁判で自暴自棄になり出家したという話を根拠として、短気、直情径行型の性格などといわれることが多い。

（4）「熊谷家文書」（熊谷家蔵・山口県立文書館寄託）は、直実が当主であった建久二年（一一九一）から江戸時代の元禄三年（一六九〇）までの、およそ五百年にわたる熊谷家の歩みを伝え、重要文化財に指定されている。

（5）五味文彦「合戦記の方法」（『吾妻鏡の方法　―事実と神話にみる中世―』所収、吉川弘文館発行、一九九〇年）。

（6）源空書状（清凉寺文書）（『新編埼玉県史　資料編5　中世1古文書1』（以下、埼資という）二十一号文書）。なお、この源空書状については、同じく直実に宛ての書状として知られている証空書状（清凉寺文書）とともに、斎木一馬氏の研究がある（「清凉寺所蔵の源空書状について」（『高僧伝の研究』所収、山喜仏書林発行、一九七三年）・「清凉寺所蔵熊谷入道宛証空書状について」（『仏教史研究』七所収、一九七三年）。

（7）例えば、『国史大辞典』（吉川弘文館発行、一九八四年）や『吾妻鏡事典』（東京堂出版発行、二〇〇七年）、『埼玉人物事典』（埼玉県教育委員会発行、一九九八年）、『中世武蔵人物列伝』（埼玉県立歴史資料館編、二〇〇六年）の「熊谷直実」の項など。いずれも、『吾妻鏡』の記事に沿って記述されており、且つ直実譲状の年紀との関わりについては全く触れられていない。

また、やや古いが、昭和四十八年（一九七三）放送のＮＨＫ総合テレビ番組『日本史探訪』「熊谷直実」は、テレビという媒体ゆえの影響力があったと思われる。ここでは作家の唐木順三氏が出演し、『吾妻鏡』をもとに直実を解説されたが、これはさらに『日本史探訪6』（角川書店発行、一九八四年）として広く販売された。その中で直実は、短気でまっすぐな性格の人物として紹介され、例えば、裁判をきっかけに髻を切ったことについて、「老境に入りかかった年齢で、激して髻を切り落とした―というようなことは、これは普通の人には考えられない非常識なことです。しかし、それは一面、いかにも直実らしい行動だと思いますね。」とのコメントが書かれている。

そうした中で、『日本歴史地名大系　埼玉県の地名』（平凡社発行、一九九三年）は譲状に言及している数少ない事例であり、「熊谷」の項では、〝譲状が正文であれば直実の出家の時期が変わる〟と記されている。

（８）林譲「熊谷直実の出家と往生とに関する史料について―『吾妻鏡』史料批判の一事例―」（『東京大学史料編纂所紀要第十五号』所収、二〇〇五年）。

（９）『大日本古文書　熊谷家文書』第一号按文。

（10）赤松俊秀「熊谷直実の上品上生往生立願について」（『続鎌倉仏教の研究』所収、一九六六年）

（11）林氏は前掲論文中で、「以下は、必ずしも確証を得たとはいい難い点があるが、本所の事業に端を発し、また本所の種々の編纂に関わることであるから、本所の研究紀要に執筆することが最適と判断し、敢えて未熟のままに執筆した次第である」と述べられている。

（12）例えば、五味文彦『吾妻鏡の方法―事実と神話にみる中世―』（吉川弘文館発行、一九九〇年）、永井晋『鎌倉幕府の転換点『吾妻鏡』を読みなおす』（ＮＨＫブックス９０４、日本放送出版協会発行、二〇〇〇年）、『国史大辞典』「吾妻鏡」の項など。

（13）鎌倉御所の西方にあったとされる施設。直実が髻を切ったとされる建久三年（一一九二）当時の様子は詳らかではないが、建久五年には、ここで北条義時嫡男金剛（のちの泰時）の元服式が行われている（『吾妻鏡』建久五年二月二日条）ことから考えて、それなりの重きを置かれた場所であったと考えられる。

また、五味克夫氏は「鎌倉御家人の番役勤仕について（二）」（『史学雑誌』第六十三編第十号）で、『吾妻鏡』嘉禄元年十二月廿一日条に、「四代将軍頼経が京より下向する以前は、鎌倉御所の警護役である鎌倉大番役を勤仕する御家人は全て西侍に伺候していたが、頼経下向以後は東小侍に移り、西侍が無人状態となっていたため、嘉禄元年に改めて西侍と東小侍各々に当番を決めた」とあることから、承久の乱後鎌倉大番役が御家人役として整備されると、勤仕する御家人の詰所として侍所所轄の西侍が使われたことを指摘されている。

（14）『吾妻鏡』建久三年十一月廿五日条。

（15）『吾妻鏡』寿永元年六月五日条。なお、ここにみえる頼朝下文は文言や形式から疑問視されている。

（16）ジェフリー・Ｐ・マス「鎌倉幕府初期の訴訟制度─問注所と政所を中心に─」（『古文書研究』第十二号所収・一九七八年）。また、工藤勝彦「鎌倉幕府初期の訴訟制度に関する一考察」（『史叢』三十五号、日本大学史学会編、一九八五年）では、「承久以前の訴訟制度を、訴訟処理方法から見ると、最初は訴人の提出した訴状と証文のみによって裁許を行い、論人から異議申し立てが行われたとき初めて慎重な裁許を行うというのが基本的な方法であった」とされている。もしこうした形式が直実の裁判についても当てはまるならば、直実はこれに先立って行われたと考えられる訴状と証文による審理に不服があって申し立てを行い、御前裁判へとなった可能性を考慮に入れる必要もあるのかもしれない。

（17）元暦元年十月廿日条。

（18）前掲註（16）のジェフリー・Ｐ・マス氏及び工藤氏論文など。なお、元暦元年（一一八四）に問注所が開設という『吾妻鏡』の記事を疑問視する工藤氏に対し、五味文彦氏は、「当該期の文書史料に問注所の活動がうかがえないとするだけでは、やや無理な推測であろう」（五味文彦「鎌倉前期の幕府法廷」前掲註12五味氏著書所収）として、慎重な姿勢をとられている。

しかし、確かに問注所という組織の立ち上げまでを否定することは難しいとしても、平家と対峙していた時期における幕府の組織が未だ確立途上にあったと考えるのは自然であり、当時の裁判が頼朝個人の意思が強く反映されたものであった可能性や、他の組織と未分化であった可能性は十分考えられることと思われる。

（19）前掲註（16）によれば、梶原景時の関与［勝尾寺文書・文治四年九月六日「梶原景時下文」（『鎌倉遺文』一、第三四三号文書）］や北条義時の関与［東大寺要録・文治六年四月十七日「北条義時請文案」（『鎌倉遺文』一、第四三六号文書）］がある。いずれも文治年間のものではあるが、おそらくこの形態は頼朝存命中においては変わらず続けられたものと思われる。

（20）『吾妻鏡』正治元年二月廿日条。

（21）梶原景時については、伊藤一美氏が「鎌倉御家人梶原景時の立場」（『金沢文庫研究』通巻第二八八号、一九九二年）で、これまでの『吾妻鏡』の記述に基づいた評価に対して再考を促す見方を発表されるなど、再評価される傾向にある。

（22）『吾妻鏡』文治三年八月四日条。なお、このとき没収された直実の所領は鶴岡八幡宮に寄進され、これが以後長きにわたる領主・鶴岡八幡宮と地頭・熊谷氏との間での軋轢の発端となった。

(23)『吾妻鏡』によれば、文治四年六月八日に鶴岡八幡宮で行われた大般若経供養や、翌年六月八日の同八幡宮での塔供養に参列し、文治五年の奥州征伐に参加して、「本朝無双の勇士」と称えられている（七月廿五日条）。さらにその翌年建久元年の頼朝上洛では、先陣随兵二番として参列している（十一月七日条）。

(24)敦盛の年齢は『平家物語』巻第九「敦盛最期」（日本古典文学大系本）に拠る。また、直家の年齢について、「熊谷系図」（熊谷家蔵・『新編埼玉県史　別編４　年表・系図』）の「奥州立ノ御時、大将頼朝ノ御前ニテ名誉ノ事トモ吾妻鏡ニ委敷あひミへたり」は、『吾妻鏡』文治五年七月廿五日条の、下野国古多橋駅において「本朝無双勇士」と称えられたことを指していると思われるが、系図ではこのとき二十三歳であったとしているので（建久年間の事と記されているが、改元前なので文治五年が正しいであろう）、直実が所領を没収された文治三年は二十一歳、一の谷合戦参戦時は、十八歳だったことになる。

(25)『吾妻鏡』建暦二年二月廿八日条。

(26)『吾妻鏡』正治元年四月一日条。

(27)『吾妻鏡』正治元年四月十二日条。

(28)『吾妻鏡』建久三年十二月廿九日条。

(29)「熊谷家文書」によれば、正安二年（一三〇〇）八月十三日、熊谷直満は、西熊谷郷の境相論で久下光綱と和与したという。

(30)蓮生房誓願状（清凉寺文書・埼資十九号文書）、證空書状（清凉寺文書・埼資二十号文書）、源空書状（清凉寺文書・埼資二十一号文書）など。

(31)『吾妻鏡』文治元年十月廿四日条。

(32)『吾妻鏡』文治三年八月四日条。

(33)大般若経供養は『吾妻鏡』文治四年六月八日条に、塔供養は『吾妻鏡』文治五年六月八日条にみえる。

(34)侍所は、治承四年（一一八〇）十一月（『吾妻鏡』治承四年十一月十七日条）、公文所は問注所と同じく元暦元年十月（『吾妻鏡』元暦元年十月六日条）とされている。

(35)『吾妻鏡』建久元年十二月一日条。

(36)『吾妻鏡』建久二年正月十五日条。
(37)『吾妻鏡』建久三年八月五日条。
(38)『吾妻鏡』建久三年八月五日条。
(39)『吾妻鏡』建久三年八月十二日条。
(40) 将軍家政所下文は、結城市山川光国氏所蔵。源頼朝袖判下文は、神奈川県立歴史博物館所蔵。
(41) 上横手雅敬「建久元年の歴史的意義」(『国史論集』赤松俊秀教授退官記念事業会編、一九七二年)
(42)『概説古文書学　古代・中世編』「第七　証文類　一、譲状・置文」より勝俣鎮夫執筆担当「譲状」(日本歴史学会編、一九八三年)。
(43)『吾妻鏡』建久二年三月四日条。
(44) 石井清文氏は、「建久二年三月鎌倉大火と源頼朝」(『政治経済史学』四三八・四三九合併号、政治経済史学会編、二〇〇三年)において、四日夜半、鎌倉で大火が発生し有力御家人宅も多数消失した(『吾妻鏡』建久二年三月四日条)ことについて、前日に広田次郎邦房なる人物が火災の発生を予言しており、その際に人々は予言を笑うばかりで火災を防ぐ手だてを講じていない(『吾妻鏡』建久二年三月三日条)うえ、予告どおり火災が発生したのちも、彼を放火犯として逮捕・取り調べた形跡がなく、さらに頼朝もスムーズに甘縄の安達藤九郎盛長邸に避難している(『吾妻鏡』建久二年三月四日条)ことなどから、頼朝も含めた幕府幹部による意図的な火災である可能性を指摘されている。

Ⅲ　熊谷家文書「熊谷蓮生譲状」の再検討

大井教寛

はじめに

中世武士団におけるその一族間の動向や惣領制について検討を加える時、非常に多くの情報を今に伝える文書群として「熊谷家文書」があげられることは論をまたない。その文書群を伝える熊谷氏、とりわけ平安末期から鎌倉初期にかけて活躍した熊谷直実は、『平家物語』の「敦盛最期」などで劇的な主人公として取り上げられたことにより、その後江戸時代における人形浄瑠璃や歌舞伎の演目「一谷嫩軍記」の主人公となり、現在も幾多の名優が演じる人物となっている(1)。

この熊谷氏の動向については、現在まで惣領制や族的結合だけでなく、宗教的な観点からも含めて様々な検討が加えられている。その時に必ずと言っていいほど取り上げられる史料に、「熊谷家文書」の一号文書である「熊谷蓮生譲状」がある(2)。これについては、以前は『大日本古文書』家分け一四における注記で後世の写しである可能性が指摘されていることにより、積極的な評価がなされていなかったが、近年、林譲氏の研究によって追記部分と花押とが、清凉寺所蔵の「直実自筆誓願状」と酷似するという指摘があり、現在では直実の同時代史料としての評価、正文と考

えられている。(3)

この譲状については現在までに様々な検討が加えられており、特に譲渡された四至の範囲が、現在のどのあたりを指し示すのかという点について、多くの指摘がされている。そしてそれが熊谷氏の「名字の地」を指し示すことでもあるため、熊谷氏研究を進める上で大変重要なポイントとなっている。そこでここでは、現在までに提出されているこの譲状の記述に関する見解について整理し、今後の熊谷氏研究さらには中世武士団の研究の一助としたい。

一、「四至の範囲」について

それでは譲状の示す「四至の範囲」について検討を加えていきたいが、まずここで譲状の全文を掲げたい。

（端裏書）
「くまかやの四郎ニゆつり了、」

譲与　先祖相伝所領壱処

　在　武蔵国大里郡内熊谷郷内

四至　東限源三郎東路　南限雨　奴末南里際
　西限村岳境大道　北限苔[筥]田境ヲ源次郎之前ノ路へ、
　　此外為真之壁内ヲ加、

田弐拾町　佐谷田ノ境ニ付テ、

右件所領、依為子息、（異筆）「さねいゑ」家真朝臣限永年所譲与実也、於代々証文者、嫡男直家朝臣為連券故、相副手次[継]文書所譲

渡也、但、子孫之中不善者出来、寄権門勢家成他領者、停背〔廃カ〕兄弟骨肉之儀、随器可知行也、仍為向後証文勒状、以解、

建久弐年（一一九一）参月一日

地頭僧蓮生（熊谷直実）（花押）

嫡子平（熊谷）直家（花押）

次男同（熊谷）実景（花押）

（押紙）「直実入道自筆」(4)

この史料における論点は、「四至の範囲」と「田弐拾町佐谷田ノ境ニ付テ」、そして「熊谷家文書」に収録されているその後の譲状に散見される「西熊谷（郷）」「屋敷地」「恒正名」との関係がどのような関係であったか、ということである。これについて先行研究を整理しながら検討を加えていきたい。

①「四至の範囲」（＝）「田弐拾町」＝「西熊谷（郷）」＝「屋敷地」＝「恒正名」

・鈴木説、錦織説、高橋説

この説は、鈴木哲雄氏が熊谷郷の開発に関する研究を発表されて後、多くの研究者に支持されてきた説である。

しかしこの問題点については筆者がすでに指摘したが、(5)「四至の範囲」（＝）「田弐拾町」とすると、「熊谷家文書」四号に記載のある名寄帳の面積である約一五町という数字と違いがあること、さらには「田弐拾町　佐谷田ノ境ニ付テ」の「佐谷田」は現在の行政区画上、熊谷郷の東に隣接していること、それはその後の譲状の記載にある「西熊谷（郷）」と方角的、地理的に矛盾すること、などから、「四至の範囲」と「田弐拾町」はイコールではないのではないかと考えられる。

②「四至の範囲」＝「西熊谷（郷）」＝「屋敷地」＝「恒正名」≠「田弐拾町」

・大井説

この説は筆者が指摘した説だが、[6]あらためて概略を述べると、「四至の範囲」は高橋修氏の指摘を参考に、西の「大道」は鎌倉街道の脇街道である現在の県道熊谷太田線、北限の「苔田境」は現在の熊谷市箱田との境、南限の「雨奴末」は菊地大樹氏や筆者も以前指摘したことがあるが、[7]久下氏との境界相論があった「雨沼」の地、東限の「源三郎東路」についてははっきりとしないが、現在、熊谷市街地にある延喜式内社の高城神社までと考えるのが妥当で、二五〇〇分の一の市街地白図からこの範囲が約一五町であることを指摘し、「熊谷家文書」四号の名寄帳にある面積との一致、そしてこの範囲が方角的に熊谷郷の西にあること、その後の「熊谷家文書」からこの土地は「熊谷之屋敷」と呼ばれていることなどから、[8]「四至の範囲」＝「西熊谷（郷）」＝「屋敷地」を導き出し、「佐谷田ノ境」という注記がある「田弐拾町」とは全く別個の場所を指すのではないかと指摘した。

この問題点は、先ほど指摘したように一般的な譲状の形式における、「四至の範囲」とそれを確定させる「後段の地名」等の文言とが、場所として一致していないという点である。

しかしこれについては、『鎌倉遺文』に約三〇〇〇点近くの譲状形式の史料が収録されているが、この中に「四至の範囲」とその「後段の地名」とが一致しないケースがある。例を挙げると、

（端裏書）「平四郎譲状」

譲与　所領等事

平四郎有重所

一所　吉田上庄内清太入道西在家壱宇
　　在四至東限屋中溝　南西北見古堺
　　同藤意内立野伍町　堺見絵頭
　　（後略）[9]

この史料を見ると、一所として在家一宇を上げ、これについて四至を示しながら、その次に五町の土地を示し、これについては絵図に境界を示していると注記を入れている。つまり、四至で示した屋敷地とその後段に示されている土地とは全く別個の譲与物件を示しているということがわかるのである。そこで「熊谷家文書」一号の「蓮生譲状」の記述と比較すると、屋敷地を四至で示し、その後段で二〇町の田（土地）を示している点で同様の表記となっている。このことから、相続人へ譲渡された所領が複数あるケースについては、必ずしも「四至の範囲」と「後段の地名」とが一致しなくてもかまわないことが言える。つまりこの「蓮生譲状」で蓮生（直実）から家真（真家）へ譲渡された土地は、地理上の観点から見て「四至の範囲」と「田弐拾町」の二つの土地であると考えても何ら問題はないということになる。この複数の土地の譲渡という点については、別の角度からも後述したい。

③「四至の範囲」＝「田弐拾町」≠「西熊谷（郷）」＝「屋敷地」＝「恒正名」

・菊地説

この説は近年、菊地大樹氏によって提出された説[10]だが、氏はまず「弐拾町」という面積と、「熊谷家文書」四号の名寄帳にある約一五町という数字が一致しないことから、一般的な譲状の記述形式である「四至の範囲」＝「後段の地名」により「四至の範囲」＝「田弐拾町」とし、この「四至の範囲」は熊谷郷の東隣の佐谷田郷に接していたとする。そして二号文書以下に現れる「西熊谷郷」＝「屋敷地」とはまったく別個の土地であると指摘し、一号文書と二号以下の文書とは文書群としての性格が異なるとした。さらに、この「四至の範囲」は「田弐拾町」を遥かに超える面積を持ち、「田弐拾町」はそのうちの荒蕪地を除いた年貢収集単位として認定された面積であるとする。そして直実の結んだ草庵が起源とされている現在の熊谷寺は、天保元年（一八三〇）に幕府に上程された『新編武蔵風土記稿』の記述などから、中世末期の幡随意上人白道またはその弟子により中興されたため、蓮生の草庵は現在の熊谷寺にあったのではなく、戦前まで現在の熊谷郵便局付近にあった報恩寺を重視し、熊谷郷でも東、佐谷田との境を重視した説を唱えている。

しかしこの説の問題点を指摘すると、まず「四至の範囲」＝「後段の地名」については、先ほど指摘したように必ずしも一致しなくてもかまわない。そのため、「四至の範囲」を「田弐拾町」と必ず結びつける必要はないと考える。

さらに熊谷寺の位置についてだが、宝暦五年（一七五五）に発行された『幡随意上人諸国行化伝』によれば、「武蔵国熊谷寺ヲ造建シ玉フ事」の段で、幡随意上人が慶長一三年（一五九八）に「蓮生法師カ遺跡ヲ訪、其ノ破壊セルヲ、造営シ玉フ」とあり、さらに「故ニ師其徳ヲ慕、念仏結縁シテ、又菴ヲ転ジテ精舎トシ、熊谷寺ト号シ」と書かれている。つまり幡随意上人が中興した熊谷寺は、もと蓮生が結んだとされる庵、念仏堂の「遺跡」を基としていると書かれており、報恩寺を元にしたとは書かれていない。さらに大正一一年に報恩寺の屋根を葺き替えた時に発見された、弘化二年（一八四五）の棟札には、直実の娘である玉津留が父母の菩提を弔うために建暦二年（一二一二）に建立したとあり[11]、報恩寺は蓮生の念仏堂が元となったとは書かれていない。逆に報恩寺説のために氏が引用した『新編武蔵風土記稿』の「熊谷寺」の項には、直実が発心の後、熊谷の地に草庵を結び蓮生庵と号し、天正年中に幡随意上人が中興したとある。これらのことから、現在の熊谷寺の位置は動きようがなく、さらにその元となった蓮生の草庵の位置も、熊谷寺の位置でほぼ間違いないと考える。

そして氏が四至の東限は不明とした点についてだが、「熊谷家文書」の内に「武蔵国熊谷郷内地頭平直国分堀内免除状」(以下、「熊谷家文書」三号と示す)という史料がある[12]。これにも四至の記述があり、東限を「神田宮垣内南北縄手」としている。この「熊谷家文書」三号の四至＝堀内の範囲については、鈴木氏・錦織氏・高橋氏ともに「熊谷家文書」一号の「蓮生譲状」の四至＝屋敷地の範囲と一致していると考えており、筆者も同様に考えている。それは「熊谷家文書」三号の西限「南北大道」が「熊谷家文書」一号文書の西限「村岡境大道」を指すと考えられるからである。

この「村岡境大道」について高橋氏は、村岡とは蓮生(直実)が浄土往生を遂げたとされる現在の村岡付近を指し、この大道は東山道武蔵路であると推定して現在の県道太田熊谷線に比定し、「熊谷家文書」三号の四至にある「南北大道」と同じ道を指しているとしている[13]。筆者も、村岡という地名を考えると、菊地説のように四至を佐谷田の境に近接する熊谷郷の東に設定すると、西限が地理上、村岡境の大道とならないため、高橋説が妥当だと考えており、「熊谷家文書」一号の四至の範囲と「熊谷家文書」三号の四至の範囲は同じ土地を示すと考えている。そしてその「四至の範囲」が「西熊谷郷」であり、「屋敷地の範囲」であり、後の「熊谷家文書」内に現れる「熊谷之屋敷」[14]であると考えている。

この「大道」は熊谷郷の西端を通り、北上して斎藤別当実盛が治めていたとされる長井庄の、先ごろ国宝に指定された歓喜院聖天堂付近を通って、長井の渡りと称される利根川の渡河点を通る重要な幹線道路と考えられる。筆者は、古代から中世にかかる熊谷市域の重要幹線道路を三本想定しており、このルートは中央ルートと想定している。

東ルートは、現在の熊谷市青山付近から下田町遺跡近辺をとおり、室町期の古文書によく現れる小泉郷（熊谷市小泉付近）を通って、『倭名抄』にある「郡家郷」を治めたとされる久下氏の館跡とされる付近を通り、さらに現在の熊谷ラグビー場付近にあった北島遺跡付近を通って、鎌倉幕府評定衆に名を連ねた中条氏の所領付近を通り、現在の熊谷市日向から葛和田の渡しを利根川の渡河点として、上野国へ向かうルートである。この中央ルートと東ルートに関しては、浅野晴樹氏も言及している。[15]

西ルートは、現在の熊谷市板井付近にあった古代寺院である寺内廃寺から北上し、現在の押切橋付近で荒川を渡り、源頼朝が鶴岡八幡宮へ寄進した三ヶ尻郷付近を通り、現在発掘調査が進められている幡羅郡衙、西別府廃寺、西別府祭祀遺跡付近を通って、別府条里とされる熊谷市市ノ坪を通り、『松陰私語・目録』に見られる間々田の渡し[16]で利根川を渡河するルートである。

東山道武蔵路については、現在まで多くの研究成果があるが[17]、これまでの研究では、東京都府中市や埼玉県所沢市などの発掘調査による結果によって、武蔵国府から東山道へ、北上して考えるむきがある。しかし、実際の東山道武蔵路は、群馬県を通る東山道本線から考えるべきであり、利根川の渡河点を重視して考える必要がある。そうなると、古代からの利根川の渡河点は長井の渡りが有力で、そこから古代道の特徴とする直線的な南下を考えてルートを推測することが必要であると考える。

筆者はこの三本のルートが熊谷市を南北に貫く古代から中世にかかる幹線道路と考えている。ただし、古代から同時にこの三本のルートが存在したわけではなく、時代を追う中で成立したと考えている。この中でも利根川を渡る一番古いルートは長井の渡りで、葛和田、間々田の渡しが成立していない頃は、三本のルートは長井の渡りで合流し、利根川を渡河していたと考えている。そして「熊谷家文書」一号の西限の「大道」はまさに中央ルートを示すと考えられる。このことからも、筆者はこの四至の範囲を「佐谷田ノ境」に設定するのは、無理が生じると考えている。

さらに、「熊谷家文書」三号の東限の「神田宮垣内」という記述から、東限は延喜式内社の高城神社である可能性が非常に高く、この「四至の範囲」の東限は、高城神社をもって考えるのが妥当であるといえる。つまり「四至の範囲」は熊谷郷の東にある佐谷田郷と隣接しているのではなく、熊谷郷の西にあったと考えられ、「四至の範囲」と「田弍拾町」とは全く別個の土地を指すといえるのである。

二、譲渡所領に対する注記について

ここまで先行研究における「四至の範囲」＝「屋敷地」と「田弍拾町」との関係について分析してきたが、「熊谷家文書」一号における文言であらためて注目したいのは、蓮生（直実）から四郎真家へ譲渡したとされる「四至の範囲」と「田弍拾町」のそれぞれに対する注記についてである。

前章の①、③の「四至の範囲」＝「田弍拾町」説とするならば、「四至の範囲」後にある「此外為真之壁内ヲ加フ」の文言は、「田弍拾町」の注記にある「佐谷田ノ境ニ付テ」の後につくべき注記、つまり記述上では、

四至
　東限源三郎東路　　南限雨奴末南里際
　西限村岡境大道　　北限苔田境ヲ源次郎之前ノ路へ

田弐拾町　佐谷田ノ境ニ付テ

此外為真之壁内ヲ加、（傍線筆者）

となるべきと考えられる。しかしながら、この一号文書はそうではなく、あくまでも「四至の範囲」に関する注記として「此外…」の文言が、そして「田弐拾町」の注記として「佐谷田…」の文言が付され、それぞれが並列の関係であることがわかる。このことからも「四至の範囲」と「田弐拾町」はそれぞれが独立した土地で、そのそれぞれの土地に対して注記が付されていると考えることができる。

ついで「四至の範囲」に付された注記について考えてみたい。そこには「此外為真之壁内ヲ加フ」と書かれている。この記述については先行研究のいずれも触れていない。この注記を読むと、「此外」という文言から、譲渡された土地は「四至の範囲」のほかに別の土地があったことがわかる。そのため、蓮生（直実）から「家真」へ譲られた所領は、厳密にいうとこの譲状の前段にある「先祖相伝所領壱處」の「壱處」は「一つの土地」ではなく、複数の土地を指すことになる。

それについては次の史料からもわかる。

（端裏書）
「譲状」

譲与　所領事

合壱所事

在美濃国法勝寺御領船木御庄十八条郷三分之一所

四至 東限二三里堺　南限弐町懸 / 西限藪河　北限中郷堺

此外相副名畠弐所　国弘名（東限大門水戸道　西限藪河　南限景恒後河　北限御所堀）
　　　　　　　　　宗遠名（東限是久名畠堺　西限藪河　南限十九条堺　北限安光寺敷地堺）

（後略）

この史料を見ると、前段で譲与する土地を「壱所」として、その土地の四至を示した後、「此外」として二ヶ所の名をあげ、その土地をも譲与対象としている。この文書形式を「熊谷家文書」一号の「蓮生譲状」と比較すると、この史料の「此外」以下の部分が「蓮生譲状」の「田弐拾町」以下にあたることがわかる。

このことから、譲状の前段で「壱所」としても、必ずしも史料の全体の内容から譲与対象地が一ヶ所であるということではなく、複数の土地を譲渡する可能性があり、譲与対象地の総体としての「壱所」をさす場合があるということがわかるのである。

さらに四至の注記について検討する。この注記の最大の問題は、「此外」以降の文言、「為真之壁内」をどう読むかにかかっている。まず「壁内」は壁に囲まれた土地、すなわち狭義の屋敷地を指すと考えられる。そしてその屋敷地の性格が「為真之」にかかることとなる。この注記について二つの推論を提示し、考察を加えたい。

まず第一に、本文中の「家真」に合わせて「為真」という人物を設定する考え方である。すなわち、「このほか、為真の壁内を加える」と読む場合である。これについては推測の域を出ないが、この譲状本文の「家真」は現在伝えられている数種の熊谷家に関する系図には載っておらず、そのことも過去にこの文書そのものに疑義を挟んできた理由の一つになっていた。しかし現在の研究成果によって「家真」（さねいゑ）の存在についても一定の理解が加えられている。そこから推測をすると、「真」という字を通字とする「為真」という人物を設定することも可能なのではないか。また、譲状本文は蓮生（直実）が書いていないという点も鑑み、「家真」という人物とともに「為真」という人物の設定を試みた。そこから考えると、「為真の屋敷地」も含めて「家真」（さねいゑ）へ譲渡するという文言となる。しかしこの場合の問題点は、蓮生（直実）が「家真」に「さねいゑ」と注記している点である。この記述から、本文で「家真」と書かれた人物は「真家」という人物であり、それを考えると「為真」も「真為」となる。この二人の人物が、今後の史料調査の中で何らかの形で発見されるかがカギとなる。

第二に、通常通りこの文言を読んだ場合である。この文言について気をてらわずに読めば、「このほか、真の壁内たるを加える」と読むことができる。こう読むと、譲状ですでに提示している四至の屋敷地のほかに、「真の壁内」として認知される土地も譲渡するということになる。この「真の壁内」と称する土地は、熊谷家にとっての「真」の地、熊谷家にとって最重要な土地、場所であると考えられる。そこから類推すると、この文言が指す土地は、蓮生（直実）が開いたとされる念仏堂が建てられていた場所であると推測できる。

この念仏堂は、戦国期に幡随意上人が中興して熊谷寺とし、現在に至っており、さらにこの念仏堂は屋敷地（居城）の「大手先」、つまり屋敷地の外に開かれたという伝承があり[19]、この伝承から考えると「四至の範囲」＝屋敷地と「真の壁内」＝念仏堂＝現在の熊谷寺あたりの位置は隣接した別の土地と考えられる。確かに四至のうち西限は「南北大道」となっており、前述のとおりこの「南北大道」を現在の県道熊谷太田線とするならば、念仏堂を前身とするとされる熊谷寺は四至の内となる。しかし「大手先」に建てられたとされる念仏堂は、今の熊谷寺ほどの規模を誇っていたとは考えられず、まさに「壁の内」ほどの規模、お堂一軒分ほどの規模であったと考えられる。となれば、蓮生が建てたとされる念仏堂は、「四至の範囲」＝「屋敷地」の「大手先」にあった小規模のお堂であったと考えられ、その位置を基にして幡随意上人が中興し、現在の熊谷寺が存在していると考えることができる。そうであるならば、四至の範囲は熊谷郷の東、佐谷田の境ではなく、現在の熊谷寺辺りから高城神社付近までの土地を示すと考えられる。

おわりに

ここまで、現在まで提出されてきた「蓮生譲状」における「四至の範囲」がどこを指し示すのか、という点について整理してみた。この譲状を検討するにあたり、また熊谷氏の族的結合、惣領制を研究するにあたり大きな問題点を幾つか掲げ、今後の研究課題としたい。

第一に「西熊谷郷」に対する「東熊谷郷」があったのか、という点である。これについては菊地氏が一定の見解を述べておられるが、直実の兄である直正の系譜、塩津熊谷氏の系譜が「東熊谷郷」を領有していたとしている。筆者もこの「東熊谷郷」の存在をどのように考えるかについては苦慮しているところであるが、筆者としては鶴岡八幡宮の存在を重視したいと考えている。拙稿でも指摘したが[20]、熊谷郷の東部分は恐らく鶴岡八幡宮の直接支配があったのではないか。それは『吾妻鏡』の流鏑馬の的立役拒否による領地「召分け」が大きな原因であると考える。「召分け」られたことによって熊谷郷の東部分は鶴岡の直接支配となり、「西熊谷（郷）」という史料上の記述は、鶴岡の請所として熊谷氏の安定的な支配が及ぶようになってからであることを考えると、熊谷郷の東部分には鶴岡八幡宮の支配を想定することが必要であると考えている。

さらに、熊谷氏の屋敷地へ鶴岡の社家使の入部があったことや、「鶴岡八幡宮寺供僧次第」において熊谷郷が「根本料所」の一つとして書き上げられていることからも、鶴岡の直接支配が、熊谷郷の東側にはあったのではないかと考えている。しかし、熊谷氏の族的結合、惣領制を考える上では、直家以下の直実の系譜、さらには兄直正の系譜についても当然考えなくてはならず、今後の課題といえる。

次に、嫡男直家はどこを相続したのか、という点である。この「熊谷蓮生譲状」で、嫡男直家と次男実景が署名していることを考えると、直家もいずれかの所領を相続したと考えられる。そこで筆者が重視しているのは、気仙沼本吉の熊谷氏である。気仙沼本吉には、奥州合戦の戦功によって直家が本吉を知行し、その次男が継いで、代々熊谷氏が相続してきたとされている。[21]実際気仙沼には熊谷姓の人物が、名字の地である熊谷市とは比べ物にならないぐらい多く住まわれている。今まで安芸熊谷氏、そして塩津熊谷氏については研究が進められてきたが、気仙沼熊谷氏については本格的な研究が進められていない。今後の大きな研究課題と言えよう。

そしてこれは菊地氏も想定しているが、「熊谷蓮生譲状」と「熊谷家文書」二号以下の文書との性格の違いを考えることである。菊地氏は、「熊谷蓮生譲状」は「家真」への譲状とし、家真の系譜が夭折したため惣領家である直家系に「家真」への譲状が渡され、現在に伝わったのではないかと想定している。[22]しかし、これが成り立つとすれば、なぜ現在伝わっている「熊谷家文書」に直実から直家、そして直家から直国への譲状が存在しないのか、なぜ「熊谷蓮生譲状」に記述されている、直家に伝わったとする「連券の手継文書」が伝わっていないのか、直家、直国に関する文書が皆無なのか、という点が大きな疑問として残る。「家真」への譲状が残りながら、直家への譲状が残らないということを、単なる紛失として考えるのか、直家への譲状は紛失したとしても、直家から直国への譲状も紛失してしまい、それ以降の文書群はきちんと伝えていくということの、合理的な理解をどのように行うのか。これは想像の範疇で行う議論であるので、確かなことは言えないが、今後の熊谷氏関係の史料調査による成果を待つほかない。

以上、「熊谷蓮生譲状」に関する先行研究を整理し、今後の熊谷氏研究における課題を指摘した。「熊谷家文書」は中世武士団を研究する上で欠くことのできない、良質の文書群である。そして熊谷氏関係の史料をまとめるため、熊谷市では現在、市史編さん事業が行われ、『熊谷市史資料編二　古代・中世編』が刊行されている。こうした資料集の刊行や、それに伴う史料調査がこれからの研究にとっても大きなウエイトを占めることは間違いない。このような動向を注視しながら研究を進めていければと思う。

註

（1）熊谷氏の安芸国三入庄に関する領主制に関する論文については、佐藤和彦『南北朝内乱史論』第八章（東京大学出版会、一九七九年）、清水久夫「東国御家人熊谷氏の西国移住について―安芸国三入庄を中心として―」（『法政史論』四、一九七七年）など。武蔵国熊谷郷そして熊谷氏に関する論文としては、鈴木哲雄「武蔵国熊谷郷における領主と農民」（『地方史研究』一六三、一九八〇年）、錦織勤「安芸熊谷氏に関する基礎的研究」（『日本歴史』四三七、一九八四年）、高橋修Ａ「武蔵国における在地領主の成立とその基盤」（『中世東国の世界Ⅰ北関東』高志書院、二〇〇三年）、同Ｂ「中世前期の在地領主と『町場』」（『歴史学研究』七六八、二〇〇二年）、高橋和弘「熊谷氏の惣領制の展開」（『日本史攷究と歴史教育の視座』日本史攷究会編、二〇〇四年）、林譲「熊谷直実の出家と往生に関する史料について―『吾妻鏡』史料批判の一事例―」（『東京大学史料編纂所研究所報』一五、二〇〇五年）、柴崎啓太「鎌倉御家人熊谷氏の系譜と仮名」（『中央史学』三〇、二〇〇七年）、森内優子「熊谷直実の出家に関する一考察―問注所の移転をめぐって―」（『文書館紀要』二一、二〇〇八年）、拙稿Ａ「鶴岡八幡宮領武蔵国熊谷郷における請所」（『日本歴史』七二二、二〇〇八年）、拙稿Ｂ「熊谷氏の地頭補任に関する一考察」（『埼玉地方史』五九、二〇〇八年）、拙稿Ｃ「熊谷氏の系譜と西遷について」（『熊谷市史研究』三、二〇一一年）、菊地大樹A『鎌倉仏教への道』（講談社、二〇一一年）、同B「惣領制の展開と信心の継承―武蔵熊谷氏を中心に」（東京大学日本史学研究室紀要別冊『中世政治社会論叢』二〇一三年）など多数ある。

（2）「熊谷家文書」（以下「熊」と表す。）一号（「熊」は『熊谷市史』資料編2　第二章第一節を使用、文書番号も同書に拠る）。

（3）前掲註（1）林論文参照。

（4）前掲註（2）参照。

（5）前掲註（1）拙稿A参照。

（6）前掲註（1）拙稿A参照。

（7）前掲註（1）菊地氏B参照、拙稿「熊谷氏と久下氏の所領相論について」（「熊谷市郷土文化会誌」六〇、二〇〇五年）。

（8）「熊」一四号。

（9）「沙弥善心譲状」（『鎌倉遺文』九三三三号）。

（10）前掲註（1）菊地氏B参照。

（11）『熊谷直実』（熊谷市文化連合編、一九六九年）五六ページ「報恩寺」の項。

（12）「熊」三号。

（13）前掲註（1）高橋修氏A参照。

（14）前掲註（8）参照。

（15）座談会「荒川の流路と遺跡―荒川新扇状地の形成と流路の変遷―」熊谷市史考古専門部会（『熊谷市史研究』三、二〇一一年）。

（16）「間々田の渡し」については、簗瀬大輔氏「新田荘の国境河川地域」（田中大喜編著『上野新田氏』戎光祥出版、二〇一一年、初出二〇〇四年）。

（17）例えば、木本雅康「宝亀2年以前の東山道武蔵路について」（『古代交通研究』一、一九九二年）、寺崎保広「長屋王家木簡郡名考証二題」（『文化財論叢』Ⅱ、奈良国立文化財研究所、一九九五年）、森田悌A「東山道武蔵路」（『信濃』四五―六、一九九三年）、同B「古代街道一題」（『日本歴史』七一六、二〇〇八年）、木下良『日本古代道路の復原的研究』五一一～五一三頁（吉川弘文館、

二〇一三年）などがある。特に森田Bは東山道武蔵路とは違う古代道を想定している点で注目される。

(18)「僧琳海譲状」（『鎌倉遺文』一二一七号）。

(19)「蓮生山熊谷寺開創略縁起」（武州大里郡熊谷駅蓮生山熊谷寺執事編、江戸末期か）。

(20) 前掲註（1）拙稿A参照。

(21)『気仙沼市史』Ⅱ先史・古代・中世編　三一八ページ。

(22) 前掲註（1）菊地氏B参照。

Ⅳ　鶴岡八幡宮領武蔵国熊谷郷における請所

大井教寛

はじめに

中世の土地制度において、地頭請所の成立が一つの重要な意味を持つことは、今までの研究により明らかになっている[(1)]。特に佐々木銀弥氏の分析により、請所となる契機は大きく分けて幕府口入による場合と私契約による場合とがあり、前者は承久の乱以前の鎌倉前期に多く、後者はそれ以後に請所となる場合に多く見受けられることが明らかになっている。そして地頭請所全般において、請所→中分などといった普遍的な発展段階のコースがあるわけではなく、それぞれの請所において多様性と不安定性があり、私契約の請所に関しては、請所に排他的・絶対的権限は認められず、本所側の意向によりいつでも解約でき、基本的には幕府は保護責任を持たないものとされている[(2)]。

さて、中世東国において鶴岡八幡宮の持つ重要性は非常に大きい。その成立については「鶴岡八幡宮寺社務職次第[(3)]」（以下、「社務職次第」とする）に記されているが、康平六年（一〇六三）に源頼義が石清水八幡宮を勧請したことに始まり、源頼朝が治承四年（一一八〇）に遷座し、その後各地に寄進による社領をもち規模を大きくしていった。

鶴岡八幡宮についても多くの先行研究があるが[(4)]、外岡慎一郎氏は社領から得る鶴岡八幡宮の得分内容により、社領を大きく二類型にわけて年次的な変化を分析し、承久以前は鶴岡八幡宮が上級得分（本家・領家・知行国主得分等）に相当すると思われる社領がしめ、承久以後は下級得分（預所・地頭得分等）に相当する社領がしめるというように変化していると指摘し、結論的には鎌倉時代の鶴岡八幡宮は独自の所領支配機構を有さず、社領得分の収取・下地支配はすべて地頭に委任されており、特に北条氏が承久以降の闕所配分を契機に被官を地頭に補し、さらには自己の所領を宮領化するなど社領経営に果たした役割は決定的であるとしている。(5)このような外岡氏による分析がなされている鶴岡八幡宮の社領の一つに武蔵国熊谷郷がある。

熊谷郷と熊谷氏については、「熊谷家文書」を基本史料として様々な研究がなされている。(6)しかしながら、鶴岡八幡宮との関係についてはいまだに未解明の部分が多い。先に触れた地頭請所としての位置づけの中では、鶴岡八幡宮の地頭請所となった時期は鎌倉前期であるにもかかわらず、幕府口入ではなく私契約としての位置づけであるし、また社領の中での位置づけも、承久以前に社領となったにもかかわらず、類型としては下級得分に相当するという例外的な位置づけがなされている。そうしたことも含めて、ここでは鶴岡八幡宮の地頭請所として把握されている熊谷郷について、鶴岡八幡宮との関係や地頭請所となった経緯、社領としての性格などについて考えていきたい。

一、鶴岡八幡宮側の史料

それではまず、鶴岡八幡宮側の史料として「鶴岡八幡宮寺供僧次第」(7)（以下、「供僧次第」とする）を見ていきたい。川上淳氏は「供僧次第」における供僧補任の変遷と供僧の役割、坊の成立や坊名の変遷について詳細に検討する中

表1　「供僧次第」にみる二五坊の料所一覧

坊　名	相　模　国									武　蔵　国		
	村岡	富塚	北深沢	矢部	長尾	俣野	藤沢	弘川	岡津	熊谷	久下	瓺尻
善松坊	○	○	○									
林東坊		○		○	○	○	○					
文恵坊			○		○			○				
頓学坊			○						○			
密乗坊			○	○								
静慮坊		○	○									
南禅坊		○	○									
永乗坊			○							○	○	
悉覚坊	○		○									
智覚坊	○		○			○	○					
円乗坊			○							○	○	
永厳坊			○	○								
実円坊		○		○		○	○					
宝蔵坊			○	○								
南蔵坊			○		○							
慈月坊			○	○								
蓮華坊			○									○
寂静坊			○		○			○				
花光坊	○		○									
真智坊	○					○	○					
乗蓮坊			○		○			○				
仏乗坊		○	○			○	○					
安楽坊	○		○									
座心坊	○					○	○					
千南坊		○	○									

で、鶴岡八幡宮に最大二五あった各坊の供僧が、別当（社務職）を頂点とする祭祀組織の中で、恒例・臨時の祭祀・社役をとりしきり、その中心的な役割を果たしていたということを明らかにしている。(8) しかしここで特に注目したいのは、「供僧次第」におけるそれぞれの坊ごとの料所である。それを表1にまとめてみた。

　ここでまとめた料所は、それぞれの坊名、所在の次に記載されている料所で、成立年代は明らかではないが、おそらくはその坊が創立された早い段階で料所として位置づけられていると考えられ、いうなれば「根本料所」ともいうべき土地である。

これを見るとまず、二五坊の料所は相模国・武蔵国に存在していることがわかる。次に武蔵国に料所を持っている坊である永乗坊・円乗坊・蓮華坊は、その料所が熊谷・久下・瓺尻（三ヶ尻）というすべて現在の埼玉県熊谷市内における地名であるということがわかる。つまり相模国以外の料所がすべて北武蔵の一つの地域にまとまって存在しているのである。それについては伊藤清郎氏が触れているが、氏は社領の成立事情から、幕府に対する反乱者側の所領を没収して設定する場合と、交通の要所として社領設定をする場合があり、熊谷郷・久下郷・瓺尻郷の三つの社領は、荒川沿いという後者の設定事情ではないかとしている(9)。

それでは熊谷郷に関連する坊について見ていきたいと思う。まず永乗坊は「供僧次第」によれば良稔が建久五年（一一九四）に補任されて永享一〇年（一四三八）に弘誉が補任されるまで、一九人の供僧が補任されており、二五坊のうちでは比較的新しい時代に創立されている。

そして円乗坊であるが、「供僧次第」では顕信が正治二年（一二〇〇）に補任されて以後二四人の供僧が名を連ね、最後の年号の記述としては文明六年（一四七四）の年号がみられ、最後の弘兼で進退命令をうけている。この顕信は、「社務職次第」では「頼信」となっている。彼は公暁が源実朝を誅した事件の際に公暁側にいた人物で、この事件の後供僧を改替され、これが供僧に対する進退命令の始めとされている。この坊は永乗坊よりも新しい時代に創立されているが、料所については表1からもわかるように、永乗坊と全く同じ場所が料所として書き上げられている。

それでは次に、文書史料等からわかる鶴岡八幡宮の社領と考えられる土地についてみていきたい。これについては『国史大辞典』（吉川弘文館）の「鶴岡八幡宮」の項に社領一覧があるのでこれを参考にしたいと思う。『国史大辞典』

表２　鶴岡八幡宮社領一覧

所在	郡	名　称	成立年次	特　徴	典　拠
相模	足下郡	桑原郷	治承4.10月	御供料所（西桑原郷）	吾妻鏡
	鎌倉郡	佐介谷屋地	治承4カ	修正会・月々例祭・御八講以下の料所	鶴岡事書日記
信濃	伊那郡	遠山荘	養和元.8月カ	祈禱料所、のち蓮華坊勝円・悉覚坊仲円給田	吾妻鏡・鶴岡八幡宮寺供僧次第
相模	足下郡	高田郷	寿永2.2月	新宮若宮領	鶴岡八幡宮文書
		田嶋郷	〃	〃	〃
武蔵	橘樹郡	師岡保内大山（鶴見）郷	〃	新宮若宮領・放生会料所	中野家文書
	幡羅郡	瓺尻郷	〃	のち蓮華坊本料所	鶴岡八幡宮文書
相模	余綾郡	出縄郷	元暦元.7月	末社熱田社領、佐竹義長跡、神主大伴氏兼帯	吾妻鏡
	大住郡	中坂間郷	元暦元.6月	相撲家真の給田畠・在家、御八講料所	相州文書・金子文書
	高座郡	大庭御厨内藤沢郷	文治元頃	林東・智覚・実円・真智・仏乗・座心各坊本料所	鶴岡八幡宮寺供僧次第
	鎌倉郡	大庭御厨内俣野郷	〃	〃	〃
武蔵	幡羅郡	熊谷郷（南）久下	〃	永乗坊・円乗坊本料所	〃
		瓺尻郷高柳村	〃		福原家文書
相模	鎌倉郡	北深沢郷	文治2.8月	善松坊重衍給田	鶴岡八幡宮寺供僧次第
武蔵	幡羅郡	熊谷郷	文治3.8月カ	地頭熊谷氏の請所	吾妻鏡
相模	大住郡	弘河郷	文治年間	文恵・寂静・乗蓮各坊本料所	鶴岡八幡宮寺供僧次第
	鎌倉郡	岡津郷	建久年間以前	供僧の給田	相承院文書
武蔵	橘樹郡	稲目郷	建久年間以前カ	御灯料所	鶴岡八幡宮文書
		神奈河郷	〃	〃	〃
相模	鎌倉郡	村岡郷	建久2.11月	長日不断本地供料所	香象院文書
		富塚	〃	〃	〃
下野	足利郡	足利荘	建久5.11月	一切経・両界曼荼羅供養供料所	吾妻鏡・鶴岡八幡宮寺供僧次第

建久年間まで。『国史大辞典』鶴岡八幡宮の項より。

では所在地順に列挙されているので、これを成立年次順に並べ変え、承久以前について成立したとされている社領についてまとめたのが表2である。

これを見ると治承四年(一一八〇)の『吾妻鏡』の記事が初見であり、文書史料の初見としては、寿永二年(一一八三)の新宮若宮領への寄進状とされており、熊谷郷なども社領の一つとして見受けられる。この表2の中で武蔵国でも相模国でもない信濃国遠山荘については、「供僧次第」の悉覚坊仲円の項の記述より北条時政が地頭であったと考えられ、北条氏との関係により、早い段階で社領として寄進されていたと思われる。この遠山荘はその後蓮華坊勝円の給田とされ、料所としては瓺尻郷と同じ経過をたどった。この瓺尻郷と鶴岡八幡宮との関係については、菊地紳一氏が若干の検討を加えている[10]。

まとめるとこの二つの表から、「供僧次第」と文書史料等の双方で熊谷郷・久下郷・瓺尻郷が初期の鶴岡八幡宮の社領として確認でき、また同じ時期に成立した相模国の他の料所とは地域的に離れ、北武蔵の一地域に固まって存在しているということが確認できる。この三つの郷のうち、熊谷郷の地頭であった熊谷氏と鶴岡八幡宮との間にどのような関係があったのか、具体的に見ていきたい。

二、鶴岡八幡宮と熊谷氏

1. 熊谷氏の屋敷地の範囲

それでは、熊谷郷と鶴岡八幡宮との関係がどのようなものだったのか、具体的にみていきたい。表2をみると、

『吾妻鏡』文治三年（一一八七）八月の、鶴岡八幡宮の放生会における流鏑馬の記事が見受けられる。[11] これは熊谷直実が流鏑馬の神事において的立役を不服とし、頼朝の重ねての説得にも応じず、その咎により所領を取り上げられたという内容である。

注目したいのはこの記事の表現で「依二其科一、可レ被レ召二-分所領一之旨、被二仰下一云々」としている点である。つまり所領すべて「召し上げた」のではなく、「召し分け」ているのである。

この「召し分け」た対象の一方は熊谷直実であるが、もう一方についてはこの「召し分け」る前提となった事件との関連性、さらに『吾妻鏡』の承久元年（一二一九）二月二日条に「武蔵国熊谷郷者、右大将家御時、直実法師依二的立役辞退咎一、被レ寄二-附于鶴岡一」とあることから、鶴岡八幡宮であると考えられる。そしてこの文治三年に鶴岡八幡宮領となったとすることは、先に見た「供僧次第」の円乗坊・永乗坊の成立時期と矛盾しないことも指摘しなくてはならない。

ではこの「召し分け」るという文言について考えていくために、まず熊谷氏の屋敷地の範囲について考えていきたい。

〔熊谷家文書〕一号

（端裏書）「くまかやの四郎ニゆつり了、」

譲与　先祖相伝所領壱処

　在　武蔵国大里郡内熊谷郷内

四至　東限源三郎東路　西限村岳境大道　南限雨奴末南里際　北限苔（苔）田境ヲ源次郎之前ノ路へ

此外為真之壁内ヲ加、

田弐拾町　佐谷田ノ境ニ付テ

右件所領、依レ為二子息一、（異筆）「さねいゑ」家真朝臣限二永年一所二譲与一実也、於二代々証文一者、嫡男直家朝臣為二連券一故、相二副手次文書一所二譲渡一也、但、子孫之中不善者出来、寄二権門勢家一成二他領一者、停〔廃カ〕二背兄弟骨肉之儀一、随レ器可二知行一也、仰為二向後証文一勒レ状、以解、

建久弐年参月一日

地頭僧蓮生（花押）　　嫡子平直家（花押）

次男同実景（花押）

（押紙）直実入道自筆(12)

この史料は、熊谷氏の所領支配を考える上でさけることのできない史料であるが、ここでまず注目したいのは、四至の範囲である。

先行研究では、この四至の範囲が屋敷地で、「田弐拾町佐谷田ノ境」が「恒正名」であり、四至の範囲（屋敷地）＋「恒正名」（「田弐拾町　佐谷田ノ境」）＝「西熊谷（郷）」とし、またこの屋敷地を示す四至の範囲は、後に触れる「熊谷家文書」四号の四至の範囲と所領の相伝の経緯などから考えて同範囲であるとし、代々熊谷氏が相伝してきた屋敷地であるとしている。(13)また四至中西限の「村岳境大道」と「熊谷家文書」四号の西限である「庄堺南北大道」は同じ街道を指すと考えられている。

しかし、この四至の範囲と「西熊谷（郷）」との関係について、「熊谷家文書」の他の史料では、「熊谷郷恒正名

号二西熊谷一」という記述があり[14]、恒正名＝西熊谷（郷）となることが明らかで、先行研究の理解での四至の範囲（屋敷地）＋「恒正名」（「田弐拾町　佐谷田ノ境」）＝「西熊谷（郷）」という図式が成り立たないことになる。また、「恒正名」を「田弐拾町　佐谷田ノ境」とすると、熊谷郷と佐谷田との境は地理上熊谷郷の東端にあたるので、「恒正名」＝「西熊谷（郷）」という理解には無理が生じる。

この四至の範囲については、高橋修氏の詳細な研究があり、現在の地図と重ねあわせて考えていて興味深い[15]。氏によれば、先行研究において「熊谷家文書」一号の四至の範囲と同じ範囲を示すと考えられている「熊谷家文書」四号の四至、つまり屋敷地の範囲を検討した中で、一辺約三〇〇メートルの区画を推定することができたとしている。

これに基づき、氏が用いた地図よりもより詳細な二五〇〇分の一の地図で氏の指摘した範囲の一辺の距離をはかると、約四〇〇メートル弱ほどの区画となり、その面積はおよそ一五町で、承久二年（一二二〇）一二月二日の「武蔵国熊谷郷恒正名名寄帳[16]」の「恒正名」の面積とほぼ同じとなる。

錦織勤氏は、「田弐拾町　佐谷田ノ境」が「武蔵国熊谷郷恒正名名寄帳」の「恒正名」の面積である一五町と合わないのは、建久二年（一一九一）の譲状が後世に作成されたため、正確な範囲がわからなかったのか、庶子分割分が除かれているためではないかとしているが[17]、そうではなく、「恒正名」が四至の範囲＝屋敷地であり、「田弐拾町　佐谷田ノ境」とは別個に考えるべきではないだろうか。

そう考えれば、「熊谷郷恒正名号二西熊谷一」という記述も、「恒正名」（領主名）＝四至の範囲（屋敷地）となり、熊谷郷の西部分であるということと矛盾なく理解できる。

さらに次の史料を見ていきたい。

〔熊谷家文書〕四号
（端裏書）「平内左衛尉方」〔門脱〕
　　　　　（花押）
鶴岳八幡宮寺御神領武蔵国熊谷郷内地頭平内左衛門尉直国分堀内事、
　　合
四至
　東限神田宮垣内南北縄手
　南限東西大堀
　西限庄堺南北大道
　北限東西中道
右、依レ為二往古堀内一、任二先例一、所レ令二免除一如レ件、
　　　［　］年十二月一日
　　　　　　散位惟宗朝臣（花押）(18)

この史料は年欠であるが、先に触れた承久二年一二月二日の「武蔵国熊谷郷恒正名名寄帳」に実検使として惟宗氏の名があることなどから、同時期に作成された史料であると考えられる。そしてこの「熊谷家文書」四号と「恒正名名寄帳」との関係は、「熊谷家文書」四号において公事を免除された「直国分堀内」＝四至の範囲の面積を、「恒正名名寄帳」によって改めて算出したという対の関係をなすと考えられ、この二点の史料からも四至の範囲＝恒正名（＝

屋敷地）を示すと考える。

さらに時代が下って直時と資直の相論関連の史料である文暦二年（一二三五）の「関東下知状[19]」をみると、資直の理解として「熊谷郷者、亡父直国相伝之屋敷也」とし、また史料後段における三入庄との対比において「早云二熊谷之屋敷一、云二勲功之勧賞一」という表現を用いている。

これらの史料の検討から、屋敷地部分（四至の範囲）＝恒正名＝西熊谷（郷）であるということがいえると考える。

2．「田弐拾町　佐谷田ノ境」の土地

それでは次に、「熊谷家文書」一号の「田弐拾町　佐谷田ノ境」について考えてみたい。「熊谷家文書」一号の記述を見ると、「田弐拾町」が四至の範囲＝屋敷地の記述と別個に書かれていることから、隣接した土地ではなく、それぞれ離れた場所にあるということがわかる。もし隣接した土地であれば、当然四至の範囲内に「田弐拾町」が含まれるように記述されるはずである。つまり、「熊谷家文書」一号において譲られた土地は熊谷郷全体を指すわけではなく、熊谷郷内の屋敷地とそこから離れた「田弐拾町」と考えられ、熊谷氏が熊谷郷全体を領有していたわけではなく、熊谷郷の一部しか領有していなかったことを示すと考えられる。そのことが『吾妻鏡』中の「召し分け」るという文言に表れていると考える。

そして「熊谷家文書」四号をみると、「熊谷家文書」一号の「佐谷田ノ境」の土地の記述が無く、あくまでも堀内の範囲内のみ、先例によって公事夫役を免除している。つまり先の譲状にあった「佐谷田ノ境」の土地は、公事夫役免除の範囲外であったということがわかる。

またこの「熊谷家文書」四号やその後の「熊谷家文書」における譲状の中において、「佐谷田ノ境」の土地に関して熊谷氏における相続の記述がないことも重要である。もし「佐谷田ノ境」の土地が引き続いて熊谷氏の影響下にあるならば、当然その後の譲状の中に、譲渡対象地として書き上げられるはずである。しかしながら、その後の譲状にこの「佐谷田ノ境」の土地に関する記述がないということは、熊谷氏の譲渡対象地として認識されていなかったこと、つまり熊谷氏の影響力が及んでいなかったことを意味する。

そこで、たとえば「田弐拾町　佐谷田ノ境」については、家真から子へ所領を譲渡する際、庶子へ分割相続したために、現存の「熊谷家文書」における相続対象地として書き上げられなかったのではないかとも考えられる。しかしながら永仁六年（一二九八）の鶴岡八幡宮放生会の用途銭についての請取状[20]をみると、「熊谷郷分」として用途銭を納める対象の土地は、「熊谷彦次郎」、つまり熊谷直時の孫の熊谷直満分と「図書助入道女子跡分」、熊谷直時娘跡分と記されている。この二ヵ所分が「熊谷郷分」に対する放生会用途のすべてであり、この「熊谷郷分」の範囲は、この請取状の端裏書に「にしくまかへ」とあることから、西熊谷（郷）（＝恒正名）であることが明らかである。もし、「田弐拾町　佐谷田ノ境」が庶子であれ熊谷氏の影響下にあったならば、当然「熊谷郷分」の中に含まれるはずで、端裏書も「にしくまかへ」にはならず、「くまかへ」になるべきである。しかしながらこの史料からは、「熊谷郷分」の負担として「にしくまかへ」のこの二ヵ所をあげているだけである。

つまり、鶴岡八幡宮側で「にしくまかへ」分しか請取状を作成する必要がなかったのは、熊谷郷の屋敷地以外の部分については鶴岡八幡宮側の影響下にあったということが考えられ、家真相続後の「田弐拾町　佐谷田ノ境」の土地は、熊谷氏の影響下から離れていったことを示すと考える。そのことを補完する史料として、『吾妻鏡』の承久元年

（一二二九）二月二日条において、先に触れた熊谷郷を鶴岡八幡宮へ寄附するという記述のほかに、熊谷郷の状況について「地頭如レ無」と記述されていることもあげられる。

これらのことから熊谷郷は、地頭熊谷氏の影響力よりも、「召し分け」られたことにより熊谷郷の一部を社領とした鶴岡八幡宮の影響力の方が強く、そのため直実から家真へ相続された土地である「田弐拾町　佐谷田ノ境」の土地さえも、次第に鶴岡八幡宮の影響下に組み込まれていったのだと考えられる。そのため、その後の「熊谷家文書」における相続関係の史料から「田弐拾町　佐谷田ノ境」の土地が見られなくなったのだと考えられるのである。

三、請所の成立とその性格

1. 請所としての性格

次に、熊谷氏の鶴岡八幡宮に対する地頭請所としての熊谷郷について考えていきたい。

〔熊谷家文書〕一二号

鶴岳八幡宮御領武蔵国熊谷郷内故平内左衛門尉直国跡恒正名事、早止二預所入部一、為二地頭沙汰一、有レ限御□□〔年貢〕以下色々御得分物等、無二懈怠一可レ令二進済一、兼又恒例臨時社役等、守二先例一可レ令二勤仕一也、若有二未進懈怠一□〔之〕時者、改二地頭沙汰一、以二社家使一可レ令二所務一者也者、依二僧正〔定豪〕御房仰一、執達如レ件、

貞永元年八月廿一日　　木工権助文元奉

熊谷平内左衛門二郎殿(21)

〔熊谷家文書〕一三号

鶴岳八幡宮寺領武蔵国熊谷郷事、止二社家使一、為二地頭請所一、可レ進二済有レ限年貢一也、若致二懈怠一之時者、可レ令レ入二部社家使一之状、依レ仰下知如レ件、

貞永元年十一月四日

武蔵守平（泰時）（花押）
相模守平（時房）（花押）

熊谷平内左衛門二郎殿(22)

この二つの史料から、鶴岡八幡宮側と鎌倉幕府側とで地頭請所となった土地の把握に相違があるということがわかる。つまり鶴岡八幡宮側は「熊谷郷内故平内左衛門尉直国跡恒正名」、熊谷氏が代々受け継いできた四至（屋敷地）を指し、鎌倉幕府側は「武蔵国熊谷郷」全体を指しているのである。

さらに熊谷氏の四至の範囲＝屋敷地においても預所の入部があるほど、鶴岡八幡宮の影響が強かったということがわかる。このことは熊谷郷が熊谷氏の鶴岡八幡宮に対する請所となる過程において、熊谷郷を「召し分け」られた文治三年（一一八七）から貞永元年（一二三二）まで過渡的期間が生まれ、その間は熊谷氏の屋敷地である恒正名（西熊谷）でも預所の入部があるという、鶴岡八幡宮側の強い影響下にあったということがいえると考える。また公事夫役を免除した屋敷地であるにもかかわらず、そこにあらためて地頭請所を設定するということから、地頭の年貢懈怠を防ぐために領家側から働きかけたことによるものではなく、屋敷地であっても鶴岡八幡宮側の関与があったために、預所の入部を停止してほしいという熊谷氏側からの働きかけがあったことを考えさせる。

こうした鶴岡八幡宮側の強い影響力について理解するために、佐々木氏がふれた鶴岡八幡宮の私契約請所であった相模国岡津郷の事例をみてみたい[23]。

この岡津郷は表1を見ると頓学坊の「根本料所」であり、地頭甲斐氏の鶴岡八幡宮に対する地頭請所である。熊谷郷は永乗坊・円乗坊の「根本料所」であり、地頭熊谷氏の鶴岡八幡宮に対する地頭請所であるという点で状況が酷似している。

それでは文永七年（一二七〇）閏九月一〇日の「関東下知状[24]」を見てみたい。まず下地進止権については、供僧側が頼朝以来の供僧給田として岡津郷を宛がわれているという主張をした。しかし、幕府は下地については地頭の進止と裁許している。

次に所当については、甲斐氏側が祖父の代より所当米一五石を請け負っているので、請所の儀を変えるべきでないと主張した。しかし、供僧良伝および幸猷の請文に、岡津郷の供僧給田八町八段の請所について、公私の煩いが生じたり、約束に背くなどの違乱があった場合は、元の如く供僧の直接の沙汰とするとあること、かつ「私請所」であること（以下、いくつか文字が欠けているので詳しくはわからない）などから幕府は地頭甲斐氏の主張を用いがたいとし、所当は地頭の責務として供僧側に納入すべきであるという裁定を下している。

さらに、同年一二月三日の「関東下知状[25]」も合わせて考えたい。先ほど見た閏九月一〇日の「関東下知状」での裁定を受けたにもかかわらず、甲斐氏が所当の納付について検見を行うよう主張するなどして納めようとしなかったため、供僧側が作人から直接所当を収納するようにしたことを認めた下知状である。

この二つの史料から、私契約請所に関する相論について地頭側の主張を却け、さらには、鶴岡八幡宮側からの事実上の請所契約の破棄を認める裁定を下すなど、鶴岡八幡宮の強いイニシアティブを幕府が認めていたと考えることができる。また、そのことは、岡津郷と同様に「根本料所」として鶴岡八幡宮の強い影響下にあった熊谷郷に関しても援用することができると考える。

２．請所機能の終焉時期

それでは熊谷郷はいつ頃まで地頭請所として機能していたのであろうか。「熊谷家文書」における熊谷郷に関する史料や、鶴岡八幡宮関連の史料、「供僧次第」の記述など、今まで見てきた史料のほかに、さらに関連があると思われる史料を時系列に並べてみたい。

・正安二年（一三〇〇）　「熊谷家文書」における鶴岡八幡宮関連文書の下限
・元弘三年（一三三三）　熊谷直経の西国下向とされる年[26]
・応永一〇年（一四〇三）　「熊谷家文書」における熊谷郷関連文書の下限[27]
・応永二一年（一四一四）　熊谷氏に関する熊野社関連史料の初見[28]
・永享二年（一四三〇）　熊谷郷の記述がない熊谷氏の譲状の初見[29]
・永享一〇年（一四三八）　「供僧次第」の永乗坊の最後の供僧補任
・文明六年（一四七四）　「供僧次第」の円乗坊の項にみられる最後の年号
・文明一一年（一四七九）　足利成氏書状（成田氏、忍城に[30]）
・天正八年（一五八〇）　成田氏印判状（熊谷町関係[31]）

・天正一八年（一五九〇）　秀吉への社領差出→熊谷郷の記述なし(32)

ここで一つのポイントは直経の西国下向の時期である。これにより、西熊谷分・熊谷氏領有部分に関してはたとえ代官を置いたとしても、地頭請所としての機能が著しく低下することは明らかである。これ以降、熊谷郷関連の語句が表れる史料は相続関係の史料のみであり、それも「熊谷郷内恒正名」という表現で表される。

さらに、熊野社関連史料の初見である、応永二一年の熊野社旦那職売券も重要であるので次に掲げたい。

「（端裏書）
クマカエ
　　クケ　　」

永ウリワタシ申候タンナノ事、

　合テ拾クワンモン者

右、件ノタンナハ、クマカイノ一ソク一エンニ、ハシツメノせウシヤウチウタイサウテンノタンナ也、ヨウ〳〵アルニヨンテ、チヤクシハントモニケンせン十貫文ニシンホウインヱヱイタイウリワタシ申処実正也、但シムサシノ国クケノコンノカミナウミツノ子孫ハ、イツレノ国ヨリサンケイソロ共、一円ニクワンモンアイソヱウリワタシ申処也、モシ此タンナニイツ方ヨリイランワツライ出来候ハヽ、せウシヤウソウノアトニカ、ラレ候て道ヤリ可申、其時一言ノ子細申ましく候、仍為二後日一状如レ件、

　応永廿一年六月十七日　　橋爪小将〔少〕（花押）

　　　　　　　　　散〔嫡〕子八郎（橋爪）（花押）

この史料は、熊谷氏と久下氏を旦那に持つ橋爪氏が、「ヨウ〳〵アルニヨンテ」実報院へ一〇貫文で旦那職を売り

渡した史料である。

熊野信仰関係の研究は数多くあり、旦那職売券に関する研究も数多い[33]。御師―先達―旦那といういわゆる師旦契約による熊野参詣のシステムの中で、旦那職売券が中世に多く見受けられる理由は、戦乱や飢饉などの社会的に不安定な状況の中で、御師の経済的な困窮により一つの権益となった旦那職を、御師間で売買の対象としたことによると考えられている[34]。また先達が旦那を把握する方法は、一族単位で把握する方法と地域単位で把握する方法の大きく二つで、地域差はあるが大まかな流れとして前者から後者へと変化していくことが指摘されており、それは旦那となる在地領主の社会的な流動、つまり所領、本拠地の変遷という中で次第に一族単位での把握が難しくなるという理由からであるとされている[35]。この史料にある橋爪氏は、この史料のほかに文明三年（一四七一）の武蔵国村岡の旦那売券の史料にも名前があることから[36]、主に北武蔵、大里郡地方をその基盤とする先達と繋がりのある御師と思われる。その後、永享五年（一四三三）の旦那職売券を見ると[37]、熊谷氏に関する旦那職の売買しか記載されておらず、しかも売渡金額が四貫五〇〇文となっている。そしてこれ以降、武蔵国に関する熊谷氏の関連史料は見られなくなる。

こうした旦那職売券が多く見受けられる理由は、先に触れた経済的困窮という理由だけではなく、旦那たる在地領主層の社会的な流動が大きな要因となったのではないだろうか。

つまり師旦契約を結んでいる御師にとって、旦那である在地領主の社会的な流動は、主に旦那の在地に住み地域的基盤をもつ先達と、旦那たる在地領主との関係が切れることを意味し、それは先達という仲介機関をとおして繋がっていた御師と旦那との関係も切れること、つまり師旦契約の形骸化を意味する。これは、旦那から先達をとおして財物等の寄進を受ける御師にとっての経済的困窮に直結する問題であると考えられ、それを打開するために形骸化した旦那職を売券として売ることで、師旦契約の清算を行ったと考えることができるのではないか。

この売券により熊谷氏に関する旦那職が、橋爪氏から実報院へ移った後に、武蔵国における熊谷氏関連の史料が見受けられなくなることに注目したい。つまり、熊谷氏一族すべてが武蔵国からいなくなったことによって生じた熊谷氏と橋爪氏との師旦契約の清算の意味を、この売券がもつという考えも成り立つのではないだろうか。事実先ほども触れたように、この応永二一年の史料以降も橋爪氏が北武蔵に旦那を持っていたことは文明三年の史料から確認され、橋爪氏と北武蔵の先達・旦那との関係が全くなくなったわけではなかった。もしこの売券以降も熊谷氏が武蔵国にいたならば、応永二一年以降の橋爪氏関連の史料に、熊谷氏に関する史料が残ってもよいのではないだろうか。そうならなかった理由は、熊谷氏の一族が代官も含めて安芸国へすべて移住したからと考えられる。そして、旦那（在地領主）が移住したことで、橋爪氏と熊谷氏との間における師旦契約そのものの内実がなくなったため、旦那職を売り渡したのではないだろうか。

そこで問題になるのは、買得した実報院側のメリットである。この師旦契約が、単に熊野社の参詣における関係のみではなく、一種の財産権であることは売買の対象となったことからもわかる。買得した実報院は買い取った旦那職を一つの財産権として留保した。これによって熊野社における御師内での相対的な勢力の拡大を図り、あるいはそれを所持している期間中に参詣なり、財物の寄進なりがあれば仲介することで利益を得、さらにいざとなれば旦那職をまた売却することで経済的な利益も得ることができた、という考え方も成立するのではないか。事実、慶長九年（一六〇四）に記された「廓之坊分旦那目安」[38]の武蔵国の項目にある「熊谷」の記述は、形骸化した旦那職を実報院がさらに廓之坊へ売却したための記述だと思われる。

そして熊谷氏が熊谷郷からすべて移り住んだことは、戦国期の北武蔵に一大勢力を張った成田氏の家臣団が記されている「成田家分限帳[39]」の、一三〇〇人を越えると思われる家臣の中に熊谷姓を名乗る者が一人もいないことも傍証となりえると考える。これは、武蔵国の一つの在地領主のみでの考察であるので詳しい研究が必要だが、中世における旦那職売券の発生理由の一つとして、旦那となる領主一族の移住が考えられるのではないかと思う。

これらのことから、熊谷氏の一族すべてが熊谷郷から移住する時期は、推論を含むので少し幅をとるが、旦那職売券の出された、応永二一年頃から永享二年頃の間であると考えられる。

そして、鶴岡八幡宮の影響下にある熊谷郷部分については、「供僧次第」と成田氏の関連史料から、文明年間を下限として鶴岡八幡宮の影響下から離れ、忍城を拠点とする成田氏の影響下に入っていき、社領としての性格を失っていくと考えられる。

おわりに

さて、ここまで鶴岡八幡宮と熊谷氏、熊谷郷の関係を見てきた。

まず、「供僧次第」および鶴岡八幡宮関連史料から、熊谷郷は同じ頃社領となった他の社領と地域的に異なっていることを指摘した。そして円乗坊・永乗坊の、いうなれば「根本料所」としての性格を持っていたことを指摘した。

鶴岡八幡宮領熊谷郷は、熊谷直実が文治三年（一一八七）の鶴岡八幡宮の最初の神事であった流鏑馬において、的立役を拒否したために頼朝の勘気に触れ、熊谷郷を熊谷氏と鶴岡八幡宮とに「召し分け」られたことに始まる。これ以降、熊谷氏は直実より代々の譲状をもって、屋敷地部分＝恒正名＝西熊谷（郷）を相伝することになる。そして熊谷郷のこれ以外の部分は、文治三年より鶴岡八幡宮の影響力が及んだ。文治三年以降、熊谷氏の相伝部分へも鶴岡八幡宮の強い影響力が及んだ。しかし、貞永元年（一二三二）に熊谷氏相伝部分の土地について八幡宮側預所の入部を止め、熊谷氏の鶴岡八幡宮に対する地頭請所としての熊谷郷（西熊谷）が成立する。

そして、熊谷氏の相伝部分である西熊谷（郷）に関しては、「熊谷家文書」や熊野社関連の旦那職売券等の史料から、応永二一年から永享二年頃の間に地頭請所としての機能がなくなり、鶴岡八幡宮の影響下部分に関しては「供僧次第」や成田氏関連の史料から文明年間を下限として、その社領としての性格を失うと考えられることを指摘した。

このように熊谷郷（西熊谷）は鶴岡八幡宮の強い影響下にあり、地頭よりも領家側の影響が強いという、鎌倉期の私契約請所の大きな特徴を持っているといえる。

今回は鶴岡八幡宮と熊谷氏との関係について見てきたが、今後は熊谷郷に関する熊谷氏内部での領有関係、そして一族間の関係、族的結合などについても、もう一度見直してみる必要があると考える。こうした点を今後の課題点として考えていきたいと思う。

註

（1）代表的なものとして、佐々木銀弥「地頭請所の諸問題」（『経済学季報』九―一・二合併号、一九五九年）、同「鎌倉幕府の地頭請所政策について」（『御家人制の研究』吉川弘文館、一九八一年）、島田次郎「中世請所の成立―初期請所の歴史的性格―」（『近世国家の成立過程』塙書房、一九八二年）などがある。

（2）佐々木銀弥「鎌倉幕府の地頭請所政策について」（前掲註（1）『御家人制の研究』）。

（3）『群書類従』巻第五三。

（4）たとえば、伊藤清郎「鎌倉幕府の御家人統制と鶴岡八幡宮」（『国史談話会雑誌』豊田・石井両先生退官記念号、一九七三年）、川上淳「鶴岡八幡宮における供僧の役割」（『駒沢史学』二五、一九七八年）、外岡慎一郎Ａ「鎌倉時代鶴岡八幡宮の基礎的研究」（『中央史学』三、一九八〇年）、同Ｂ「鎌倉時代における鶴岡八幡宮領の構成と機能」（『日本歴史』四一八、一九八三年）、高橋賢「建保五年～承久三年における鶴岡八幡宮寺の寺院組織再編成過程について」（『愛大史学』一〇、二〇〇一年）などがある。

（5）外岡氏前掲註（4）Ｂ。

（6）鈴木哲雄「武蔵国熊谷郷における領主と農民」（『地方史研究』一六三、一九八〇年）、錦織勤「安芸熊谷氏に関する基礎的研究」（『日本歴史』四二七、一九八四年）、高橋修「武蔵国における在地領主の成立とその基盤」（『中世東国の世界　Ⅰ　北関東』高志書院、二〇〇三年）、高橋和弘「熊谷氏の惣領制の展開」（『日本史攷究と歴史教育の視座』日本史攷究会、二〇〇四年）、柴﨑啓太「鎌倉御家人熊谷氏の系譜と仮名」（『中央史学』三〇、二〇〇七年）など。

（7）『続群書類従』巻第一〇四（補遺含む）。

（8）川上氏前掲註（4）。

（9）伊藤氏前掲註（4）。

（10）菊池紳一「鶴岡八幡宮瓺尻郷に関する一史料―安貞二年の関東御教書写について―」（『埼玉地方史』二五、一九八九年）。

（11）『吾妻鏡』（以下『吾』と表す、国史大系本を使用）文治三年八月四日条。

（12）「熊谷家文書」（以下「熊」と表す）一号（「熊」は『大日本古文書』家わけ一四を使用）。この史料が建久二年当時の史料であるということについては、林譲「熊谷直実の出家と往生とに関する史料について―『吾妻鏡』史料批判の一事例―」（『東京大学史料編纂所研究紀要』一五、二〇〇五年）に詳細な分析がある。

（13）註（6）参照。ただし、高橋和弘氏は「四至の範囲」＝「田二〇町　佐谷田ノ境」としているが、史料の記述そのものからこうした理解は難しいと思われる。

(14)「熊」九二号。
(15)高橋修氏前掲註(6)。
(16)「熊」五号。
(17)錦織氏前掲註(6)。
(18)「熊」四号。
(19)「熊」一五号。
(20)「熊」二四号。
(21)「熊」一二号。
(22)「熊」一三号。
(23)註(2)参照。
(24)『鎌倉市史』(以下、『鎌』と表す)史料編一(一九六七年)二一八号。
(25)『鎌』史料編一　二一九号。
(26)「熊」三七号。
(27)「熊」一〇四号。
(28)『新編埼玉県史』(以下『埼』と表す)資料編五(一九八二年)六八四号。
(29)「熊」一〇九号。
(30)『埼』資料編五　九九八号。
(31)『埼』資料編六(一九八八年)一〇五五号。
(32)『埼』資料編六　一六八七号。
(33)熊野信仰については、宮家準『熊野修験』(日本歴史叢書四八、吉川弘文館、一九九二年)に網羅的に書かれている。また旦那職売券については前書のほかに、横山晴夫「東国における熊野信仰」(『國學院雑誌』六四―二・三、一九六三年)、石塚真「鎌倉・室町両時代の熊野参詣について―常陸国の旦那売券を一例として―」（『郷土文化』一五、一九七四年）、新城美恵子「武蔵国十玉坊と聖護院」（『本山派修験と熊野先達』岩田書院、一九九九年）、小山靖憲『中世寺社と荘園制』（塙書房、一九九八年）などがある。

(34) 宮家氏前掲註(33)などに詳しい。

(35) 新城氏前掲註(33)。

(36)『埼』資料編五　九七二号。

(37)『埼』資料編五　七七六号。

(38)『熊野那智大社文書』第五巻（熊野那智大社、一九七七年）。

(39)『埼玉叢書』第二巻（国書刊行会、一九七〇年）。

第2部

蓮生と法然

Ⅰ　熊谷直実の吉水入門をめぐって

福田行慈

はじめに

元久元年（一二〇四）五月十三日、鳥羽の某所において記述された「熊谷蓮生自筆誓願文[1]」の中に次のような一文がある。

又こくらく（極楽）ニ所くわん（願）ニしたかんて（つ）うまる、との給へる事をよことニ（夜毎）けんさい（現在）ニみ（見）をかみ（拝）て、ことし八十一年ニなる。

これによると蓮生が極楽往生を願い始めて、今年で十一年になるというのである。これを逆算すると、建久四年（一一九三）が発願の年にあたる。浄土宗史の上で、熊谷直実が法然に帰依したとされているのが、この建久四年である。そこで、ここでは直実の法然への帰依、すなわち吉水入門の年を確認するとともに、そこに至るまでの経過について、いささか卑見を述べてみたい。

一、遁世

熊谷直実に関する史料は、『吾妻鏡』にいくつか見られ、その遁世についても詳しい記載がある。建久三年（一一九二）十一月二十五日の条に、

（上略）早旦熊谷次郎直実与二久下権守直光一、於二御前一遂二一決一。是武蔵国熊谷・久下境相論事也。直実於二武勇一者、雖レ馳二一人当千之名一、至二対決一者、不レ足二再往知十之才一。頗依レ貽二御不審一、将軍家度々有下令二尋問一給事上。于レ時直実申云、此事、梶原平三景時引二級直光一之間、兼日申二入道理之由一歟。仍今直実頻預二下問一者也。御成敗之処、直光定可レ開レ眉。其上者、理運文書無レ要、称レ不レ能二左右一、縡未レ終、巻二調度文書等一、投二入御壷中一起座。猶不レ堪二忿怒一、於二西侍一自取レ刀除レ髻、吐レ詞云、殿乃御侍倍登利波天云々。則走二出南門一。不レ及レ帰二私宅一逐電。将軍家殊令レ驚給。或説、指レ西馳レ駕。若赴二京都之方一歟云々。則馳二遣雑色等於相模・伊豆所々幷筥根・走湯山等一、遮二直実前途一、可レ止二遁世之儀一之由、被レ仰二遣于御家人及衆徒等之中一云々。（下略）

とある。この日、頼朝の前で直実と久下直光（直実のおじ）との間で所領境相論があった。その席上、頼朝が直実の主張に不審を抱き、たびたび直接尋問した。直実はそれを、梶原景時が直光弁護のために前もって頼朝に進言したからであると信じ、直光有利の裁定が下ることは目に見えており、もう証拠書類も必要なしと、庭に投げつけ、それでも怒りが収まらず、自分で髻を切り、頼朝への仕官ももうこれまでだ、といって、そのまま逐電したのであった。驚

いた頼朝は直実を捜し出して、何とか彼の遁世を阻止しようとするわけである。ここで、西、特に京都へ向かったという説が出るのは、以前直実自身が他人にその意志を示していたからであろう。また、箱根・走湯山を捜索しているが、これは直実が僧侶について出家することを恐れたためと思われる。

さて、翌十二月十一日になって、走湯山の専光房という僧から連絡が届く。

（上略）走湯山住侶専光房進二使者一、申云、直実事、就レ承二御旨一、則走二向海道一之処、企二上洛一之間、忽然而行逢畢。既為二法体一也。而其性殊異様。只称二仰之趣一、令二抑留一之条、曽不レ可二承引一。仍先讃二嘆出家之功徳一、次相搆誘二来于草庵一、聚二同法等一、談二浄土宗法門一。漸令レ和二順彼欝憤一之後、造二一通書札一、諫二諍遁世逐電事一。因レ茲、於二上洛一者。猶予之気出来歟者。其状案文送進云々。将軍家太令レ感給、猶廻二秘計一、可レ留二上洛事一之由被レ仰云々。（下略）

仰せによって東海道沿いを捜していた時、丁度、上洛しようとする直実と出逢ったが、その姿はすでに法体となっていた。そこで努めて引き止めようとしたが、なかなか思うようにゆかず、まず出家の功徳を讃嘆し、走湯山の草庵に招いた。そして、同法の者を集め、浄土宗[2]の法門を談じたところ、ようやく直実も落着いてきたという。そこで一通の書札を造り、遁世逐電のことを諫諍したところ、これによって上洛については躊躇するようになったという。頼朝もなお、できるだけ手を尽して直実の上洛を留めるように命じている。この専光房の話の内容から、直実はすでに浄土教に傾倒していたことが窺え、また、走湯山にも浄土教がかなり広まっていたことが知られる。

ついで二十九日の条には、

（上略）今日走湯山専光房献二歳末巻数一。以二其次一申云、直実法師上洛事者、偏就二羊僧諷詞一思止畢。但無二

左右ニ不レ可レ還ニ参営中一。暫可レ隠ニ居武州一之由申レ之云々。

とあり、再び専光房からの報告があって、上洛のことは思い止まらせたが、直実がいうには、鎌倉には戻らず、しばらくの間、故郷の武蔵国熊谷郷に隠居するということであった。以上が『吾妻鏡』に見られる直実の遁世の経緯である。

ところで、赤松俊秀博士(3)は左掲の『熊谷家文書』(4)所収建久二年（一一九一）三月一日付直実譲状（第一号）をあげて、『吾妻鏡』の直実出家の記載を誤りとされている。

（端裏書）「くまかやの四郎ニゆつり了、」

譲与　先祖相伝所領壱処

在　武蔵国大里郡内熊谷郷内

四至　東限源三郎東路、南限雨奴末南里際、西限村岳境大道、北限苔田境ヲ源次之前ノ路ヘ、

此外為真之壁内ヲ加、

田弐拾町佐谷田ノ境ニ付テ、

右件所領、依為子息、家真（（異筆）「さねいえ」）朝臣限永年所譲与実也、於代々証文者、嫡男直家朝臣為連券故、相副手次文書所譲渡也、但、子孫之中不善者出来、寄権門勢家成他領者、停背（廃カ）兄弟骨肉之儀、随器可知行也、仍為向後証文勒状、以解、

建久弐年参月一日

地頭僧蓮生（花押）　嫡子平直家（花押）

次男同実景（花押）

（押紙）
直実入道自筆

赤松博士の見解によると、『吾妻鏡』の記載より一年九ヵ月前に直実はすでに出家して、「地頭僧蓮生」と署名し花押を加えており、その花押が清凉寺所蔵の「熊谷直実自筆夢記」所見のものと一致することから、直実は建久二年三月一日以前に出家していたということになり、『吾妻鏡』の記載は編者の創作であるとされている。

ところが、この「直実譲状」は『大日本古文書』では、鎌倉時代を降らない偽文書として扱われている。写真で花押を比較した限りでは、この文書の真偽の判定を下すことは難しく、直実の出家の時期については、更に今後の課題としたい。ただ、現時点において私自身としては、『大日本古文書』の校訂者の説に従い、『吾妻鏡』の記載（あるいは編者によって加筆修正がなされているかもしれないが）の方に信をおき、以後の考案を進めて行くことにする。

直実の法名「蓮生」で思い浮かぶことは、彼の「自筆誓願文」の内容である。これによると直実は、偏に上品上生の極楽往生を願い、ついに金色の蓮華の上に端座した夢を見たというのである。まさに「蓮に生まれる」である。単なる思い付きに過ぎないが、直実は法然に帰依した後、「蓮生」と名乗ったような気がしてならない。

二、吉水入門

次に、直実の吉水入門の事情を法然の伝記類によって探ってみることにする。まず『法然上人伝記巻第四下』[5]（以下『九巻伝』と略す）には次のようにある。

熊谷入道往生事

武蔵国の御家人熊谷次郎直実は、平家追討の時度々の合戦に忠をいたしき。中にも一谷の合戦に高名を極めしかば、武勇の名を一天にあげ、弓箭の徳を四海にながして、上なき武人也し事、人みなこれをしれり。しかるに発心時いたりけるにや、右大将家を恨み申事ありて、俄に出家して、法名を蓮生とぞ申ける。初めは伊豆国走湯山に参籠しけるが、上人の念仏弘通の次第を、京都より下れる尼公の語り申けるをきゝて、やがて上洛して、先澄憲法印のもとへ向ひて、見参に入べき由を申入て、対面を相待ほどの手ずさみに、刀をとぎけるを、なに事の料ぞと人申ければ、これへ参るは後生の事を尋申さん為也。若腹をもきり命を捨て、後世は助からんずると承らば、やがて腹をも切らん料也、とぞ申ける。法印此事を聞給ひて、さる高名の者なれば、定めて存知あるらんとて、後生助かる道は法然房に可レ被ニ尋申一とて、使をそへて上人に引導せられければ、上人へまいり、後世の事を尋申けるに、念仏だにも申せば往生はする也、別の事なし、と仰られけるをうけ給て、さめ〴〵と泣ければ、けしからず思召て、物をも仰られず。（中略）もし命をも捨て後生助かれとならば、腹をきらん為の用意に持たりける刀をば、念仏申て往生すべき由を承り定めぬるうへはとて、上人に参らせければ、上人より津戸三郎に給て秘蔵しける。（下略）

また、『法然上人行状画図　第二十七』[6]（以下『四十八巻伝』と略す）には、

武蔵国の御家人、熊谷の次郎直実は、平家追討のとき、所々の合戦に忠をいたし、名をあげしかば、武勇の道ならびなかりき。しかるに宿善のうちにもよをしけるにや、幕下将軍をうらみ申事ありて、心ををこし、出家して、蓮生と申けるが、聖覚法印の房にたづねゆきて、後生菩提の事をたづね申けるに、さやうの事は法然上人にたづ

ね申べし、と申されければ、上人の御庵室に参じにけり。罪の軽重をいはず、たゞ念仏だにも申せば往生するなり、別の様なし、との給をきゝて、さめ〴〵と泣ければ、けしからずと思たまひて、もの給はず。（下略）

とある。両書ともほぼ同様の内容で、頼朝に恨み事を抱き出家し、上洛して法然の門に入ったというのである。

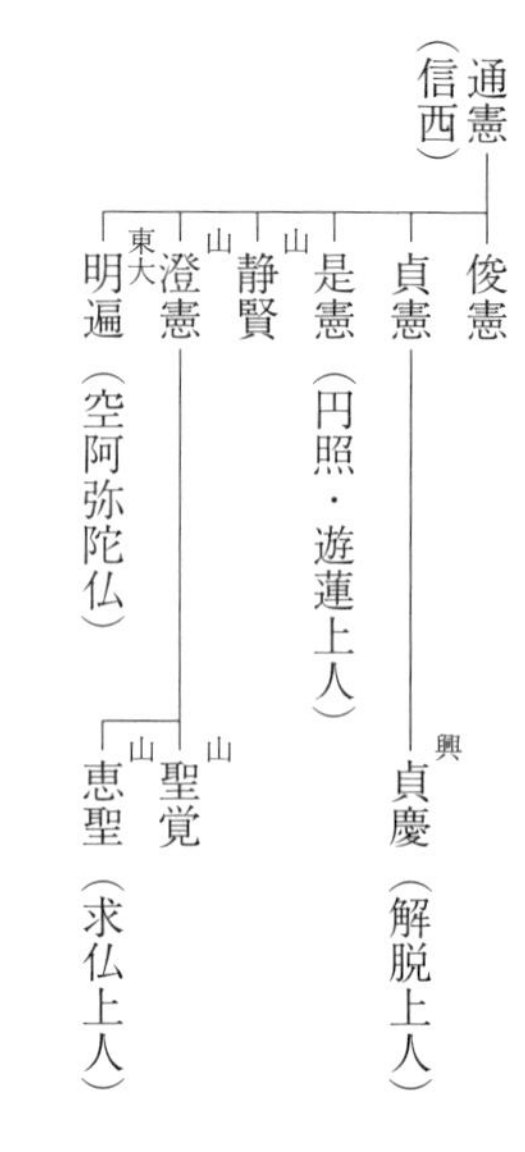

ところで、直実と法然の仲介者として『九巻伝』では澄憲法印をあげ、『四十八巻伝』では聖覚法印をあげている。『尊卑分脈』には右のようにあり、澄憲は藤原通憲（入道信西）の子で、聖覚の父にあたる。澄憲・聖覚ともに比叡山東塔北谷竹林院の里坊、洛北の安居院に止住し、説教唱導に秀でて、父子ともに名声を博した。殊に聖覚は法然門下になっており[7]、『唯信鈔』・『四十八願釈』等を著わしている。一方、澄憲は法然と特に直接の関係がないとはいえ、兄弟には是憲（円照）・明遍（空阿）、子息には聖覚・恵聖（求仏房）等の親法然派の人々がいる。

さて、『九巻伝』と『四十八巻伝』の記載の相違であるが、『法然上人伝巻第三』（以下『十巻伝』と略す）にも澄憲と記されている[8]。そこで、この三書について述べておきたい。『四十八巻伝』は法然の伝記類の集大成ともいうべきものであり、舜昌によって滅後百～百十年後に編纂されたと考えられている。そして、『九巻伝』はこの『四十八巻伝』の草稿本的なものであり、やはり舜昌が編纂したとされている[9]。一方、『十巻伝』は『九巻伝』・『四十八巻伝』の記載が引用されていることから、成立年代は前二書より降るものとされている[10]。

以上のことから推測すると、『九巻伝』に澄憲とあるのは、澄憲・聖覚父子ともに安居院に住していたことから生じた誤りであり、舜昌が引用した元の史料自体が澄憲になっていたか、あるいは「安居院法印」とあったのを澄憲と解釈し記したことが考えられる。そして、舜昌が再び『四十八巻伝』を編纂するに至って、その誤りに気付き聖覚と改めたのではないだろうか。もっとも、兄弟・子息等が親法然派であったことから、澄憲が法然を紹介したことも考えられないこともないが、やはり直実は聖覚を通じて法然に逢ったと考えた方が良いと思われる。

なお、『九巻伝』にみるように、直実の入門以前すでに、同じ御家人である津戸三郎が法然の側にいたことは、直実の法然への帰依を考える上で注目すべきことである。

しかし、なぜ、直実が聖覚を訪れたのであろうか。かつて直実が大番役、あるいは知盛の侍として在京のおりに親交のあった者とか、鎌倉での知人から聞いたのか、もしくは次に見るような走湯山の念仏者を通じて知ったことなどが考えられる。

三、走湯山

『九巻伝』には「初めは伊豆国走湯山に参籠しけるが、上人の念仏弘通の次第を、京都より下れる尼公の語り申けるをきゝて、やがて上洛して、」とあり、直実は出家後、しばらく走湯山に籠っており、京都から下って来た尼に法然の念仏弘通の話を聞き、上洛したという。この尼についてであるが、『四十八巻伝第二十四』に次のようにある。

伊豆国走湯山に、妙真といふ尼ありき。法華の持者、真言の行人なりき。事のたよりありて上洛のとき、上人の教化にあづかりて後、ながく餘行をすてゝ、ひとへに念仏を行ず。其功つもりてつねに化仏を見たてまつる。更

に餘人にかたらず。た丶同行の尼一人これをしめす。（下略）

ここに出て来る妙真が先の尼であるかどうか不明であるが、おそらく妙真、もしくはこれと同類の走湯山に住する尼であったことが考えられる。(11)

また、先にあげた『吾妻鏡』の建久三年（一一九二）十二月十一日の条に「聚二同法等一、談二浄土宗法門一。」とあったが、これによっても、当時すでに専修念仏行者らしき者の集団が、走湯山に存在していたことが認められ、先の妙真尼のごとき者達の京都との交流によって、法然の教えが次第に広まっていった時期であったと思われる。そして、約十年後の建仁四年（一二〇四）に、法然より伊豆山（走湯山）の源延のために『浄土宗略要文』が送られるのである。(12)

浄蓮房（上蓮房）源延については、すでに先学によって詳しく論述されているが、(13)『善光寺縁起』(14)に次のようにある。

浄蓮上人源延如来奉二拝見一事

夫浄蓮上人、伊豆国人、家伊豆河東走湯山所生也。若年之時依レ学二澄憲一、住山住侶多年也。止観玄文重稽古。真言秘密薫習久。三密法水灑頂、許可伝法重度。猶亘二別学極底一。（下略）

これによると、源延は若年の時、比叡山で澄憲について修学したというのである。とすれば、直実の吉水入門に際して、源延が一役買ったことも考えられる。つまり、直実―（走湯山の尼）―源延―澄憲―（聖覚）―法然という経路が想起されるのである。(15)逆に、このつながりがあったからこそ、源延は『浄土宗略要文』を法然より与えられたのではないだろうか。ただし、これはあくまでも『善光寺縁起』の記載を信用した上での憶測に過ぎない。

むすび

以上『吾妻鏡』と法然の伝記を中心に、直実の吉水入門に至るまでの経過について述べたが、最後に再度、整理しておきたい。

建久三年十一月二十五日、直実は久下直光との境相論の場で髻を切って逐電したが、翌十二月に専光房によって走湯山に招かれ、そこにしばらく滞在した。一旦は上洛をあきらめ、武蔵国に隠居するつもりであったが、おそらく京から戻っていた尼（妙真尼か）と逢って、法然の話を聞き、上洛の志が再燃したのではないだろうか。そこで、翌建久四年にひとまず武蔵国熊谷郷に帰り、その後上洛し、聖覚を通じて法然門下になったことが推察される(16)。あくまでも推測ではあるが、以上のように考えると、建久三年の末から建久四年にかけての直実の行動は筋が通って明確である。

『自筆誓願文』から割り出した建久四年は、やはり吉水入門の年であり、直実は法然に帰依してから、極楽往生を願うようになったことがわかる。しかし、法然に出逢う以前に、直実がすでに浄土の教えに傾斜していたことは、先の『吾妻鏡』の記載に「談二浄土宗法門一、漸令レ和二順彼欝憤一……」とあることからも明らかであるが、その時期については更に考察する必要がある。ただし、注目すべき点は走湯山であり、直実だけに限らず、鎌倉における浄土教を考える上で、最も重要な場所であるといえる。走湯山には多くの法華の持者や真言の行人がいたが、先述したように、当時すでに専修念仏行者らしき者の集団も存在していたことが考えられるのである。『吾妻鏡』には走湯山に関する記事が多くあり、蓮生の問題とともに、この走湯山（特に源延）についても今後の課題として、研究を掘り下げてゆきたい。

註

（１）清涼寺所蔵。

（２）ここで「浄土宗」という語が使われているが、「浄土法門」とあるべきところを、編者が「浄土宗法門」と記したのではないだろうか。

（３）『続鎌倉仏教の研究』所収「熊谷直実の上品上生往生立願について」二九二・二三頁。

（４）『大日本古文書』家わけ一四所収。

（５）『法然上人伝全集』所収。

（６）『法然上人伝全集』所収。

（７）三田全信博士は『仏教文化研究』六・七号所載「法然上人伝研究会紀要（六）」で「但し弟子と云ふ概念は明瞭でない詞であるから、法然から浄土教学を授った程度の意味にとった方がよい。聖覚は終始青蓮院の執事として勤務してゐる。」と述べておられる。

（８）『法然上人伝巻第三』（『法然上人伝全集』所収）には「一、熊谷入道発心事　熊谷入道蓮生ハ宇津宮入道同名也（中略）。始伊豆国走湯山参籠シケルガ、上人念仏弘通次第自二京都一下ケル尼公語申ケルヲ聞、則上洛、先澄憲法印許向可レ入二見参一之由、申入対面相待程手スサミニ、（中略）法印此事聞給、サル豪者ナレバ定存知有ラントテ、後生助道法然房可レ被二尋申一。使副上人引導セラレケレバ、上人参後生事尋申ケルニ、念仏ダニ申セハ往生ハスル也。（下略）」とある。

（９）以上は三田博士の説（『成立史的法然上人諸伝の研究』・『仏教論叢』一五号所載「九巻伝と四十八巻伝」参照）であり、これに対し井川定慶博士は、『九巻伝』は『四十八巻伝』を縮刪し、他伝もとり入れたもので、西山派祖証空を法然の正統伝持者とする意図で編集されたものとされている（『法然上人絵伝の研究』参照）。私自身としては、三田博士の説をとりたい。

（10）田村圓澄博士『法然上人伝の研究』・井川博士前掲書・三田博士前掲稿参照。

（11）『円光大師行状画図翼賛巻二十四』（『浄土宗全書』一六巻所収）で義山は「此頃男女道俗ノ中ニ法華経ノ持者世ニ多カリキ就レ中伊豆・相模辺ニハ盛ンニ行ハレケルニヤ。鎌倉勤仕ノ武士ノ中ニモ間アテ東鑑ナトニ見エタリ。（中略）又此ノ山ニ法音ト云尼アテ二位ノ禅尼ノ御経師トシテ一生不犯ノ持経者ナルヨシ東鑑ニ見エタリ。此ノ妙真モ又其ノ類ノ人ナルヘシ。九巻伝ニ熊谷入道初ハ走湯山ニ参籠シケルカ、上人ノ念仏弘通ノ次第ヲ京都ヨリ下レル尼公ノ語リ申ケルヲ聞テ上洛ストアリ。若ハ此人ナル歟。」と述べている。

（12）『浄土宗略要文』（『昭和新修法然上人全集』所収）の奥書に「本云、建仁四年二月十七日、黒谷上人為二伊豆山源延一所レ被レ集之要文也。私云二月廿日改二元久一。」とある。

（13）菊地勇次郎先生稿「法然門下について―とくに天台宗教団との関係―」（『浄土学』二六）・「伊豆山源延補考」（『金沢文庫研究』七四）、納富常天先生稿「三浦義村の迎講―鎌倉における弥陀信仰を通して―」（『三浦古文化』二）、三田博士稿「伊豆山源延とその浄土教」（『仏教大学研究紀要』五四・『印度学仏教学研究』一九―（一））、加藤有雄先生稿「源延資料の追跡」（『金沢文庫研究』一八―（三））。

（14）『続群書類従』二八―上所収。

（15）金沢文庫所蔵の源延資料から考えて、建久三・四年の時点に、源延が走湯山に住していた可能性は大きい（納富・加藤両先生前掲稿参照）。

（16）『粟生光明寺絵縁起』（『大日本仏教全書』寺誌叢書一所収）によると「（上略）将軍家、其後遁世おもひとゝまるへき旨強て仰下されけれとも、翌年建久四年三月、遂に故郷を遁出て、吉水の御菴室に参り、授戒出家し、衣鉢をたもち、一の大僧となり、年来の宿望をとけ、蓮生と法号を給り、常随給仕して、朝暮念仏の教誡を蒙りて、六時に礼誦を修営して、彼盧山の蓮社の衆にも恥さりけり。（下略）」とある。光明寺は蓮生の草創による寺とされている。この縁起の内容から考えると、「建久四年三月」というのは『吾妻鏡』と『九巻伝』より割り出した期日であろう。

Ⅱ　吉水入門後の熊谷直実について

福田行慈

源空に帰依した数多い武士の中でも筆頭にあげられるのが熊谷直実であり、初期浄土宗の動静を把握する上でも欠くことのできない人物である。直実は源平の合戦で戦功をあげた源氏側の武将として有名であり、その行状もよく知られている。源空帰依後の直実についての研究[1]もなされているが、十分とはいえず、まだ解明すべき点が残されている。そこで、ここでは吉水入門後の直実について、いささか卑見を述べてみたい。

一、五月二日付書状

建久三年（一一九二）十一月二十五日、久下直光との所領境相論の場で髻を切って逐電した直実は、翌年上洛し、聖覚を介して源空の門に入った[2]。この入門まもない直実に差出されたと思われる源空の書状がある。清凉寺所蔵の五月二日付源空自筆書状である。

この書状は、『拾遺語灯録』（巻下）には「御自筆也」と注記し、「熊谷の入道へつかはす御返事」として収められており、『法然上人行状画図』（第二七巻、以下『四十八巻伝』と略す）にも「下国の後不審なる事ともを、状をもてたづね申ければ、上人の御返事云」として載せられていたが、久しく真偽については明らかではなかった。しかし、興善寺文書の発見（昭和三十七年）により、後述する元久元年の直実自筆誓願文、四月三日付直実宛証空自筆書状とともに真蹟と認められ、重要文化財に指定されるに至った。

この書状は宛所に「武蔵国熊谷入道殿御返事」とあることから、武蔵国に帰っていた直実が源空に尋ねた質問に対する返書と思われる。内容は、念仏の行が阿弥陀仏の本願の行であり、それ以外の異行はすべて非本願の行であるから、極楽往生を願う人はまず念仏を勤めなければならない。だから、直実が質問するところの不婬戒・不瞋戒等の持戒をはじめ、孝養・銅の阿字・錫杖・迎接曼荼羅等の善根も、念仏に暇があれば行なうものである。しかし、日に六万返の念仏を一心に申せば、異行を勤める必要はないし、たとえ少々戒行を破っても往生の得不はそれによることはないと源空は答えている。

この書状から推測される直実が源空に尋ねた疑問のほとんどは初歩的なものであり、源空も直実に対して本願と非本願の区別、但念仏が往生の業であることなど、専修念仏の基本について懇切に説いていることから、この書状は直実の入門まもない頃、すなわち建久四、五年のものと考えられる[3]。また、冒頭で「但念仏の文」を書いて送った旨を知らせているが、これもおそらく専修念仏義の基本となる要文を書き記したものと思われる。

ところで、この書状の末尾で、孝養の行は本願の行ではないが、八十九歳になられたから、必ず今年などを往生の年として待ち、臨終を見届けるように源空は述べている。八十九歳というのは従来言われているように直実の母親（成木大夫女）のことと思われるが、『諸家系図纂』によると、直実は永治元年（一一四一）生まれで承元二年（一二〇八）に六十八歳で没しており（『四十八巻伝』の記述から生年を割り出すと、保延四年（一一三八）となり三年の相違がある）、この建久四、五年の時は五十三、四歳であるから、母親三十五、六歳の時の子になる。一方、父親の直貞は直実二歳の康治元年（一一四二）に十七歳で没していることから、十五歳の時の子である。父十五歳、母三十五歳と両親の年令に二十歳の差があるが、必ずしも否定する根拠とはならない。しかし、書状中に見られる八十九歳というのは実母でなく、養母あるいは乳母という考え方もできよう。

さて、この五月二日付書状からわかるように、直実は入門後しばらく武蔵国に帰っていたが、まだ専修念仏義をそれほど理解していなかったようである。しかし、その後直実は再び上洛し、源空につき従い多くを学んだのであろう。『吾妻鏡』建久六年八月十日の条によると、直実は武蔵国に下向する途中、鎌倉に立寄り、頼朝の前で「厭離穢土・欣求浄土」の旨趣を談じているのである。入門して二年、直実もようやく念仏の教えに通じてきたことが窺える。

二、迎接曼荼羅

ところで、直実はこの鎌倉下向の半年前に一通の置文を書いている。『熊谷家文書』（『大日本古文書』家わけ第一四）所収の建久六年二月九日付直実置文（第二五二号）である。この置文の第三条に「一、上人御自筆御理書并　迎接曼陀羅可レ成二信心一事、」とあり、直実は源空自筆の「御理書」と「迎接曼陀羅」を信心するように記している。ところが『大日本古文書』はこの直実置文を室町時代の偽文書として扱っているのである。前出の五月二日付書状の中でも迎接曼荼羅について触れているが、直実の信仰の特色の一つにこの迎接曼荼羅があげられる。

直実の子孫には、源空が描いたという上品上生の迎接曼荼羅が伝えられている。『熊谷家文書』所収の元徳三年（一三三一）三月五日付熊谷直勝譲状（第三二号）によると、熊谷家に伝来する迎接曼荼羅は、「不可思議之大願」を興した直実が何度も「不思議之奇瑞」を感得したことを聞いた源空が、みずから観想した上品上生時の弥陀の来迎を図画したものであることがわかる。さらに、文禄二年（一五九三）四月二十八日付熊谷信直書状（第一七二号）にも、直実の遺物として源空の名号などとともに迎接曼荼羅が見られる。さきの直実置文にある迎接曼荼羅も、おそらくこの源空が描いた曼荼羅を指すのであろう。

しかし、直勝譲状によると、源空は既に三昧を発得しているが、宗史の上で源空が三昧発得するようになるのは建久九年とされている。また、直実が不可思議の大願を興したのち、不思議な奇瑞を感じたというのも、元久元年（一二〇四）の上品上生往生の立願とそれ以後の夢想などの奇瑞と思われ、真偽はともかく、源空が曼荼羅を描いたのは元久元年以降のことになる。となると、建久六年に直実が源空の描いた迎接曼荼羅を所持していたことはありえず、やはり、さきの直実置文は偽文書といわざるをえない。

では、直実は実際に源空より自筆で描いた曼荼羅を授かったのであろうか。直実は往生を遂げる際、この迎接曼荼羅と思われるものを懸けている。『法然上人伝記』（巻第四下、以下『九巻伝』と略す）には「来迎の弥陀の三尊、無数の化仏菩薩を、上人の意巧にてかゝせられて」とあり、『四十八巻伝』にも「上人弥陀来迎の三尊、化仏菩薩の形像を、一補に図絵せられて」とある。そして、両書ともに、源空が秘蔵していたものを武蔵国に下向する直実に授けたというのである。また、清凉寺には、この曼荼羅について書かれた「迎接曼荼羅由来記」が所蔵されている。それによると、直実が上品上生の往生を遂げた夢を見たとの報告が鎌倉・筑紫・京の各地から源空と直実に入り、その後も国々から同様の知らせが続き、源空も直実の往生に際しての来迎の夢を見て、その様相を詳しく描き、これを本尊として念仏を申すようにと直実に送ったのであった。五年後、直実は臨終の時、この本尊を懸け、西に向かって端座合掌して往生を遂げたというのである。

五月二日付書状における源空の迎接曼荼羅についての返答から考えれば、常識では源空がみずから弥陀の来迎図を描いて授けたとは思われない。しかし、『九巻伝』・『四十八巻伝』の臨終の記事、「迎接曼荼羅由来記」の記載、そして、直実の子孫に曼荼羅が伝来していることを考えると、直実が迎接曼荼羅と深く関わりがあったことは確かなことであり、それも入門直後に源空に質問していることから、かなり早い時期より関心があったものと思われる。逆に、曼荼羅に対する信仰が熱心であったからこそ、このような伝説ともいうべき形で後世に残っていたのではなかろうか。いずれにしても、直実が迎接曼荼羅に関心があったこと、子孫に伝源空作の曼荼羅が伝えられていったことは事実であろう。

三、直実と津戸為守

熊谷に帰郷した建久六年（一一九五）より、鳥羽において上品上生往生を立願した元久元年（一二〇四）五月までの約九年間の直実の行動はほとんど不明である。真偽は明らかでないが、『粟生光明寺絵縁起』によると、直実は建久七年二月に吉水に帰参し、同九年三月に西郊粟生野に移り住んでいる。また、『九巻伝』や『四十八巻伝』に伝えられているところの、源空に扈従して九条兼実邸に赴いた時に、談義の声が聞こえないのを残念に思い、「穢土ほど口惜しい所はない。極楽にはこのような差別はないであろう。」と申して、堂上に伺候することを許されたという兼実邸における話は、『正源名義抄』によると建久八年春のこととされている。さらに、『九巻伝』・『四十八巻伝』

（第四五巻）によると、禅勝房が熊谷郷に直実を訪ね、念仏往生の教えを学び、直実の紹介で吉水入門を果たしているが、禅勝房は正嘉二年（一二五八）に八十五歳で没しており、二十九歳の時、専修念仏に入信したということであるから、直実を訪ねたのは建仁二年（一二〇二）のことになる。この建久六年より元久元年までの間、はたして直実が京（吉水・粟生野）あるいは武蔵国熊谷のいずれに住していたかは明らかではないが、おそらく、両地を往来していたのではないだろうか。

では、当時の直実の行動についてもう少し考えてみたい。直実と同様に、やはり武蔵国の武士である津戸三郎為守に宛てられた源空の書状が数通伝わっているが、その中の九月二十八日付書状（『拾遺語灯録』巻中、『九巻伝』巻第三上、『四十八巻伝』第二八巻）には次のようにある。

（上略）さても専修念仏の人は、よにありかたき事にて候に、その一国に三十余人まで候らんこそ、まめやかにあはれに候へ。京辺なんとのつねにき丶ならひ、かたはらをも見ならひ候ひぬへきところにて候たにも、おもひきりて専修念仏をする人は、ありかたき事にてこそ候に、道綽禅師の、平州と申候ところにこそ、一向念仏の地にては候に、専修念仏三十余人は、よにありかたくおほへ候。ひとへに御ちから、又くまかやの入道なんとのはからひにてこそ候なれ。それも時のいたりて往生すへき人のおほく候へきゆへにこそ候なれ、（下略）

これによると、源空は、武蔵国に三十余人もの専修念仏者がいること、それも京周辺にいて直接教えを受けることがなくても熱心に念仏することを大変喜んでいる。そして、これはひとえに津戸為守の尽力であり、また、直実らのはからいによるものであると記している。

前掲の書状から、直実が津戸為守と互に連絡し、協力して専修念仏の教えを弘めていたことが窺える。また、彼らのみにとどまらず、源空に帰依する東国の武士の間には、同様に相互の連絡・協力があったことも想起されるのである。さきの禅勝房の例も合わせて考えると、直実は東国における専修念仏弘通に大いに貢献していたことがわかる。さらに、京と武蔵とを往来することにより、両地の専修念仏の様子をそれぞれに伝えたことも考えられ、当時の源空教団において、直実の果たした役割は大きかったのではなかろうか。

四、上品上生往生の立願

元久元年（一二〇四）五月十三日、直実は鳥羽において上品上生往生を立願している。清凉寺所蔵の直実自筆誓願文にその旨が記されている。この誓願文は五紙一巻からなる「蓮生法師誓願状」の初めの四紙であるが（第五紙目は元久三年十月一日夜の夢記）、『四十八巻伝』にも所収されている。鳥羽の某所の上品上生来迎の阿弥陀如来像の前で直実は発願しているが、極楽往生の教えを源空より聞いて、今年で十一年になるという。つまり、建久四年（一一九三）の吉水入門以来、専修念仏の道を励み、ようやくここに至って、上品上生往生の願をおこしたわけである。次にその誓願の概要を記す。

まず、上品上生往生を願う理由があげられている。還来して一切の有縁は勿論、無縁の衆生まですべてのものを救って、浄土に迎えることができるのが上品上生であり、もし、それが不可能ならば、他の八品には生まれたくないというのである。そして、このような願をおこした自分に、もしも阿弥陀如来が来迎しなければ、弥陀の本願、浄土三部経の文、善導の釈は皆破れ、弥陀・釈迦・善導は皆、妄語の罪を犯したことになると述べ、かえって、この発願は良い僻事であろうといい、これを疑わぬ心が三心具足であり、ここに決定心をおこし、悟りが開けたとまで断言し、所願のとおりに弥陀の来迎を得て、上品上生に生まれることに、ますます確信を深めている。さらに、後半の部分では、善導・源信・珍海等の夢の例をあげ、自分にも立願以後に何度も上品上生往生を示す夢想があり、これによって確信が決定的になったというのである。以上が誓願文の要旨である。

この誓願文で目につくのは、前半にあげられている経文・釈文である。殆んどが専修念仏の教義の中心となる要文ばかりである。次に順にあげる（仮名は漢字に改めた）。

○天台の御釈に下之八品不可来生（智顗『維摩経広疏』）
○弥陀の願成就の文（『無量寿経』四十八願）
○釈迦の観無量寿経の十悪の一念の往生、次に五逆の十念往生
○阿弥陀経の若し一日、若し七日の念仏往生と、又六方恒沙の諸〻の仏の証誠
○善導和尚の下至十声一声等定得往生の釈（『往生礼讃』）
○観経の上品上生の三心具足の往生
○善導の釈の具足三心必得往生や、若少一心即不得生、又専修の者ハ千ハ千ながらの釈（『往生礼讃』）
○光明遍照十方世界の文（『観無量寿経』）
○此界一人念仏名の文（法照『浄土五会念仏略法事儀讃』）

直実が以上の要文を列挙したのは、ひとえに上品上生を願う一心からであり、何が何でも生まれたい気持が高まって、あげくのはてには弥陀・釈迦・善導を妄語の罪にきせようとするほどになったわけで、裏返せば、それだけ熱心に仏を信じ、これらの経論を信じていたことになる。『四十八巻伝』にも「行住坐臥不背西方の文」を深く信じて、

関東下向の時、西に背を向けないために、わざと逆に馬に乗ったという記載がある。事実か否かはともかく、直実の信仰の特色がよくあらわれている話といえる。

ところで、直実はここに引用した要文を、いかにして知り得たのであろうか。無智の者の筆頭にあげられる直実が、独自に選出したというよりも、むしろ源空より教示されたと考えるのが妥当であろう。前出の五月二日付書状では「たんねんぶつのもんかきてまいらせ候。ごらん候べし。」とあり、源空は「但念仏の文」を書いて直実に送ったことを知らせていた。さきに列挙した要文の多くは、おそらくこの書に記されていたと思われ、後世、直実の子孫に迎接曼荼羅とともに伝わった「上人御自筆御理書」（真実置文）あるいは「上人御自筆正教之御書」（直勝譲状）と称されるものも、この「但念仏の文」を指すのであろう。また、さきの津戸為守宛源空書状にも、「又要文の事、書てまいらせ候べし。」とあり、要文を書き送ることを源空は約束している。

これらは、北条政子に送られたといわれる「浄土宗略抄」（『和語灯録』）と同様に、専修念仏の初心者に対して、基本となる要文およびその教えを記したもので、伊豆山の源延に書き送ったという「浄土宗略要文」（『漢語灯録』）に比べて簡易な書であったと想定される。おそらく源空は、釈迦の対機説法のように相手に応じて、専修念仏の教本ともいうべき「但念仏の文」・「浄土宗略抄」・「浄土宗略要文」等を授けたのであろう。直実に与えられたこの「但念仏の文」が、頼朝の前で「厭離穢土・欣求浄土」の旨趣を談じたことにつながり、上品上生往生の立願へと続いていったといえる。

さて、何故こうまで直実が上品上生往生を望んだかであるが、それは直実の経歴に関わっている。元武将である直実は、戦乱の中でいやおうなく殺生という悪業を積み重ねた自分が、極楽往生とは無縁と思っていたにもかかわらず、誰でも往生できる称名念仏にめぐりあい、ひとえに帰依するに至ったのである。極楽往生できることだけに満足すべきところを、執拗なまでに上品上生を願うのは、以前の自分のごとく悪業を積み重ねているすべての人々を救いたいという、直実の単純というか、素朴というか、そうした実に純粋なる気持が高まって、このような上品上生往生の立願にまで至ったものと思われる。また、夢想の記事をも含めて、この誓願文を記す時点における直実の熱烈な信仰心と、その信仰に対する自信が窺えるが、換言すれば、この時期の直実は、いつ往生してもよいという覚悟ができていたように感ぜられるのである。

五、四月三日付書状と往生の予告

誓願文から窺える直実は、ひとえに往生を待つだけの身であったといっても過言ではなかろう。この立願以降、様々の奇瑞を感得するようになった直実は、ついに建永元年（一二〇六）八月、翌年二月八日に往生を遂げることを予告したのである。

直実が往生を予告したことは、『九巻伝』、『四十八巻伝』に見える。両書ともほぼ同様の内容である。直実は武蔵国村岡（大里郡、直実の所領の西堺となっていた地である）の市に立札を立て、予告往生の旨を世間に知らせたのであるが、その二月八日には弥陀如来の御告で往生を九月四日に延引することになり、群衆のあざけりを買う結果になってしまった。しかし、九月四日、直実は源空作の来迎図を懸け、端座合掌し、高声念仏熾盛にして、口より光を放ち、念仏とともに息絶えたのである。

以上が『九巻伝』、『四十八巻伝』に見える直実の往生の様子である。「迎接曼荼羅由来記」に同様な記述があるだけで、その真偽は定かではない。しかし、直実の奇瑞感得や予告往生を示していると思われる書状がある。清涼寺所蔵の四月三日付の直実宛証空自筆書状である。

『拾遺語灯録』は、この書状のうち冒頭の「一字ともかへしまいらせ候ぬ。御ふミ又候めり。」の二十字を欠いたものを源空書状とし、「ある時の御返事」と題して前出の五月二日付書状に続けて所収しており、末尾に「わたくしにいはく、これは熊谷入道念仏してやう〳〵の現瑞を感じたりけるを、上人へ申あげたりける時の御返事なり」と注記している。しかし、この書状についてはすでに斎木一馬先生が指摘されたとおり、証空が源空の意を受けて代書して直実に送った書状である。

この書状は、直実が源空から何らかの戒飭・勘責を受けたために二字（名簿）と御ふミ（怠状）を進め、その悔過・反省が認められ、これらを返却されたもので、また、直実が様々の奇瑞の感得を源空に報告した時の答信でもある。内容は、直実が申してきたような奇瑞を感じたことはめでたいことであり、往生するのにはすぐれたことと思われる。死期を知って往生する人々、つまり往生を予告する人は直実に限らず多くいるが、この様に人々を驚かすことは末代にはよもやあるまい。昔も道綽だけである。しかし、仏道には魔事という恐ろしいことがあるから、くれぐれも用心すべきであり、よくよく自重して仏にも祈るべきであると、証空は直実をたたえるとともに戒めてもいる。ここでいう人々を驚かすほどの奇瑞とは、元久元年五月の立願以後、直実が何度か往生決定の夢想を得たこと、他人もまた同様の夢想を得て直実や源空に報告したことを指していると思われる。

ところで、『円光大師行状画図翼賛』によると、この四月三日付書状は「一説ニ建永二年正月一日ノ御返報ナリ真如堂十夜縁起ニ見ユト」とある。そこで、次に『真如堂縁起』所載の建永二年（一二〇七）正月朔日付の直実宛源空書状をとりあげ、四月三日付書状との関連について考えてみたい。

この建永二年正月朔日付書状は『真如堂縁起』の他に、『蜷川家文書』（一）（『大日本古文書』家わけ第二一）には大永六年（一五二六）に清浄華院の称念が書写した源空自筆の書状の案文が収載されており、また、清浄華院にも現在書状の写があるが、真偽について明らかにされていないのが現状である（この書状についての検討は別の機会に譲ることにしたい）。内容は、浄土宗の肝心は人に区別なく誰でも念仏を申せば往生できると心得ることであり、悪人でも南無阿弥陀仏と称えれば一念でも決定往生を遂げられるが、これ以外のことに心を移すと往生しそこなうことになると、直実の質問に答えている。次に、直実の腹悪しきことが京にも御所にも知れ渡っているので、是非直すようにと戒め、腹悪しくとも決定往生を遂げられるが、念仏が不十分であるといって、他人を縛り叩くことは経釈には見えない。早く腹悪しきことを直した旨を便りで知らせるように命じている。また、源智に書き授けた金色の名号を直実が無理遣り奪ったことにふれ、これも腹悪しきことから起こったのであり、直実には新たに名号を書き送ったから、金色の名号は源智に早く返すようにと言い、くれぐれも短気になるべきではないと諭している。

この書状に見られるところの直実の腹悪しきこと、つまり念仏が十分でないといって人を縛り叩くような短気で怒りっぽい性格は、『四十八巻伝』でも窺い知れる。

しかれとも其性たけくして、なを犯人をは、或は馬船をかづけ、或はほだしをうち、或はしばり、或は筒をかけなどして、いましめをきけり。よに心えぬわざにてぞありける。

正月朔日付書状や『四十八巻伝』に見えるような直実の気性から生じた行為が[4]、源空に戒飭・勘責され、その結果、直実は名簿と詫び状を送って源空の許しを乞うことになり、その返信が前記の四月三日付書状になったことは十分に考えられる。また、両通の内容から判断すると、直実の往生も間近いように思われ、『九巻伝』、『四十八巻伝』記載の往生の予告とも関連しているようである。とすれば、四月三日付書状は建永二年、すなわち承元元年（十月改元）のものと考えられ、予告往生を延引した二月八日より約二月後に出された書状といえる。源空はこの年の二月に配流されており、そのような事情から、証空が師の意を奉じて代書したことも考えられる。ただし、これはあくまでも建永二年正月朔日付書状、『四十八巻伝』等の記載を信用した上での推察にすぎない。

しかし、『西方指南抄』、『和語灯録』所収の九月十六日付の直実宛源空書状でも、源空が直実に往生の心構を説いていることから、前出の四月三日付書状、正月朔日付書状と同様に、直実の往生が近いことが窺えるのである（おそらく往生の予告をした建永元年、あるいは、往生を延期した承元元年のいずれかの書状と思われる）。これらの書状の内容から考えて、『九巻伝』や『四十八巻伝』に見られるように直実が往生を予告したことは、事実と判断して間違いないと思われる。

ところで、直実の予告往生と奇瑞感得の風聞は世間にも知れ渡っていたはずであり、殊に専修念仏の同法が注目していたことは想像するに難くない。興善寺所蔵の正行房宛源空書状断簡には、「又くまがへの入道のこと、くはしく申つかはして候。まことにありがたく、あさましくおぼへ候。」とあり、源空は直実の奇瑞感得の報告と思われることを正行房に書き送っているのである。また、『四十八巻伝』には、真偽のほどは明らかでないが、四月一日付の源空宛九条兼実書状が載せられている。

蓮生が往生うたがひあるまじきよし、或は仏の告をかうぶり、或は不思議の奇瑞どもの侍けるを上人に申入ける事、かくれなかりければ、月輪の禅定殿下、きこしめされて、上人に尋申されける御文云、

熊谷の入道、往生をとげずといへども、不思議の奇瑞等、ひとつにあらざるよし、天下にあまねくかたらひうた

ふ事もし実ならば、最前に告仰らるべきところに、今まで無音候尤不審也。（中略）来六七日のあひだ、かならず見参をとげむとおもふ。中合へき事等ある故也。（下略）

冒頭に「熊谷の入道、往生をとげずといへども」とあり、これが直実の予告往生延期を指しているとすれば、この書状は承元元年四月一日のものと思われる。ところが、兼実は同月五日に死没しており、わずか四日前にこのような書状を送ったとなると、少々疑わしいし、さらに、この時源空は配流中の身であり、兼実が「来六七日のあひだ、かならず見参をとげむとおもふ。」と述べていることもいぶかしく感ぜられる。あえて推察すれば、病身の兼実も自分の死期が間近いことを感じていた折、直実の不思議な奇瑞や予告往生の話を耳にして、非常に興味を抱き、源空にこのような書状を送ったという具合に考えられる。しかし、兼実が単に直実の決定往定と奇瑞感得について述べているとも考えられ、直実の上品上生往生立願後である元久二年か建永元年の書状とも思われる。いずれにせよ、奈良の正行房、京の兼実をはじめとして、多くの人々が直実の一連の行動に注目していたことは間違いないことであろう。

さて、『九巻伝』および『四十八巻伝』では、直実は承元元年九月四日に武蔵国で往生を遂げたとしているが、『吾妻鏡』は翌承元二年九月十四日に東山で往生という日時・場所を異にした記事を載せている。九月三日条に、

（上略）熊谷小次郎直家上洛。是父入道来十四日於二東山麓一可レ執レ終之由。示下之間。為レ見二訪之一云々。（下略）

とあり、直実の子息直家が父の臨終を見届けるために上洛している。また、十月二十一日条には、京より帰った東平太重胤が九月十四日の直実往生の様子を報告した記載がある。日時については誤りということも考えられるが、東山および直家上洛の記述は重視すべきであり、『九巻伝』・『四十八巻伝』と『吾妻鏡』のいずれが正しいかは一概に判断しがたい。殊に両者とも後年に編纂されたものだけに、それぞれ典拠とした史料が違っていることも考えられる。

元久元年十一月八日に『七箇条制誡』に署名したのを最後に、京都周辺での直実の行動は不明になるが、『粟生光明寺絵縁起』によると、翌年の夏、粟生野の庵を幸阿に附属して武蔵国に帰っている。そして、建永二年正月朔日付書状の冒頭には「ハルカノ程、ワザトヒトヲ上給候。ヨロコビ入候。」とあり、文中にも「京ト国ト程トヲク候程ニ、」とあることから、この書状は武蔵国へ出されたようである。また、前記の書状と同年のものと思われる四月三日付書状にも「いつか御のぼり候べき。かまへて〳〵のぼらせおハしませかし。」とあり、証空は直実の上京を期待しているのである。そして、『九巻伝』・『四十八巻伝』はこの年の九月四日に往生を遂げたとしている。承元元年四月に直実が武蔵国にいたことは確かであるが、その後上洛して、翌年の九月に往生したことも考えられる。しかし、前出の書状の記述からすると、日時はともかく、武蔵国で往生を遂げた可能性は大きいのではなかろうか。往生の日時・場所に問題は残るが、往生を予告して、それを成し遂げたことは間違いない事実と思われる。

むすび

以上、吉水入門後の直実について、直実宛書状や源空の伝記等を中心に述べてきた。建久四年、源空の門に入った直実は次第に念仏の教えに深く傾倒し、元久元年五月、鳥羽において上品上生往生を立願するに至った。そして、これより以降、様々の奇瑞を感得するようになり、決定往生の自信を一層深め、ついに建永元年八月、直実は翌年二月八日に往生を遂げることを予告したのである。上品上生往生の立願において、阿弥陀如来や善導をも妄語の罪にきせようとするほど強烈な発願をした直実の場合、やはり武士の出身ということが大きく左右しており、また、強情で短気な面を持つ激しい性格もあいまって、こうした狂気ともいえる信仰が表面に打出ていったのであろう。そして、その信仰は予告往生で実を結んだといえよう。

註

（1）阿川文正先生稿「熊谷蓮生房の浄土信仰」（『仏教論叢』九）。
近藤喜博博士稿「法然上人の書状と熊谷蓮生坊—清凉寺文書を中心に—」（『月刊文化財』一〇）。

赤松俊秀博士稿「熊谷直実の上品上生往生立願について」（『続鎌倉仏教の研究』）。

斎木一馬先生稿「清凉寺所蔵の源空自筆書状について」（『高僧伝の研究』）。

同「清凉寺所蔵熊谷入道宛証空自筆書状について」（『仏教史研究』七）。

同「興善寺所蔵の源空・証空書状覚え書」（『藤原弘道先生古稀記念史学仏教学論集』）。

松井輝昭氏稿「熊谷直実の救済の論理と法然教—伝承のはざまにて—」（広島史学研究会編『史学研究五十周年記念論叢—日本編—』）。
（2）拙稿「熊谷直実の吉水入門をめぐって」（『日本仏教史学』一五）参照。
（3）阿川先生は疑問が初歩的なこと、源空の化身善導観より建久四、五年と考察されている。
（4）斎木先生はこれらの不法な行動が『七箇条制誡』に反したことを指摘されている。

Ⅲ　熊谷直実宛源空書状について

福田行慈

源空が熊谷直実に宛てた書状は、現在まで四通が伝わっている。清涼寺所蔵の五月二日付（源空自筆）、『西方指南抄』・『黒谷上人語灯録』（『和語灯録』）所載の九月十六日付、『真如堂縁起』所載の建永二年正月朔日付、そして、証空が源空の意を受けて代書した清涼寺所蔵の四月三日付（証空自筆）の四通である。これらの書状は直実の念仏信仰は勿論、当時の専修念仏教団の様相を窺う上でも欠くことのできない史料である。ここでは先学の研究(1)をふまえて、これらの書状の年代および背景等について述べてみたい。

一、五月二日付書状

この清涼寺所蔵の書状は、源空自筆のものとして『黒谷上人語灯録』（『拾遺語灯録』巻下）に所収されており、『法然上人行状画図』（第二七巻、以下『四十八巻伝』と略す）にも載せられていたが、久しく真偽については明らかではなかった。しかし、興善寺文書の発見により真蹟と認められ、重要文化財に指定されるに至った。

さて、この書状の主な内容であるが、念仏の行は阿弥陀如来の本願の行であり、持戒・誦経・誦呪・理観等の行は非本願の行であるから、極楽往生を願う人は必ず念仏を勤めた上に、もし異行をも念仏に加えて行なおうとするならば、そのように勤めてもよいと述べ、本願の念仏だけでも往生できるが、念仏を勤めずして異行だけを行なって極楽往生を願う人は往生できないと善導も言っており、但念仏こそが決定往生の正定業であり、善導は阿弥陀仏の化身であるから、それは確かな事実であると説いている。また、直実が質問したところの女犯（不婬戒）・公達の勘当（不瞋戒）等の持戒の行は非本願の行であるから、自分のできる範囲で守ればよいし、孝養の行や銅の阿字・錫杖も非本願の行であり、勤めても勤めなくてもかまわないであろう。また、迎接曼荼羅は大切であるが、その供養も念仏の二次的な行であるとし、ただ念仏を日に三万もしくは五万・六万一心に申すことが決定往生の行であり、諸行は念仏に暇があれば行なうものである。六方返の念仏を一心に申せば、その他に何をする必要があろうか。一心に三万・五万の念仏を申せば、少々戒行を破っても往生の得不はそれによることはないと源空は答えているのである。

『四十八巻伝』では元久元年（一二〇四）五月十三日付の誓願文引載のあとに「下国の後不審なる事ともを、状をもてたづね申ければ、上人の御返事云、」と記し、続けてこの書状を載せており、建久四年（一一九三）の吉水入門[2]より十二年目以後の書状として扱っているようである。しかし、この頃の直実は、先の元久元年に記した誓願文の内容から考えてもすでに専修念仏の教義にはかなり通じていたはずである。まして、吉水入門二年後の建久六年八月には、直実は鎌倉に下り、頼朝の御前で厭離穢土・欣求浄土の旨趣を談じているほどである[3]。それに比して五月二日付書状は、その冒頭で源空が直実に専修念仏義の要文と思われる「但念仏の文」[4]を書いて送った旨を知らせていること、また、この書状から推測される直実が源空に尋ねた疑問のほとんどが初歩的なものであることなどより、吉水入門直後の建久四、五年の書状であると推定できる[5]。

ところで、この書状の末尾で、孝養の行は本願の行ではないが、八十九歳になられたから、必ず今年などを往生の年として待ち、臨終を見届けるように源空は述べている。八十九歳というのは従来言われているように直実の母親（成木大夫女）のことと思われるが、『諸家系図纂』によると、直実は永治元年（一一四一）生まれで承元二年（一二〇八）に六十八歳で没しており[6]、この建久四、五年の時は五十三、四歳であるから、母親三十五、六歳の時の子になる。一方、父親の直貞は直実二歳の康治元年（一一四二）に十七歳で没していることから、十五歳の時の子である。父十五歳、母三十五歳と両親の年齢に二十歳の差があるが、必ずしも否定する根拠とはならない。しかし、書状中に見られる八十九歳というのは実母でなく、養母あるいは乳母という考え方もできよう。

二、四月三日付書状

この書状も清凉寺所蔵のものであるが、冒頭の二十字を欠いたものが源空書状として『拾遺語灯録』・『四十八巻伝』に収められていて、その真偽は不明であったが、前記の五月二日付源空書状と同様に、証空の真蹟と断定されたのである。

『拾遺語灯録』はこの書状を「ある時の御返事」として、先の五月二日付書状に続けて源空書状として所収しており、末尾には「わたくしにいはく、これは熊谷入道念仏してやう〳〵の現瑞を感じたりけるを、上人へ申あげたりける時の御返事なり」と註記がある。しかし、この書状についてはすでに斎木一馬先生が指摘された通り、証空が源空の意を受けて代書して直実に送った書状である。

この書状は、直実が源空から何らかの戒飭・勘責を受けたために二字（名簿）と御ふミ（怠状）を進め、その悔過・反省が認められ、これらを返却されたもので、また、直実が様々の奇瑞の感得を源空に報告した時の答信でもある。内容は、直実が申してきたような奇瑞を感じたことはめでたいことであり、往生するのにはすぐれたことと思われる。死期を知って往生する人々は直実に限らず多くいるが、この様に人々を驚かすことは末代にはよもやあるまい。昔も道綽だけである。しかし、仏道には魔事という恐ろしいことがあるから、くれぐれも用心すべきであり、よくよく自重して仏にも祈るべきであると、直実をたたえるとともに戒めてもいる。

この書状の年代を推定する手懸としては、直実が何らかの理由で源空より戒飭・勘責を受けたこと、人々を驚かすほどの奇瑞を感得したことの二点があげられよう。ところで、『円光大師行状画図翼賛』によると、この四月三日付書状は「一説ニ建永二年正月一日ノ御返報ナリ（真如堂十夜縁起ニ見ユ）ト」とある。そこで、次に『真如堂縁起』所載の建永二年正月朔日付書状をとりあげ、四月三日付書状との関連について考えてみたい。

三、建永二年正月朔日付書状

この書状は『真如堂縁起』の他に『蜷川家文書』[7]（一）に見られ、清浄華院にも書状の写があるが、真偽について明らかにされていないのが現状である。内容は、浄土宗の肝心は人に区別なく誰でも念仏を申せば往生できると心得ることであり、悪人でも南無阿弥陀仏と称えれば、一念でも決定往生を遂げられるが、これ以外のことに心を移すと往生しそこなうことになると、直実の質問に答えている。次に、直実の腹悪しきことが京にも御所にも知れ渡っているので、是非直すようにと戒め、腹悪しくとも決定往生を遂げられるが、念仏が不十分であるといって、他人を縛り叩くことは経釈には見えない。早く腹悪しきことを直した旨を便りで知らせるように命じている。また、源智に書き授けた金色の名号を直実が無理遣り奪ったことにふれ、これも腹悪しきことから起こったのであり、直実には新たに名号を書き送ったから、金色の名号は源智に早く返すようにと言い、くれぐれも短気になるべきではないと諭している。

この書状に見られるところの直実の腹悪しきこと、つまり念仏が十分でないといって人を縛り叩くような短気で怒りっぽい性格、そして、源智に書き与えた金色の名号を奪い取ったことなどによって[8]、源空に戒飭・勘責され、その結果、直実が名簿と侘び状を送って源空の許しを乞うことになり、その返信が前記の四月三日付書状になったことは十分に考えられる。

また、人々を驚かすほどの奇瑞というのは、元久元年五月十三日の上品上生往生立願以後、直実が何度か往生決定の夢想を得たこと、他人もまた同様の夢想を得て、直実および源空に報告したことを指しているようであるが[9]、この両通の内容から判断すると、直実の往生も間近いように思われる。『四十八巻伝』によると、直実は建永元年（一二〇六）八月に翌年二月八日の往生を予告するものの、その日には往生できず[10]、延引した九月四日に往生を遂げている[11]。

以上のように、『真如堂縁起』所載の書状、『四十八巻伝』の記事に信を置けば、四月三日付書状は建永二年、つまり承元元年のものと推定できる。源空はこの年の二月に配流されており、そのような事情から、証空が師の意を奉じて代書したことも考えられる。

四、九月十六日付書状

この書状は『西方指南抄』および『和語灯録』に所収されている。内容は、必ず往生しようと決心すべきであると述べ、念仏を怠らず決定往生する気持を保つよう注意している。前出の四月三日付書状、正月朔日付書状と同様、ここにもやはり直実の決定往生に対する源空の返事が書かれている。奇瑞を感得し始めたと思われる元久元年以降のものと考えられるが、殊に往生の予告をした建永元年、あるいは往生を延期した承元元年のいずれかに推定できる。

註

（1）阿川文正先生稿「熊谷蓮生房の浄土信仰」（『仏教論叢』九）、近藤喜博博士稿「法然上人の書状と熊谷蓮生坊―清凉寺文書を中心に―」（『月刊文化財』一〇）、赤松俊秀博士稿「熊谷直実の上品上生往生立願について」（『続鎌倉仏教の研究』）、斎木一馬先生稿「清凉寺所蔵の源空自筆書状について」（『高僧伝の研究』）、同「清凉寺所蔵熊谷入道宛証空自筆書状について」（『仏教史研究』七）、同「興善寺所蔵の源空・証空書状覚え書」（『藤原弘道先生古稀記念史学仏教学論集』）。

（2）拙稿「熊谷直実の吉水入門をめぐって」（『日本仏教史学』一五）参照。

（3）『吾妻鏡』。

（4）拙稿「熊谷直実自筆誓願文について」（本誌三〇―一）参照。

（5）阿川先生は疑問が初歩的なこと、源空の化身善導観より建久四、五年と考察されている。

（6）『四十八巻伝』の記述から生年を割り出すと保延四年（一一三八）となり三年の相違がある。

（7）『大日本古文書』家わけ第二十一。

（8）斎木先生はこれらの不法な行動が『七箇条制誡』に反したことを指摘されている。
（9）清凉寺所蔵「熊谷直実自筆誓願文」、「同夢記」、「迎接曼荼羅由来記」。
（10）近藤博士はこの予告往生延引という直実の軽挙を誡めたものと考えられている。
（11）『吾妻鏡』では翌年の承元二年九月十四日に往生を遂げている。

Ⅳ
熊谷直実の救済の論理と法然教
――伝承のはざまにて

松井輝昭

はじめに

熊谷直実は古くから有名であり、その伝承は今日も畿内を中心にいろんなところに残されている。だが、直実の実像を語ってくれる確実な史料は極めて乏しく、直実論も多くのあいまいさを残したままである。ところで、直実に言及した研究の多くは遁世に関するものであるが、それは内乱後の鎌倉幕府体制に順応できず脱落したものの行動と位置づけるに止まる。(1) しかし、この説明では、直実がなぜ出家逐電したのか、なぜ法然のもとに出向き、そこで大きな安心を得ることができたのかなど、彼の遁世の本質に関わる問題については明らかにならない。なお、近年真筆と判定された京都清涼寺所蔵の「熊谷直実自筆置文」により、直実の上品上生往生立願が注目されるようになった。(2) それについても、東国武士の先駆けの精神と相通じるものがあるとされるが、(3) 法然との関係、(4) その思想史上の位置づけなどは等閑視されてきた。また、遁世後の直実の信仰の昂まりと法然との関係についても、その行実をふまえて検討されたことはない。小稿では、これらの問題を中心に考察を加え、熊谷直実像の一端を明らかにしたいと思う。

一、遁世への道程

『吾妻鏡』に従い、直実遁世の顛末を述べると次のようになる。一一九二年（建久三）一一月二五日の朝、直実は武蔵国熊谷・久下両郷の堺相論について叔父久下直光と将軍源頼朝の面前で一決を遂げるため出廷した。しかし、直実の答が要領を得ないために、頼朝は何度も尋問を重ねた。これに対して、直実は頼朝が自分に不信をもったのは、梶原景時が叔父直光に味方してすでにその道理を申し入れてあるからだと了解した。そのため直実は怒り、絶望し、証拠の文書類を頼朝の面前に投げ入れ、髻を切って逐電した。その後、一二月二九日の伊豆国走湯権現の専光坊の報告では、直実は上洛を思い止まり武蔵国に隠居したという。なお、近年この事件の推移を虚構とみなす論もある。(6)

しかし、直実のこの事件を機に幕府の訴訟業務は営中から問注所執事三善康信の家に移されたといわれているし、法然伝にも逐電の後「初めは伊豆国走湯山に参籠し」たとする伝承がある。(7) ゆえに、直実はまず走湯山に逐電・遁世したと認めることができよう。そして、『置文』によると、(8) 遅くとも一一九四年（建久五）以前に上洛し、法然の教えを聞くようになったことが知られる。この上洛は直実の第二の遁世といえる。

ところで、遁世の契機を示すものとして、『発心集』の次の一節が注目される。(9)

此等ニ弟子ト名付タル聖ソノ数侍レド。スヾロニ捨タル人ハナシ。（ア）或ハ主君ノカシコマリヲ蒙。（イ）或ハ世ノスキガタキ事ヲ愁へ。（ウ）或ハ悲キ妻ニヲクレ。（エ）或ハ司位(シイ)ニ付テ世ヲウラミナド。様々心ニカナハヌテ。其ヲ次(ツイテ)トシテノミコソ。世ヲ捨ル習ニテ侍レバ。其事ワスレナン後ハ。道心モイカヾトアヤウク侍ヲ。

（（ア）―（エ）は筆者による）

これは重源のことばとされるが、鎌倉初期には、深い道心よりも（ア）・（イ）・（エ）のごとき社会的要因を主たる契機とする遁世が多く見うけられたといってよい。つまり、「遁世の世界」が「様々心ニカナハヌ」人々の救いの場として門戸を開き、遁世が彼らの救済の論理として広く確立していたのである。直実の遁世もその一つに数えることができよう。そして、彼が鎌倉を逐電し伊豆国の走湯山に籠ったのも、そこがアジールであり[10]遁世の場であった[11]からである。

問題は、直実の最初の遁世が激しい発作的なものであった点にある。『吾妻鏡』では、これを鎌倉初期の東国武家社会の遁世に通有な「出家・逐電」をもって表す。この場合、「出家」とは、現世の諸関係・諸価値を放擲し、僧として仏に仕え、ひたすらに往生を期する身に生まれかわることをいう。しかも、それに「逐電」が伴ったのである。

まず、「逐電」の意味について考えよう。一一八九年（文治五）正月の御弓始のおり、頼朝から特別召し出された下河辺庄司行平に合役を拒否された修理進季長は、本座に帰らず逐電した[12]。また、一二〇六年（建永元）六月二一日に幕府の南庭で催された相撲大会の負方はその場に止まらず逐電したが、召し返されて禄物を賜わった[13]。このいずれの場合も、程度の差はあれ、恥辱を被ったためにその「場」を逃げだしたのである。そこには「恥」に対する強い自覚と、「場」の転換による「恥」の浄化・再生への衝動があったものと思う。それが彼らを「逐電」にかりたてたのである。だが、かような場合の「恥」の意識は比較的弱く、一時的な「逐電」で問題は解決された。

しかし、「恥」の意識やそれと表裏の絶望・苦悩が非常に強く自覚されたときには、「出家」・「逐電」という形態がとられた。熊野那智浦から補陀落往生を図ったとされる下河辺行秀は、下野国那須野の狩で頼朝から勢子の囲みの内の大鹿を射るように命じられたが、その矢をはずしてしまった。そして、大鹿が勢子の囲みの外に走り出たところを小山朝政が射取った。それで、行秀は「於二狩場一遂二出家一、逐電不レ知二行方一」になった[14]。また、大磯の遊女愛寿も、仲間からその美しさを妬まれ、一人将軍源頼家の恩喚に漏れたために、「忽遂二出家一」げ逐電した[15]。ここには我々の常識を越えた激しい「恥」の自覚、絶望がみられる。そして、この自覚が彼らを発作的ともいえる「出家」、行く先知れぬ「逐電」へと二重の生まれかわりにかりたてたと考えられる。なお、この「出家・逐電」という救済の論理は、多くは行秀法師の場合のように、後もどりを認めぬ激しいものと自覚されたと思う。むろん、その背景には、東国武士の運命観・宿世観の存在を予想せざるをえない。

彼らにとり、「運命」とは天地の掌るところ、天道の決断を仰ぐべきものと考えられた[16]。それゆえ、運が味方しなくなったとき、「宿運之極処歟、将又感二先世之業因一歟、悲哉[17]」と慨嘆するより仕方がなかった。そこで注目されるのが、「恥二天運一」・「恥レ運」・「可レ恥二業果一」という表現である[18]。この運命観に従えば、自己の運命を恥ずべきものと意識し、それは先世もしくは現世の所業の結果と考え、責任を自己に還元することになる。次にその「恥」の浄化が問題になる。畠山重忠は頼朝から謀反の企ありと疑われたとき、「可レ恥二業果一者、取二腰刀一欲二自戮一」したという[19]。また、かつて頼朝を殺そうとした伊東祐親もその頼朝から恩赦を受けるや、「称レ恥二前勘一」して忽ち自殺した[20]。これらは自己の命を断って運命の糸の連続性を切り、「恥」の浄化を図ったものと考えられる。先の「出家・逐電」も右の運命観に従った「恥」の浄化の一手段といえる。鎌倉初期の東国武士の場合、「恥」の意識が非常に強いものであっただけに、生まれかわりの努力・衝動も激しいものがあった。ゆえに、直実が救いを求めて上洛したとき、「手足をもきり命をもすてゝぞ、後生はたすからむずるとぞうけ給はらむずらん」といったという伝承[21]も故なしとしない。むしろそこに、直実の罪障観の異常な昂まりを認めるべきだろう。

ここに、直実の最初の遁世は発作的で「恥」の浄化的側面が多分にみられ、第二の遁世は罪障観の異常な昂まりによるものと位置づけることができる。

最初の遁世の契機は、先記のように、頼朝が直実に不信をもっていると直観した点にあった。なぜなら、直実にとり頼朝の存在は絶対であり、価値の源泉であったからである。直実は成人して以後も叔父直光の「イエ支配」から脱出することができず、また東国武家社会のきびしい層序的身分差別を身にかみしめなければならなかった[22]。その直実が、佐竹合戦の勲功により頼朝から本領熊谷郷を安堵され、一人前の武士、「頼朝の御家人」として立つことが公的に認められたのである[23]。このことにより、直実は今まで自分を縛ってきた久下氏の「イエ支配」から脱することができ、彼を本源的に苦しめてきた層序的身分差別をも和らげえた。以後の直実にとって、「頼朝の御家人」であるとの意識がすべてに優先した。一一八七年（文治三）八月の鶴岳八幡宮の放生会流鏑馬のとき、直実は「御家人者皆傍輩也、而射手者騎馬、的立役人者歩行也、既似レ分二勝劣一」といって的立役を拒否し、所領を召分けられることになった[24]。これは勇者としての直実の自信と誇り、それと表裏をなす非常に強い反差別意識のなせる業であったが、それも頼朝の意にそわなければかえって罪を招くものであり、この的立役事件によっても矛盾が露呈したといってよい。

なお、直実が「頼朝の御家人」としての思いを強くした要因は次の点にも求めることができよう。鎌倉初期の東国武士は、有力御家人や党などと「朋友」・「親昵」と称される運命共同体にも似た密接な交わりを結んだものが多い。武蔵国の児玉党は「親昵」であるからと源義仲の腹心樋口兼光の命乞をした[25]。また和田合戦のおり、その与力衆とされるものについて、「或為親戚、或為朋友、去春以来結党成群之輩」とされ[26]、合戦の後「義盛親昵伴党等」が捜索せられた。[27] ところが、直実にはかような「親昵」・「朋友」とされるものが知られていない。一方、叔父直光は梶原景時と親しい関係にあったと推測される。[28] 直実はこのことを熟知していた。それゆえ、いぶかしげに尋問を重ねる頼朝の背後に、直実は景時の影を感じ取ったのである。かくして、他に支える有力な仲間もなく、頼朝からも不信をもたれていると直観したとき、直実は自己の運命を恥じ絶望し、「出家・逐電」せざるをえなかったと考えられる。

次に第二の遁世であるが、直実を京へとかりたてたものは後生の救いであったという。その直接の契機となったのは、堺相論における狼藉の責めとして熊谷郷の残り全域が再び鶴岳八幡宮へ寄進されたことではないかと思う。これよりさき、的立役拒否のため熊谷郷が召分けられ同社に寄進されていたが、その支配は宮寺使が入部しての直納であり、「寄二事於神税一、地頭如レ無、而恐二別当権勢一、不レ達二愁訴一」る情況であったという。[29] また、新たに寄進された西熊谷郷も、年貢以下の種々の得分や恒例臨時の社役が課せられ、一二三二年（貞永元）八月に別当定豪と私的な請所契約が結ばれるまで、社家使の直接的な収奪をうけていた。[30] ゆえに、直実は命懸けで得た熊谷郷の本領安堵もここに自らの手で無に帰すことになり、身の置きどころを失ったものと考えられる。また、一一八九年（文治五）の奥州征討や一一九〇年（建久元）の頼朝上洛にも直実は参加した形跡がないが、それは一ノ谷合戦の高名に対して恩賞にあずからなかった不満のためとすれば、「頼朝の御家人」という意識の片隅で、早い時期からその矛盾が裂け目をみせていたといえる。以上のように、不運を積み重ね、すべてを無にした直実にとり、自己の運命を顧みるとき、そこには救いがたい宿世的な罪障の深さ重さが強く感じられるようになったものと思う。あるいは、敦盛の怨霊が大きな顔をのぞかせるようになったのかもしれない。その結果、直実は安居院流唱導の教線をたどり上京することになった。[31]

二、救いを求めての彷徨

法然のもとにたどりついたとき、直実は、宿業を絶ち、来世で救われることのみを必死に求めていたらしい。その彼に法然は次のように教えたと考えられる。但念仏（たんねんぶつ）すれば、一切の罪を滅して往生できる。念仏往生の誓願は、全く人を嫌うことがない。ただ生まれつきのまま念仏すればよい。また、罪障の重さを恐れる必要はない。日に三万五万の念仏をすれば上品往生も可能である。(32)この教えを耳にした直実は、次第に大きな安心を得ることができたものと思う。その後、一一九五年（建久六）八月に関東に帰るまで、(33)彼の行実は不明である。その間、法然に随逐して念仏往生の法を聞き、あるいは高野山などまでも足をのばしていたのかもしれない。

関東に帰った直実は、まず頼朝のもとに参じ許しを乞うた。その後武蔵国を中心に東国で熱心に専修念仏を説いた。津戸三郎も法然の弟子として知られるが、この二人のはからいで、武蔵国では三〇余人もの専修念仏者が生まれたという。(34)

この武蔵国の専修念仏者に関して、直実の没後数年にして成ったとされる『古事談』に、次のような興味深い記事がある。(35)法華経などを読みながら東国を修行していた僧が、双六で最後には自分の体まで懸けて負け、奥州にひかれて馬に替えられようとした。これを聞いた専修念仏の徒が寄りつどい、一五〇反もの織布を出しあってその僧を請出し、専修念仏者にしようとした。だが、この僧は「縦馬ノ直トナリテ、縄ツラツキテ奥ヘ罷向トモ、奉棄法花経、一向専修ニハ不可入トテ渧泣」したため、彼らは忽ち分散したという。これから知られることは、武蔵国の専修念仏の徒が、噂を聞いてすぐに寄り集い、まとまって事にあたることのできる密接な結びつきをもち、またその教えを受け入れる僧を積極的に求めていたことである。これは彼ら武蔵国の専修念仏の徒が、顕密の批判に答えうる僧を必要としたためであろうか。

ところで、彼らの結びつき・階層を考える場合に、法然が北条政子に宛てたとされる手紙の次の一節が注目される[36]。

同心ニ極楽ヲネガヒ、念仏ヲ申人オバ、卑賤ノ人ナリトモ、父母ノ慈悲ニオトラズオボシメシ候ベシ。今生ノ財宝ノトモシカラムニモ、力ヲクワヘタマフベシ。サリナガラモ、スコシモ念仏ニコ、ロヲカケ候ハムオバ、ス、メタマフベシ。コレ弥陀如来ノ御ミヤヅカヘトオボシメスベク候也。

津戸三郎宛の書状にも、これと同趣旨の教えがみられる。もし、法然のこの理念が武蔵国などで現実に移されたとすれば、直実や津戸三郎らが広めた専修念仏者を武士にのみ限定する必要は全くなく、その中に商人・農民・漁民なども包みこまれていた可能性がある。そして、彼らの結びつきは、きびしい層序的身分差別を否定した、信仰をともにする人々の平等で強い相互扶助的な性格をもつものであったと推察される。この点は、先の『古事談』の記事からもその一端をうかがい知ることができるであろう。

しかし、彼らの専修念仏の布教は決して順調なものではなく、法華経を読む僧に象徴されるように多くの困難を伴った。その困難が直実の信仰を規定することにもなった。

まず直実らの布教の壁となったのは、「クマガヘノ入道、ツノトノ三郎ハ無智ノモノナレバコソ、余行ヲセサセズ、念仏バカリオバ、法然房ハススメタレ」という[37]布教者の資質に由来する専修念仏への根源的疑問であった。換言すれば、それは有智者の直実や津戸三郎に対する激しい差別のことばでもあった。事実、彼らは布教者として十分な仏教の教義に関する知識を身につけていなかったために、その動揺は大きかったものと推測される。また、法然の直実宛の書状では、持戒・講経・誦呪・理観・阿字観・錫杖など有智者の顕密の行法が問題となっており、直実自身それらに強い関心を寄せざるをえない思想状況に置かれていたようである。中でも戒律と密教の行法にひかれたことが知られる(38)。これら顕密の壁、有智・無智の差別を克服して専修念仏を広めるためには、念仏が一切衆生を平等に救うための阿弥陀仏の本願の行であるというゆるぎない確信をもつことが必要であった。そのため、法然は書状で彼らにこのことをくりかえし教えた(39)。

しかし、直実はこれらの問題にかなり後々まで悩まされたようである。一二〇六年（元久三）一〇月二日の『夢記』(40)によると、念仏往生の法を論破しようとする四〇歳ばかりの僧に対して・蓮生（直実）が「往生こくらく（極楽）ハ、みた（弥陀）のほんくわん（本願）にしく事ハなし。たたみたのほんくわんをもんてすといふ。はなし（放）ての事ハなし」といい、更に「あまれほんくわんそ」と言詰めると、その僧は消え失せてしまったという。また、同夜の夢で、氏神御嶽権現の示験により直実の言様（いいよう）の正しさが確認され、安心を得たことが記されている。一二〇六年（元久三）といえば、直実が法然の教えを聞くようになって、すでに一二年以上の年月を経ていた。

次に、直実には、自らを有智者とすることにより、有智・無智の差別を克服しようとする強い志向性があったと考えられる。『置文』には、天台大師智顗や善導の釈文をはじめとして、観無量寿経・阿弥陀経、それに法華経の四安楽の行者に至る多くの知識が散りばめてあり、その一端を窺い知ることができる。これはまた、直実が専修念仏の布教者であろうとする限り、顕密の僧との論争に堪える知識が必要であったためでもあろう。その知識は、京や奈良、あるいは高野山などまでも足をのばし、寺を訪れ、僧や同信の人々と広く交わることにより得られたものであろう。

奈良興禅寺の阿弥如来像胎内には、直実の百万返念仏や結縁状が納められていた[41]。高野山にも直実が住まったとする伝承が残されており、重源が開いた新別所の蓮社友の一人に数えられた[42]。なお、『置文』には天台浄土教の色合いが強くみられることも注目される。

また、直実は上品上生往生を強く望み、激しい念仏の行により、まず現世において耳目を驚かすばかりの瑞相を示し、救済者としての信頼を確立するとともに、専修念仏に対する批判や差別を克服することを願った。『置文』にもその強い願望がみられるが、瑞相は現に出来した。法然と奈良の正行房との間で直実往生の瑞相が共通話題となっており[43]、証空の直実宛の書状にも次のようにある。

> しこ（死期）しりてわうさう（往生）する人〳〵ハ、にうたう（入道）殿にかきらすおほく候。かやうにしほく（耳目）を、とろかす事ハ、まつたい（末代）にハよも候はし。むかしもたうさくせんし（道綽禅師）はかりこそおハしまし候へ。返々申はかりなく候。

この瑞相とは何を指すのか不明であるが、あるいは直実が上品上生に往生する夢をみて方々より知らせてきたことをいうのかもしれない[45]。しかし、法然や証空は直実が魔事に溺れることを恐れた。

かように、直実は自らを専修念仏の布教者・救済者と位置づけ、常に目を外に向けていたために、顕密の壁、有智・無智の差別、身分の差別などとの葛藤を余儀なくされた。これは一面において新たな救いを求めての彷徨であり、その帰結が上品上生往生であった。

三、上品上生往生の欣求

『置文』によると、直実は、一二〇四年（元久元）五月一三日、鳥羽にある上品上生来迎の阿弥陀仏の前で次のような願を起こしたという。

> いっさいのうえん(有縁)のすしやう(衆生)一人ものこさすらいかう(来迎)せん。もし(若)ハむえん(無縁)まてニも思ひかけてとふらはん(訪)かために、たゝひとへに人のために蓮生上品上生ニうまれん。さらぬほとならハ下八品ニハうまるまし。

つまり、上品上生に往生し、仏となり、下生して絶対者の立場から有縁・無縁の衆生を広くあますことなく救わんとする願である。なお、これ以前にも「上品上生ニうまるへしといふゆめ(夢)な〇(乍)らニたひ〳〵(度々)みたり。そハ(傍)の人もみてつけ(告)たり」というから、直実の上品上生往生の願望は早い時期からみられたとも考えられる。直実のこの上品上生往生立願も、その当初は最高の位に往生したいという意識のみが先行していたかもしれない。だが、『置文』の段階になると、救済者としての意識が前面に押し出されてきた。また、「このくわん(願)ま事なるへくハ、りんしう(臨終)ニゆゝ(由由)しからん人〳〵しほく(耳目)をとろくはかりのすいさう(瑞相)をまつけん(現)して、もろ〳〵の人ニみた(弥陀)のほんくわん(本願)みうらやま(見羨)せ給へ」と立願した。これは専修念仏、特に直実の教えを受け入れようとしない「ゆゝしからん人〳〵」の差別に対する激しい怒りの表現とも読みとれる。ゆえに、直実の上品上生立願の背景には、かような身分差別克服の強い志向性があったといってよい。その一方で、「蓮生かあやまち(誤)にハいんさい(一切)のうえん(有縁)のともから(輩)すなハち(即)たちかへり(立帰)てむかへ(迎)ん」ともいう。ここには領主が一族郎党を極楽に救いとらんとするのと類同の意識が読みとれる。

ところで、『置文』では法然の存在が明らかにならない。一箇所だけ法然と思しき記述のみられるのは、「えしん（恵心）のそうつ（僧都）すら下品の上生をねかう（願）給へり。いかに（如何）いはんや、まつたい（末代）のしうしやう（衆生）上品上生する物（者）ハ一人もあらし、とひしり（聖）の御ハう（房）のおほせ（仰）事あるをきゝなから」という部分である。もし、この「ひしりの御ハう」が法然とすれば、直実は法然に逆らってまでも上品上生往生を望んだことになるが、この一節は必ずしも法然の思想と符合しない。しかし、『置文』ではまず天台大師智顗の釈文をとりあげ、「下至八品不可来生」というから、下化衆生するために絶対上品上生に往生したいと立願の根拠を明らかにする。

そして、次のような理由を示し立願成就の確信を深める。自分は観経の上品上生の要件である三心をすでに具足しており、また上品上生往生の決定心を起こし、その疑い・煩悩を断ち悟りをひらいている。善導や天台の釈によれば、かような人は上品上生に往生し、無生忍を悟り衆生の苦を抜くことができるという。更に、夢の示験で上品上生往生を確認しようとしたときも、その権威づけを善導・恵心・珍海や『法華経』の四安楽の行者の夢に求めている。かように、直実は『置文』の中で法然を意識的に避けているような感があり、またその行文には、天台浄土教の色合いが強いといえる。しかも、今日残された法然の直実宛書状には上品上生往生についてふれるところがなく、法然伝においても直実の上品上生往生立願は特異な位置を占める。そうすると、彼の上品上生往生信仰を育てた土壌を法然教ではなく天台浄土教に求めるべきであろうか。

だが、法然にも強い上品往生信仰のあったことはつとに知られ、『三部経大意』に次のような注目すべき記事がある(46)。

上古ヨリ已来、多下品ト云トモ可足ヌ一ナムト云テ上中品ヲ欣ハス、是ハ悪業ノ重ニ恐テ心ヲ上品ニカケサルナリ。若夫レ悪業ヨラハ惣シテ往生スヘカラス、願力ニヨリテ生セリ。何ソ上品ニス、マム事ヲ望ミカタシトセムヤ。惣テ弥陀ノ浄土ヲ儲給事ハ、願力ノ成就スル故也。然ラハ又念仏ノ衆生ノ正クハ生スヘキ国土也（中略）。上品ハ大乗ノ凡夫、菩提心等ノ行也。菩提心ハ諸宗各ノ得タリ意ニ云トモ、浄土宗ノ心ハ浄土ニ生レムト願ルヲ菩提心ト云ヘリ。念仏ハ是大乗行也、無上ノ功徳也。然ハ上品ノ往生手ヲヒクヘカラス。（中略）又善導和尚三万已上ハ上品往生ノ業也ト云ヘリ。数返ニヨリテモ上品ニ生スヘシ。又三心ニツイテ九品アルヘシ。信心ニヨリテモ上品ニ生スヘキ歟。上品ヲ欣フ事、我身ノ為ニアラス、彼ノ国ニ生レヲワリテ、カヘリテ疾ク衆生ヲ化セムカ為也。是仏ノ御心ニカナハサラムヤ。

これによると、往生は願力によるのであり、浄土は念仏の衆生の生まれるべき国土であるから、悪業の重きを恐れて上品往生から手を引くべきではない、数返によっても三心・信心によっても上品に往生できる、上品往生を願うことは我身のためでなく、下化衆生のためであり、それは仏の御心にかなうことだという。つまり、法然は上品往生を民衆の身近にたぐりよせ、念仏により上品に往生できる大きな可能性を示し、彼らをできるだけ「クラヰタカク往生[47]」させるために、上品往生信仰をかきたてたのである。

なお、『選択本願念仏集』以後も、上品往生信仰の後退はみられない。法然の北条政子宛とされる書状[48]の中に、「念仏カ、デ申テ極楽ノ上品上生ニマイリテサトリヲヒラキ、生死ニカヘリテ誹謗不信ノ人オモムカヘムト、善根ヲ修シテハオボシメスベキ」とあるように、上品上生往生への強い志向性さえみられた。事実、法然のまわりでは、上品往生信仰が盛んであったようである。証空の正行房宛の書状[49]には「念仏ハ上品の業にてあるそと、おもはせ給へし」とあり、平基親も自らを罪悪生死の凡夫と位置づける一方において、毎日五万返の念仏をとなえ、「決定仏ノ本願ニ乗シテ、上品ニ往生スヘキヨシ、フカク存知シ候也」という。[50] 従って、直実もかような雰囲気・思潮の中に身を置いたとすることができ、彼の立願と法然の上品往生思想との間に何らかの関連性を求めることは自然であると思う。

法然は念仏を「おほく申候へば、上品にむまれ候」[51]という。そして、『選択本願念仏集』では、「まさに知るべし。三万已上はこれ上品上生の業、三万已去は上品已下の業なり。既に念数の多少に随って品位を分別すること、これ明らけし」と規定する。[52] また、『逆修説法』によると、日数が短かくても修業が勇猛であれば上品上生に往生できるとする。[53] これらの条件に従えば、法然は直実に毎日五万・六万の念仏を勧めているのであり、しかもその修業の勇猛なことは十分推測できるから、直実が法然の教えにそって上品上生往生を志すようになったとしても奇とすることはない。また、上品上生往生が下化衆生のためだとする点においても、直実の立願と符合するといえる。

しかし、法然は直実のように上品上生往生にのみ固執することはなかった。彼の浄土観によると、念仏者の往生する浄土は不退の土であり、[54] そこで修業を積み悟りを開けば、仏となり下生して、融通無碍に救いの手をさしのべ、有縁も無縁もほむるもそしるもことごとく浄土に迎えとることができ、それが浄土往生の目的であるという。またそれゆえに、「いそぎ」この世に帰ってきて衆生を導くためには、[55] できるだけ高い位に往生することが望ましいのであり、上品上生はその至上の位ということになる。

なお、法然の場合、「九品ノ差別」とは、浄土において仏となるべき機根のそれであり、報土に九品の別があると考えていたわけではないと思う。[56] 従って、法然が津戸三郎に「トク極楽ヘマイリテ、サトリヒラキテ、生死ニカヘリテ、誹謗・不信ノモノヲワタシテ、一切衆生アマネク利益セムトオモフベキ事ニテ候也」と教えたのは、[57] 彼に上品上生往生を勧めたわけではないといえる。ゆえに、直実が『置文』のように智顗の釈とされる「下至八品不可来生」の説に立つならば、上品上生に往生しようとする目的に類同性は認められても、浄土観において二人の間に明らかな相異があるとしなければならない。また、『置文』には、上品上生往生立願を占う夢について、金色の蓮の花のまわりに一〇人ばかりいたが、「れんせい（蓮生）申すこと（事）こそ、こと人（異）ハ一人もあれかうえ（上）ニハのほりえ（登）（得）し。蓮生一人ハいちゝやう（一定）のほる（登）へきなりとゆいはつれ（言果）ハ、いかに（如何）してのほり（登）けりとん（共）おほへ（覚）すして、その（其）はちす（蓮）のはな（花）のうゑ（上）にのほり（登）てたんさ（端座）してゐ（居）たり」と記され、東国武士の先駆けの精神にも似た思惟を読みとることができる。従って、この夢記に従えば、法然の浄土観は直実にとって不都合なものであったといえよう。

かくして、直実の強い上品上生往生願望は、法然の上品往生思想をも土壌として培われたものと考え得るが、その中に激しい差別の位相が内包されている点において特異なものといわざるをえない。ゆえに、『置文』の基調をなす天台浄土教との接触に、直実の上品上生往生立願を支えるもう一つの基盤を求めることが必要になる。

なお、「九品の差別」を前提とする上品往生信仰は、来迎芸術の隆盛とともに、院政期の貴族の世界で非常な昂まりをみせ、鎌倉期に入ると、更に地方へ民衆の世界へとその裾野を広げていったといえる。先に法然のまわりで上品往生信仰が盛んであった旨を記したが、それもこの時代思潮と軌を一にするものといってよい。しかし、一方においてかように上品往生信仰の昂まりがみられたにもかかわらず、『念仏往生伝』に至る往生伝の中で、上品上生に往生できたとされるものは三人しか数えることができない(58)。それも積極的に上品上生にのみ往生することを望んだものではなく、その生処がたまたま上品上生であったまでである。これは、一つには、上品往生信仰の昂まりとともに上品上生往生への強いあこがれを生んでも、往生できるのだという確信を与える論理をもちえなかったためと考えられる。いま一つは、その基底において下品にても足りぬべしとする意識が強く残されており、貴族や僧侶にとっても、上品上生往生はまさに我分にあらずとの意識がアプリオリに存在していたものと思う。

従って、法然が善導の意を受け、三万以上の念仏を毎日つとめれば上品上生にまでも往生できる可能性を示し、また浄土における修業ののち仏となって下化衆生することが往生の目的だとして、誰もが等しく仏となりえることを説いたことは、思想史上大きな意義をもつといえる。また、直実は法然のこの教えを土壌としながらも、自らを仏と等同の絶対的な救済者として位置づけるために、「九品の差別」の位相に立って上品上生往生を激しく求めたのである。伝承によれば、その願いはかなったという。[59]直実の前後には、彼ほど激しく意識的に上品上生往生のみを望んだものはなく、現世においてその成就を知らせる瑞夢の報告が各地から寄せられた者も伝えられていないのである。ゆえに、これらの点において、直実の上品上生往生立願は日本浄土教史上に特異な地位を占めるといえよう。

ところで、先に留保した「ひしり（聖）の御ハう（房）」であるが、法然に比定すべきとすれば、それはあまりにも上品上生往生に固執する直実が魔事に溺れることを恐れた法然の反語的表現とも考えられる。

おわりに

以上、遁世以後に限って、熊谷直実の救済の論理を概観した。それはこの時期になると、法然の書状や直実の自筆置文・夢記などのように信頼のおける史料が比較的多く残されているためである。しかし、部分的には、伝承の世界に埋没した直実の事跡の中に、論理的帰結として史実を読みとるという手続きをとらざるをえなかった。

以下、小稿の要点を述べると次のようになる。

直実の遁世は二段階にわけて考えることができる。最初の遁世は、頼朝の不信を直観した直実が、堺相論の場から発作的に「出家・逐電」したことをいい、それは東国武士の運命観に立った「恥」の浄化と生まれかわりの衝動による。第二の遁世は、罪障観の異常な昂まりにより、来世の救いのみを必死に求めて上洛したことをいう。その直接の契機は、堺相論の場での狼藉の責めとして、西熊谷郷が再び鶴岳八幡宮に寄進されたことにあったと思う。直実は不運を積み重ね身の置きどころを失ったのである。

法然のもとで念仏往生の法を聞き大きな安心を得た直実は、自らを専修念仏の布教者、救済者として位置づけ、武蔵国をはじめとしてその法を積極的に広めた。しかし、それは決して順調なものではなく、顕密の壁、有智・無智の差別、身分の差別などとの葛藤を余儀なくされた。法然は直実らの動揺をおさえるために、念仏が阿弥陀仏の本願の行であることをくりかえし教え、彼らも確信を強めた。しかし、直実はその一方で、自らが有智者にならんとつとめた。また、上品上生往生を欣求し、激しい念仏により、現世でその成就を知らせる瑞相を示して、救済者としての絶対的な信頼を確立するとともに、専修念仏に対する批判や差別を克服しようと図った。

『置文』によると、直実の上品上生往生立願の目的は、仏として下化衆生するためだという。この立願は法然の上品往生思想を土壌として培われたものと考えられる。しかし、「九品の差別」の位相に立ち、自分のみを絶対的な救済者と位置づけようとした点で、法然の浄土観と相容れない。ゆえに、『置文』の基調をなす天台浄土教に、直実の立願を支えるもう一つの基盤を求めることが必要になる。なお、法然や直実の上品往生信仰は、院政期以降のその昂まり広まりと軌を一にするものであるが、直実のように上品上生往生のみを激しく意識的に望んだものはなく、それは日本浄土教史上に特異な位置を占めるといってよい。

註

（１）大隅和雄「遁世について」（『北海道大学文学部紀要』一三巻一号）に代表される。

（２）赤松俊秀「熊谷直実の上品上生往生立願について」（『続鎌倉仏教の研究』）参照。この赤松論文には、「熊谷直実自筆置文」（以下『置文』と略称する）の外に、清凉寺所蔵の「源空自筆消息」・「証空自筆消息」・「熊谷直実自筆夢記」・「迎接曼荼羅由来記」が翻刻されている。小稿はこの翻刻に従う。

（３）上横手雅敬「熊谷直実――体制や制約を否定した不屈の武士」、『平家物語の虚構と真実』参照。上横手氏は「直実の生涯を支配していたのは、先駆けの精神と強い自負であった」と指摘する。小稿もこの指摘に負うところ大である。

（４）石田瑞麿氏が、直実の上品上生往生立願は「法然の六万遍念仏がはからずも醸しだした変態でもあろうか」と指摘するに止る（『往生の思想』一九七頁）。

（５）（２）の赤松論文参照。

（６）『吾妻鏡』正治元年四月一日条。

（７）『法然上人伝記』など参照（井川定慶編『法然上人伝全集』所収本による）。

（８）『置文』は一二〇四年（元久元）に書かれたが、それに「又こくらく（極楽）ニ所くわん（願）ニしたかん（従）てうまる、との給へる事をよこと（夜事）ニけんさい（現在）ニみ（身）をかみ（噛）て、ことし八十一年ニなる」とある。

（９）大日本仏教全書本『発心集』第七、「斎所権介成清ノ子住二高野一事」。

（10）『吾妻鏡』寿永元年二月一五日条参照。

（11）『念仏往生伝』第三六、「伊豆御山尼妙真房」参照（日本思想大系『往生伝　法華験記』所収本による）。

（12）『吾妻鏡』文治五年正月三日条。

（13）『吾妻鏡』同日条。

（14）『吾妻鏡』天福元年五月二七日条。

（15）『吾妻鏡』建仁元年六月二日条。

(16)『吾妻鏡』承久三年六月八日条。
(17)『吾妻鏡』文治三年一一月二一日条。
(18)『吾妻鏡』正治元年三月二三日条。同、建保元年四月二七日条。それに(17)。
(19)(17)に同じ。
(20)『吾妻鏡』寿永元年二月一四日条。
(21)『法然上人行状画図』(前掲の『法然上人伝全集』所収本による)。
(22)『吾妻鏡』建久三年一月二五日条。
(23)『吾妻鏡』寿永元年六月五日条。
(24)『吾妻鏡』文治三年八月四日条。
(25)『吾妻鏡』元暦元年二月二日条。覚一本『平家物語』などでは、これを「むすぶおる」という語で表している。
(26)『吾妻鏡』建保元年五月二日条。
(27)『吾妻鏡』建保元年五月四日条。
(28)梶原景時追討に関して、加藤次景廉などは単に「依レ為二朋友一」り所領を収公されている(『吾妻鏡』正治二年正月二四日条)。久下郷が一二〇五年(元久二)六月二八日に勝長寿院弥勒堂領として寄進されているが、その遠因はかような点に求めえるのかもしれない(『吾妻鏡』同日条)。
(29)『吾妻鏡』承久元年二月二日条。
(30)「熊谷家文書」一一・一二号参照。
(31)菊地勇次郎「『伊豆山源延』補考」(『金沢文庫研究』八巻一号)、「走湯山の天台宗と真言宗」(『熱海市史』上巻)参照。
(32)『三部経大意』・『逆修説法』・『選択本願念仏集』・『往生浄土用心』、それに法然の熊谷直実・津戸三郎宛の書状などを参照(石井教道編『昭和新修法然上人全集』・日本思想大系『法然　一遍』所収本による)。
(33)『吾妻鏡』、建久六年八月一〇日条。

(34) 津戸三郎宛の九月二八日付法然書状。
(35) 国史大系本『古事談』第三、「東国修行僧打双六事」。『国史大系書目解題』上巻によると、同書は一二一二年（建暦二）から一二一五年（建保三）の間になるという。なお、直実は一二〇八年（承元二）に没す。
(36) 年末詳で、(34)の書状と同趣旨である。
(37) (34)・(36)に同じ。
(38) 五月二日付法然書状。
(39) (34)・(38)に同じ。
(40) (2)の赤松論文に翻刻されたもの。
(41) 蓮生熊谷直実結縁状、『鎌倉遺文』一五〇三号。
(42) 大日本仏教全書本『高野春秋』、五来重『高野聖』など参照。
(43) 正行房宛の法然書状、日本思想大系『法然　一遍』、一六八頁。
(44) (2)の赤松論文に翻刻されたもの。
(45) (2)の赤松論文に翻刻された「迎接曼荼羅由来記」による。
(46) 『昭和新修　法然上人全集』、四四―四五頁。
(47) 大胡実秀宛の法然書状、日本思想大系『法然　一遍』、一八八頁。
(48) (36)に同じ。
(49) 大和興善寺阿弥陀如来胎内文書、証空書状、『鎌倉遺文』一四五五号。
(50) 「基親取レ信信二本願一之様」、『昭和新修　法然上人全集』、五五二―五五三頁。
(51) 『往生浄土用心』、日本思想大系「法然　一遍」、二二〇頁。
(52) 日本思想大系『法然　一遍』、一一五頁。
(53) 『昭和新修　法然上人全集』、二四一―二四二頁。

(54)　浅野教信「法然上人の証果観について」、『真宗学』三三巻六号。
(55)　(36)に同じ。
(56)　「およそ九品の配当は、これ一往の義なり。五逆の廻心、上々に通ず」(『選択本願念仏集』)、「極楽ノ九品ハ弥陀ノ本願ニアラス、四十八願ノ中ニナシ、コレハ釈尊ノ巧言ナリ」(『十二問答』)などの法然の教説に従いかように考えた。これは法然にも「九品の差別」を認めようとする通説とは異なり、証空の浄土観に比較的近似した理解になった(広川堯「法然門下の教学」、『浄土宗の諸問題』所収を参照)。
(57)　(34)に同じ。
(58)　日本思想大系『往生伝　法華験記』による。上品上生に往生したことが明らかなのは、一八歳で入滅した良範・融通念仏の祖良忍、信濃国の小田切四郎の三人である。
(59)　(21)に同じ。

Ⅴ　清凉寺迎接曼陀羅と上品上生往生願

吉村稔子

はじめに

京都・清凉寺蔵迎接曼陀羅（挿図１）は、鎌倉時代前期に遡る阿弥陀聖衆来迎図の遺品である。早くから指摘されているように(1)、本図の来迎表現は『観無量寿経』所説九品往生観のうち上品上生文を踏まえていると考えられる。本図は、後代の来迎表現の展開において一系譜を為した所謂上品上生来迎図の先駆的作例であることが注目される。

本図の古様な名称は寺伝に由来しており、本図は、浄土宗の開祖法然房源空（長承二年一一三三――建暦二年一二一二）が門弟熊谷直実（永治元年一一四一――承元二年一二〇八）に与えた「かうせうのまんたら」に当たるという。後述するように、同寺には熊谷直実自筆の誓願状一巻が伝わっており、直実が自らの上品上生往生を願っていたことが知られている。直実の往生願は、本図にみられる特異な来迎表現の形成を考えるうえで興味深いものといえよう。

さて、本図は、近藤喜博氏により紹介を受け(2)、『熊谷家文書』(3)のなかに直実が迎接曼陀羅を所持していたことを跡づける史料の存することが明らかにされている。しかし、その後、直実所持本と源空、また、本図との関係に疑問が呈され(4)、先の伝承には否定的見解がとられたまま今日に至っていると思われる。

挿図１　迎接曼陀羅（正）清凉寺　画像提供：京都国立博物館

本稿は、伝来の考証と表現の検討とを通して本図が熊谷直実の所持本に比定されることを論じ、さらに、直実の誓願状を手懸りにその思想的背景に考察を及ぼし、本図の来迎表現が源空の来迎観に基づくことを明らかにしようとするものである。

一、伝来

現在、清涼寺には、迎接曼陀羅とともに直実関係の文書三点が伝わり、一括して重要文化財の指定を受けている。(5)

源空、証空自筆消息（二通）　一巻

附　熊谷直実自筆誓願状　一巻

迎接曼荼羅（正副）　二幅

迎接曼荼羅由来　一巻

源空と源空の高弟善恵房証空（治承元年一一七七――宝治元年一二四七）との二通の消息は直実に宛てられたもので、直実の誓願状とともに各の自筆と認められている。他方、副本と呼ばれる迎接曼陀羅の摸本と由来とは、少しく時代の下るものとみなされている。(6)

一連の指定品の伝来については、従来、論じられることがなかったが、幾つかの史料によっておよその経緯を跡づけることが可能である。その結果、迎接曼陀羅と自筆文書類とは、当初、熊谷氏に伝わっていたと考えられ、直実の遺品であることが推測される。

至子々孫々能々可令存知旨
一 先祖相傳所領案堵御判形七ツ
并保元元年以来至建久年中
軍忠御感状廿一有之
一 對主君不可成逆儀并武道
可守事
一 上人御自筆御理書并迎接
蔓陁羅可成信心事
右参ヶ條外依其身器量可
覚悟者也仍置状如件
建久六年二月九日　蓮生判

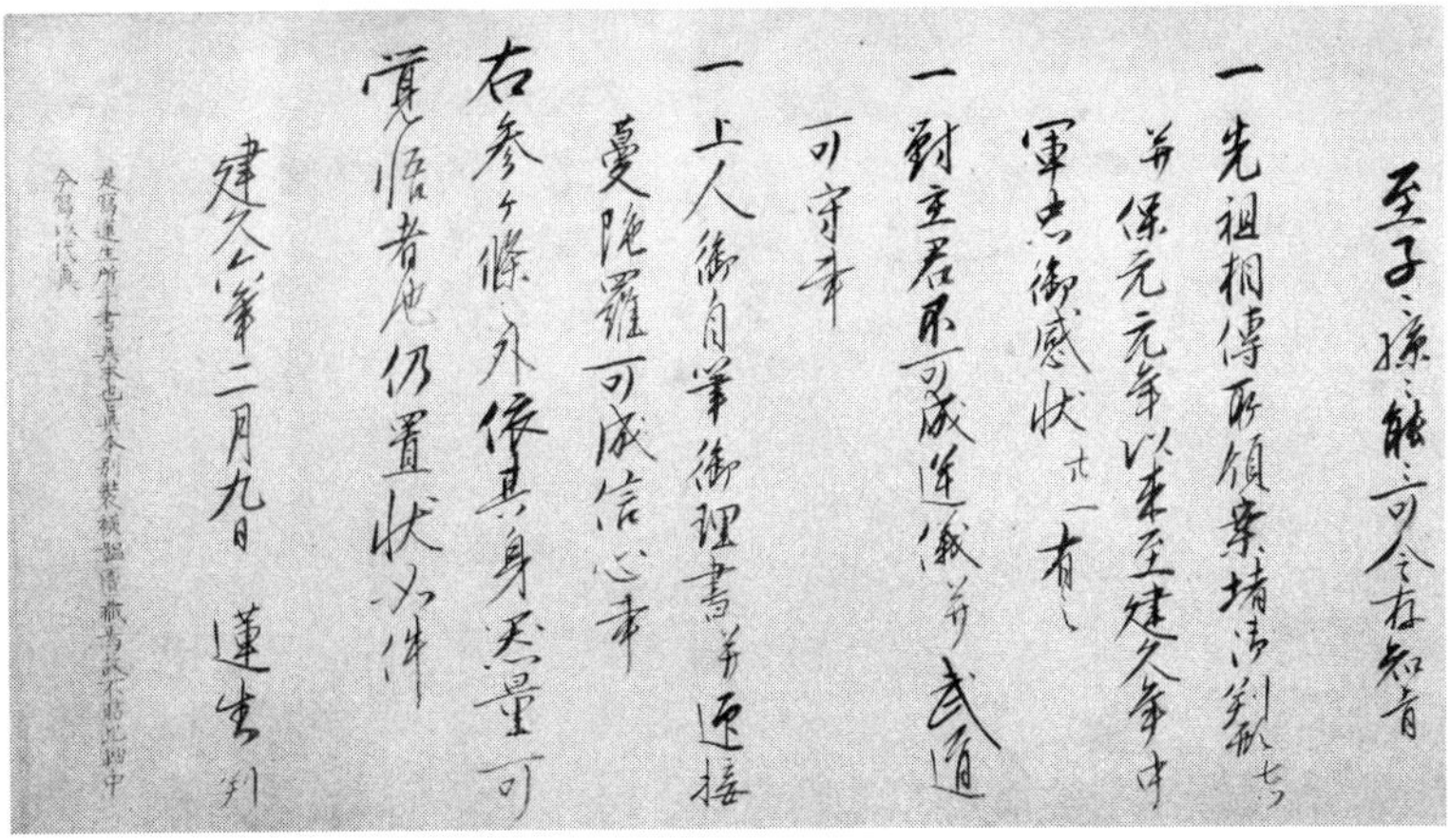

挿図２　熊谷蓮生直実置文写　山口県文書館蔵・画像提供：熊谷市編さん室

以下、史料の要文を紹介しつつ本図の伝来を明らかにしたい。

熊谷直実は、武蔵国熊谷郷出身の武士で、鎌倉幕府の家人として仕えたが、晩年には遁世して源空に帰依したことが知られている。(7)『吾妻鏡』によれば、(8)直実が鎌倉を出奔し、事実上の遁世を遂げたのは、建久三年（一一九二）のことである。

さて、直実が迎接曼陀羅を所持していたことは『熊谷家文書』所収建久六年（一一九五）二月九日付「熊谷蓮生直実置文写」(9)（挿図２）によって知ることができる。蓮生は直実の法名である。直実は「上人御自筆御理書并迎接蔓陁羅可成信心事」等を遺言しており、このときまでに迎接曼陀羅を得ていたことが確かめられる。次に全文を掲げる。

（読点筆者）

至子々孫々能々可令存知旨
一先祖相傳所領案堵御判形七ツ
并保元元年以来至建久年中
軍忠御感状廿一有之、
一對主君不可成逆儀并武道
可守事、

一上人御自筆御理書并迎接
　蔓陀羅可成信心事、
右参ヶ條之外、依其身器量可
覚悟者也、仍置状如件、
　建久六年二月九日　蓮生判
是寫蓮生所手書眞本也、眞本別装潢韞匵蔵焉、故不貼此軸中、
今寫以代眞、

この置文は、写本として伝わるもので、『熊谷家文書』を収めた『大日本古文書』の編者は「室町時代ノモノナルベシ」[9]と註記している。奥書によれば、この写本は、一連の古文書を軸物に貼付した際に原本を別に保管するために写されたものであり、原本は、当時、直実の真本とみなされていたものであるという。後代の筆蹟とはいえ、その内容を疑う積極的な理由は認められないように思われる[10]。

『吾妻鏡』によれば[11]、直実は、承元二年（一二〇八）京都東山で没したが、直実の臨終に際して子の直家が上洛している。直実の遺品は、直家によって熊谷郷に持ち帰られたと推測される。

ところで、熊谷氏は、承久三年（一二二一）の乱で直家の子、直国が討死にした恩賞[12]として安芸国三入庄に地頭職を賜り[13]、西国へ下向した。『熊谷家文書』所収元徳三年（一三三一）三月五日付「熊谷直勝譲状」[14]は、直勝の所持した迎接曼陀羅もまた三入庄へ運ばれていたことを伝えている。直勝は、直国の曾孫で、直実から数えて五代目に当たる[15]。次に抄文を掲げる。

（前略）
一御本尊迎接曼陀羅御事、是者直実入道蓮性、興不可思議之大願、信心强盛之發心云、誠行業功力ト云、如此送年季之間、不思議之奇瑞等、及數箇度、爰此事法然上人被聞食、被尋仰之時、一々事次第具被申入之間、サテハ三昧発得之人也、殊浄土門規摸、於未來可有益、三眛發得之時、奉拝見浄土様上品上生之時、如來如此迎接在一々様、上人以御筆奉啚書御本尊御坐、依之奉号迎接曼陀羅也、然已來選信心强盛器量、子々孫々中奉代々相傳者也、故早興行伽藍、可奉入彼御本尊、爰直「高」(勝)依京鎌倉公「松」大事共、聊延引、于今興行不事終、就其第一者、爲此一大事、選器量奉渡直「滿」者也、然者早可奉、怠彼興行、
（中略）
一同上人御自筆正教之御書、又蓮性自筆判形之狀置文以下日記、同相副所奉渡也、委細在口傳、
（中略）
右條々如斯、一々存知此旨、一分不可違様々遺言、仍譲狀如件、
元徳三年三月五日　　　平直「高」(勝)（花押）

直勝は、迎接曼陀羅のほか源空、直実各の自筆文書類の相伝を記し、迎接曼陀羅安置のため伽藍を興行すること等を遺言している。なお、文中に迎接曼陀羅の由来が記されていることは留意されるが、この問題については後述する。

三入庄における迎接曼陀羅の存在を跡づけるものに、年次不詳ながら『熊谷系図』[16]の次の記載が挙げられる。

于今直実が指刀。一谷の時の母衣。又迎攝曼多羅并彌陀の名號。脚衣。ほうあて。其外自筆自判の物歴々在之。三入庄迎攝院と云念佛寺本堂に。此曼多羅納置之。此外様々子細雖多省略之者也。

或る時期迎接曼陀羅が三入庄迎接院という念仏寺本堂に納め置かれていたというこの記録は、後述するように迎接院の名が知られる点で重要である。

さて、迎接曼陀羅は、既述したように直実の没後暫くの間は熊谷氏に受け継がれていたと考えられる。しかし『康富記』宝徳三年（一四五一）十月十三日の条[17]は、熊谷氏相伝の「往生之絵」が山城国本願寺に施入されたことを伝えている。この絵は、源空が直実に給ったものといい、直実の所持した迎接曼陀羅に当たると考えられる。

（前略）今日仁和寺、本願寺律院、相傳之法然上人自筆之往生之繪被持参仙洞、有叡覧、又持参内裏、蓮生奉遇法然上人、尋往生化儀之時、上人來迎之粧書繪給蓮生了、其後熊谷代々相傳了、近來此繪本願寺相承之故、被仰寺家有叡覧云々、

同様の記載は、『実隆公記』文明七年（一四七五）十月二十九日の条[18]にも認められる。

今日猶祇候、本願寺曼陀羅來迎曼陀羅□熊谷蓮生□曼陀羅、法然上人自筆也云々、新曼陀羅繪所有久筆也、法然上人消□（息カ）二通〔自筆〕蓮生法師特蓮花等有之、被備叡覧、彼縁起清書東山左府於御前讀申了、（後略）

このとき本願寺には「来迎曼陀羅」のほか新曼陀羅[19]、源空の消□（息カ）二通等と縁起とがあったといい、現在清凉寺の所蔵になる一連の指定品が、すでにその体裁を整えていたことが窺われる。

ところで、『山城名勝志』[20]によれば、本願寺は永圓寺内にあり、永圓寺は如導律師の創建になるという。『開山無人和尚行業記』[21]によれば、如導は、号を無人といい、諸宗に通じた高僧であった。延文二年（一三五七）七十四歳で没したが、およそ住院すること一十余所、寺院を創建、再興すること一十五所、尼寺を建立すること数十所に及んだと伝えられる。永圓寺は、如導の再興にかかり、前掲『熊谷系図』にその名のみられた安芸国迎接院もまた、如導の創

建になるという。次に『行業記』[22]を抄出する。

後如藝州。桝迎接院。香火六年。歸上都。於本願寺。供粮説法。四十八日。貴賤麕至。肩摩踵接。后到者雖不容身。尚躊躇門外。竣法義終矣。

如導は、迎接院をはじめて六年間住したのち、都に帰り、本願寺において四十八日間の供養説法を行ったという。迎接院の詳細については未詳であるが、そこに安置されていた迎接曼陀羅は、直実、源空らの自筆文書類とともに、この高僧に請われて熊谷氏の手を離れたと考えられる[23]。従って、その時期は、如導の没年が下限となろう[24]。そして、迎接曼陀羅の本願寺施入は、清凉寺所蔵の副本、由来の制作等の契機となったと推測される[25]。

最後に、迎接曼陀羅が本願寺から程遠からぬ清凉寺に移安されたことが知られるのは『清凉寺文書』所収天文十二年（一五四三）六月二十六日付「僧教顗譲状」[26]によってである。次に全文を掲げる。

譲與　本願寺領并迎接曼陀羅之事

右當寺者、自先師梅宿和尚得譲處實正也、然間弟子見充房仁與脱之上者、無相違可存在者也、仍爲後證、譲状之旨如斯、（マヽ）

天文十二年六月廿六日　　住持小比丘　教顗（花押）

見充房

この譲状によって、『実隆公記』に記された文明七年（一四七五）以後、教顗に先だつ梅宿の代までには、本願寺の寺領と迎接曼陀羅とが清凉寺の所有に帰していたことが認められる[27]。なお、中世における清凉寺の動向を伝える古文書は多くが失われており[28]、本願寺との関係、梅宿の在住年次等は不明である。

さて、以上に述べてきたことをまとめると次の仮説が得られよう。

熊谷直実の所持した迎接曼陀羅は、直実が没した承元二年（一二〇八）以後、子の直家によって武蔵国熊谷郷に持ち帰られ、承久三年（一二二一）以後、熊谷氏の安芸国三入庄への下向に伴い同地へ運ばれた。そして、元徳三年（一三三一）以後の或る時期、三入庄迎接院に納められていたが、延文二年（一三五七）以前には、迎接院をはじめた如導に請われて山城国本願寺へ施入された。のち、室町時代中期頃、おそらくは本願寺の衰退により清凉寺に移安されるに至った。

したがって、本図は、伝来のうえからは建久六年（一一九五）二月九日付「熊谷蓮生直実置文写」に記された「迎接曼陀羅」に当たると考えられる。

二、図様と表現

続いて、本図の図様を概観し、様式的検討を通して直実所持本との関係を明らかにしたい(29)。

本図は、縦一一六・七センチ（三尺八寸五分）、横五四・六センチ（一尺八寸）、一副一鋪の絹本著色画である(30)。画絹は損傷がはなはだしく、とりわけ下部において顔料の剥落がすすんでいるが、未だ大方の図様は明らかであり、めだった補筆、補彩も認められない。

さて、画面は、下方を占める来迎と上方を占める帰り来迎との二場面から構成され、帰り来迎は、画面向かって右上の帰還する阿弥陀聖衆と左上の極楽浄土とから成る。背地は現状で暗褐色を呈し、二場面を統合する虚空を表わしている。

来迎の舞台となるのは山間の庵で、視点は比較的遠く、豊かな自然景が広がる。手前には小高い土坡が、左方には急峻な山崖があり、その間を大きく湾曲した谷川が流れている。渓流には橋が掛り、対岸には柴垣が巡らされ、開かれた門が人の住む気配を感じさせる（挿図3）。右方には切妻造の庵があり、半蔀の陰から坐形人物の衣と合掌手とが覗く（挿図4）。この往生者の眼前には、来迎の聖衆がまさに現われたところであり、虚空を充塡するかのような賑々しい瑞兆が出現している。

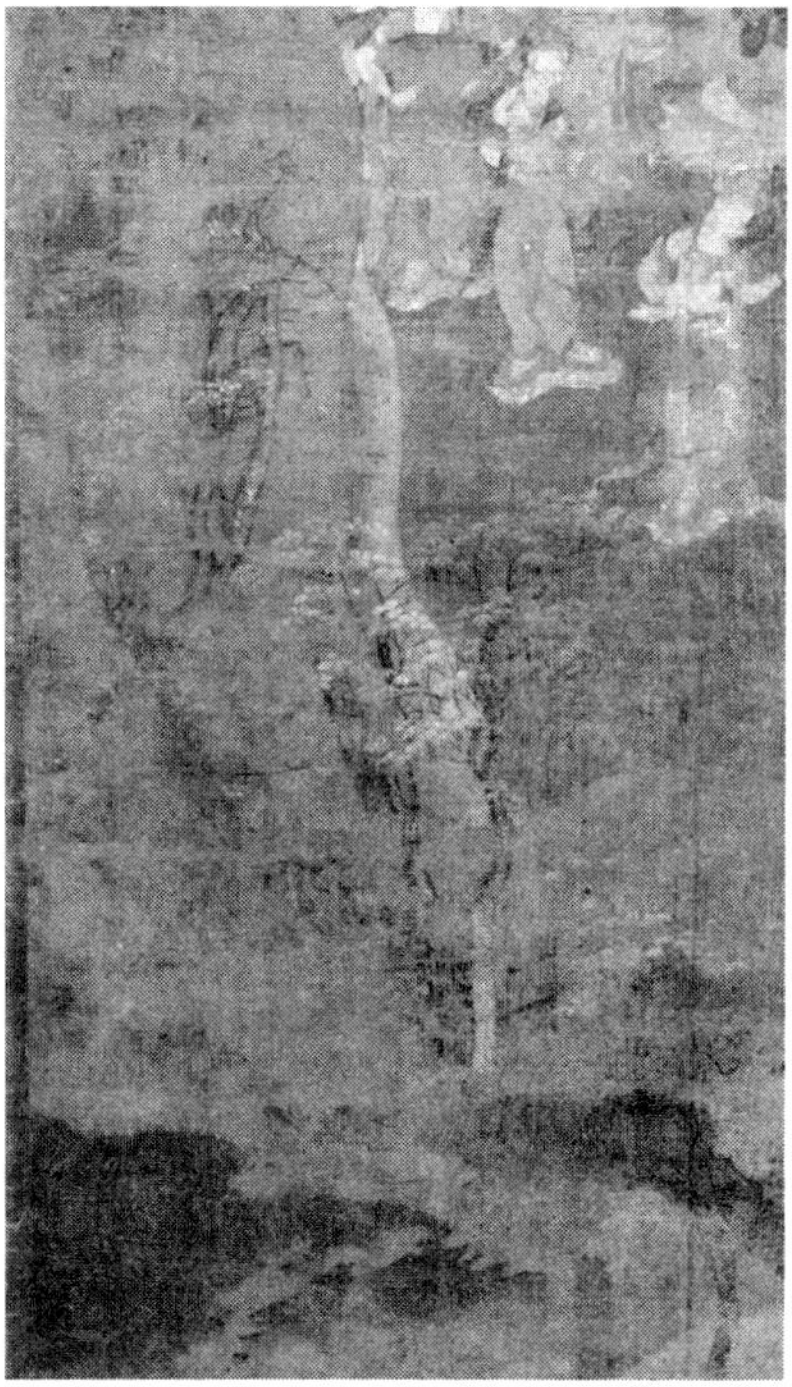

挿図3　迎接曼陀羅（部分）

挿図4　迎接曼陀羅（部分）

挿図５　迎接曼陀羅（部分）

聖衆は、一仏三十菩薩を数え、すべて頭光、放射光を負い、踏割蓮華座に乗る立像として表わされる。往生者の坐す家屋に近く、軽く腰をかがめて蓮台を差し延べる観音菩薩、合掌する勢至菩薩、天蓋を捧げ持つ菩薩の三体がやや大きく表わされ、襤襠衣を着けて舞う二菩薩が続く。阿弥陀如来は来迎印を結び、白毫から発する二条の光明は直に往生者を照らしている。阿弥陀の周囲には、向かって右に四菩薩、左に十六菩薩四比丘形が侍し、各、鼗・雞婁鼓、幡、腰鼓、箏、琵琶、笙、横笛、篳篥、箜篌、羯鼓、細腰鼓、方響、銅鈸、銅鑼、鉦鼓、太鼓、華籠等を手にし、最後列の二比丘形は、合掌、拱手を示す（挿図５）。なお、これらの聖衆のうち阿弥陀に近侍する六尊は、特殊な持物をとり、特定の尊名を有することが推測される[31]。

聖衆の来迎に伴い、虚空には夥しい化仏、一楼閣と三体の飛天とが、地表には十六体の端座合掌する小菩薩形が出現している。また、往生者の坐す家屋の屋根に低く垂れ籠めたひとむらの雲も、一種の瑞兆表現とみなされる。

他方、帰り来迎の場面では、聖衆は、一仏二十七菩薩からなり、うち二体は比丘形である。阿弥陀を先頭に観音、勢至、持天蓋の菩薩と続いて一団となり、来迎の聖衆から舞の二菩薩と最後列の二比丘形とを減じ、太鼓の背後に上半身を覗かせる一菩薩を加えるほかは、持物、印相はほぼ一致し、同一の聖衆を表わしたものと解される（二四三頁画像）。また、瑞兆も、化仏の数を減じてはいるが、楼閣、飛天二体ととに従っている。なお、観音のとる蓮華が閉じているのは、そこに往生者の魂が迎え取られたことを意味し、天喜元年（一〇五三）の平等院鳳凰堂壁扉画上品下生図等を先例とする帰り来迎の伝統的表現を継承したものと考えられる[32]。

挿図６　迎接曼陀羅（部分）

また、浄土に目を転じると、洲浜の周囲には蓮華が咲き乱れ、虚空とみえた背地はここでは蓮池の広がりと化している（挿図６）。洲浜には鳥が遊び、石畳上に錣屋根の楼門が建つ。階上には散華する一菩薩が立ち、階下には跪坐する一菩薩と合掌して立つ一菩薩一比丘形とが帰還する聖衆を迎えるかのように配されている。

ところで、既に指摘されているように、本図の来迎表現は、『観経』上品上生文[33]の説く次のような来迎相に基いたものとみなされる。

生彼國時、此人精進勇猛故、阿彌陀如來、與觀世音大勢至、無數化佛、百千比丘聲聞大衆、無數諸天、七寶宮殿。觀世音菩薩、執金剛臺、與大勢至菩薩、至行者前。阿彌陀佛、放大光明、照行者身、與諸菩薩、授手迎接。

図中に、来迎の瑞兆として多数の化仏と一楼閣とが出現しているのは、上品上生の階位を特徴づける無数化仏、七宝宮殿を表わしたものと解される。阿陀弥聖衆が三十一体の多勢を数えること、聖衆の足下に飛雲が描かれず、あたかも浄土の姿そのままに現前したかのように表わされていることも、経典を踏まえた表現と推測される。また、聖衆のなかに特殊な尊像が含まれていること、経典に所依をもたない小菩薩形や紫雲等の瑞兆が表わされていることも、最高位の来迎のさまを表現するための独自の構想と解される。従って、本図には、上品上生の来迎を顕示しようとする明確な意図が存していると考えられ、さらに、図中の七宝宮殿が後代に定形化する左右に翼廊を広げた形に表わされていないこと、総じて饒舌で整理されていない表現がとられていることに、本図の造形の初発性が認められると考えられよう。

さて、本図に描かれた大和絵系のおだやかな土坡や樹木、画面に比して小さく動きの少ない尊像は、静謐な画趣を醸している。彩色は濃厚で暖かみがあり、金色の使用は、土坡に薄く金泥をはくほかは、菩薩の装身具、化仏、浄土の洲浜に裏箔を用いておさえた表現がなされている。洲浜の全面にほどこされた辻目入り袈裟襷文は、辻目は小ぶりで截金線は細く、優美な趣を残し、総じて古様が感じられる。

続いて、比較的保存状態のよい尊像表現に着目して検討を加えたい。

阿弥陀の右肩から腕にかかる衣は、腕の肉身が透ける薄手の質感表現がなされている。このような透明感のある衣の表現が現われるのは、本図が比較的早い例とみられるが、十三世紀前半の山口新六氏蔵阿弥陀二十五菩薩来迎図の主尊に類例が認められる。

菩薩の宝冠の意匠では、正面、両側面、あるいは三面ともに蓮華を形どった装飾を付け、かつ、裏箔を用いた宝冠のなかで蓮華のみは彩色で表わされていることが注目される。このような蓮華装飾は、建久二年（一一九一）の東寺蔵十二天屏風のうち日天像等、桜池院蔵薬師十二神将像の両脇侍菩薩像、興福院蔵阿弥陀聖衆来迎図の菩薩像等、十二世紀末から十三世紀初頭の作例に頻出するが、時代が下ると、同じ意匠を用いても金色で表わされるようになり、十三世紀前半の禅林寺蔵山越阿弥陀図の両脇侍菩薩像では、すでに表現の硬化が認められる。

次に、面貌表現では、一例を挙げると、帰り来迎の観音像は、豊頬の丸顔だが鋭角の顎を描くことにより豊かな頬は引きしめられている。目、鼻は引目鉤鼻風の簡潔なもので、明朗であどけない表情を示している。個々の尊像が小さいこともあり、きびきびとした速い運筆の線描は、本格的な仏画のなかに類例を捜すことは難しい。むしろ、紙本淡彩の絵巻ではあるが、十二世紀末の華厳五十五所絵巻の菩薩像は、丸顔に簡潔な目鼻を描く面貌、明るくあどけない表情に、本図の尊像との類似を認めることができよう。

さて、鎌倉時代前期の絵画は基準作例が少なく、また、本図の著しい損傷状態は様式的検討を困難にしているが、以上に指摘した尊像表現に関する幾つかの特徴は、本図の制作年代を十二世紀末から十三世紀初めに位置づけるものと考えられる。このことは、伝来の考証から導かれた本図を建久六年（一一九五）以前の制作とする仮説と矛盾するものではなく、かえって、史料により本図の制作年代がおよそ定められることは、本図の絵画史上の価値を高めるものと考えられる。

以上の考察により、本図は、まさしく、熊谷直実の所持した迎接曼陀羅に比定されると考えられる。

三、思想的背景

続いて、本図にみられる上品上生の来迎表現を形成した思想的背景について考察を加えたい。

清涼寺蔵熊谷直実自筆誓願状[34]には、直実が、元久元年（一二〇四）五月十三日、自らの上品上生往生を立願したことが記されている。文中に、往生についての源空の教えを聞いて今年は十一年になる[35]、とあることから、直実が上品上生往生について関心を持つようになったのは、建久五年（一一九四）か早くてその前年と推測され、これは、直実が源空に帰依した年に当たると考えられている[36]。なお、置文が記されたのは、建久六年（一一九五）のことである。

次に誓願状[37]を抄出する。

元久元年五月十三日、とばなるところ［に］て、上品上生のらいがうのあみだぼとけのおまえにて、僧蓮生、ぐわんをおこして申さく。ごくらくにうまれたらんにとりては、みのらくのほどは、下品下生なりともかぎりなし。しかれども、天だいの御さくに、下し八品ふからい生とおほせられたり。おなじくば、いっさいのうえんのすじやう、一人ものこさずらいがうせん。もしは、むえんまでにも思ひかけて、とぶらはんがために、たゞひとへに人のために、蓮生上品上生にうまれん。さらぬほどならば、下八品にはうまるまじ。

直実は、天台の釈に「下し八品不からい生」(マヽ)、すなわち、上品上生以外の八品の往生によっては再び現世に生まれることができない、とあるのを引いて、同じく浄土に往生するならば現世に還って一切の有縁、無縁の衆生を浄土に迎えたい、ただひとえに万人を済度するために上品上生に生まれたい、そうでないならば他の八品には生まれたくない、と強い調子で述べている。引用の釈文は、湛然の『維摩経疏記』に認められる。(38) ここにおいて、上品上生往生の意義とその教義的根拠とが知られることは重要である。続いて、直実は、阿弥陀如来の本願をはじめ様々な経文、釈文を挙げて所願のとおりに来迎を得ることは疑いないと述べ、さらに、上品上生に生まれる夢を度々みたといい、その詳細を記している。なお、清涼寺蔵証空自筆消息は、直実が往生の現瑞を感じ、それを源空へ知らせたときの返事とされている。(39)

ところで、このような浄土思想、繰り返せば、往生を衆生済度のための一過程と位置づけ、さらに、現世還来の可否あるいは遅速と関連してとりわけ上品上生往生を重視する考えは、天台浄土教の生んだ諸書に広く見出せることが指摘されている。(40) 他方、往生の階位の問題は、平安時代を通して盛んに論じられてきたが、全ての凡夫に最高位の往生の可能性が与えられるのは、源空によって本願念仏思想が形成されるのを待たなければならない。

源空は、天養二年（一一四五）比叡山に登り天台の教学を修めたが、宗教的回心をなし、承安五年（一一七五）四十三歳で下山した。(41) このとき、源空は、阿弥陀如来の本願が、『大無量寿経』所説四十八願のうち念仏による往生を説いた第十八願にあることを開顕していたと考えられている。(42) 下山後間もない頃の著作とされる(43)『三部経大意』のなかで、(44) 源空は、九品の階位について次のように述べている。

ソモカノクニ、九品ノ差別アリ、ワレライヅレノ品オカ期スベキ。（中略）上古ヨリコノカタ、オホクハ下品トイフトモタムヌベシナムドイヒテ、上品ヲネガハズ、コレハ悪業ノオモキニオソレテ、心ヲ上品ニカケザルナリ。モシソレ悪業ニヨラバ、スベテ往生スベカラズ、願力ニヨリテムマレバ、ナムゾ上品ニス、マムコトヲノゾミガタシトセムヤ。スベテ弥陀ノ浄土ヲマウケタマフコトハ、願力ノ成就スルユヘナリ。シカラバマタ念仏ノ衆生ノマサシクムマルベキ国土ナリ。（中略）上品ヲネガフコト、ワガミノタメニアラズ、カノクニ、ムマレオハリテ、トク衆生ヲ化セムガタメナリ。コレ仏ノ御心ニカナハザラムヤ。

もし往生が悪業によるならば何人もすべて往生することができない、阿弥陀の願力によって生まれるならば、どうして上品にすすもうとすることを困難であるとするのだろうかと。この釈文は、当時の源空が、自力往生の教えを克服し、本願念仏による他力往生の思索を深めつつあったことをよく反映していると思われる[45]。続けて、源空は、上品を願うことはわが身のためではなく、衆生を済度しようとするためであると述べ、上品上生往生の意義については前代の浄土思想を継承していることを窺わせる。

こうしてみると、直実の往生願は、伝統的浄土思想が源空によって説かれた本願念仏思想に支えられて初めて成り立つものであったといえる。ひいては、このような往生願を生む素地は、源空その人に存していたと推測される。

直実の立願を理解するうえで、『黒谷上人語燈録』に収められた源空の消息の幾つかは示唆に富む[46]。一例として「鎌倉ノ二位ノ禪尼ヘ進スル御返事[47]」を抄出する。

ヲヨソ彌陀ニ縁アサク。往生ノ時イタラヌモノハ。キケトモ信ゼズ、（中略）カカル不信ノ衆生ヲモ。過去ノ父母兄弟親類ナリト思召候テ。慈悲ヲヲコシテ念佛申テ。極楽ノ上品上生ニマイリテサトリヲヒラキ。スミヤカニ生死ニカヘリイリテ。誹謗不信ノ人ヲモ、ムカヘントオホシメスヘキ事ニテ候ナリ。此由ヲ御意得候ヘキナリ。

源空は、念仏の功徳について説いたのち、念仏を唱えて上品上生往生を遂げ、念仏を誹謗し信じない人をも浄土に迎えることを志すよう諭している。この書状によって、源空が、帰依者に、上品上生往生を願うように勧説していたことを知ることができる。

この例から推して、直実に与えられた書状等のなかにも、誓願状に引用されている多くの教釈の教示(48)とともに、同様の動機づけが為されていたと想定される。従って、直実の上品上生往生願は、直実自身の信仰心に支えられていたとはいえ、源空に胚胎し、源空によって教え導かれたものと考えられる(49)。

ところで、前掲「熊谷直勝譲状(14)」には、本図に関する興味深い伝承が記されている。その大意は次のようなものである。直実は、不可思議の大願を興したのち、奇瑞等を得ることが数箇度に及んだ。一々の事の次第を具さに知らされた源空は、三昧発得のとき、浄土のさま、上品上生のときの如来の迎接のさまを見て、筆をもってこれを図書した。それがすなわち迎接曼陀羅であるという。

しかし、迎接曼陀羅の制作が、直実の往生願に起因したとすることは疑わしい。置文を記した当時の直実は、未だ源空に帰依して日が浅く、上品上生を強く願っていたとは知られていないからである。従って、譲状において、直実に主導的役割が与えられていることは、熊谷氏による潤色といわなければならない。他方、源空が観想の体験を持ったことは、自筆と伝えられる『三昧発得記』(50)等によって明らかにされている(51)。そして、既述したように直実の往生願が源空に教導されたものであるならば、直実と本図の制作とを関連づける必然性は認められず、上品上生の迎接のさまは、まさしく源空の抱いていた来迎のイメージに基くものと考えられる。本図を源空の感得図そのものとすることにはさらに検討を要するが、本図の図様を直実が独自に案出したとは解し難く、本図あるいはその祖本(52)の制作に源空自身が関与したとする推測は、少なからぬ蓋然性を有していると思われる。

清凉寺蔵源空自筆消息[53]のなかで、源空は、迎接曼陀羅に関して次のように述べている。

又かうせうのまんだらは、たいせちにおはしまし候。それもつぎのことに候。ただ念仏を三万、もしは五万、もしは六万、一心にまうさせおはしまし候はむぞ、決定往生のおこなひにては候。こと善根は、念仏のいとまあらばのことに候。

往生の行について尋ねられた源空が、迎接曼陀羅は大切であるが念仏の行に比べれば第二義であると述べているのは、本願念仏思想に即したものといえる。しかし、文面からは、迎接曼陀羅を厳しく禁じていたようにも受け取れない。迎接曼陀羅の供養は余行に属するものだが、源空の思想において、念仏の一行のみを選択して一切の余行を捨てる選択の義が明確に認められるのは、建久九年（一一九八）に撰した『選択本願念仏集』以後のこととされている[54]。この書状の記された時期は未詳であるが、いずれにせよ、源空と迎接曼陀羅とのかかわりを考えるうえで、本図の制作年代が建久六年（一一九五）以前に遡ることは考慮されなければならないであろう。本図の機能ないし性格についてはいっそうの考察が要されるが、本図を所持していた直実が後年上品上生往生を立願したことを想起すれば、本図には、結果として教導的役割が担わされていたといえる。そのように、上品上生往生が、衆生済度という意義を有し、念仏の行者にとって望ましいものと考えられていたことに、上品上生の来迎を表わした本図が大切であるとされた所以が認められると思われる。

結語にかえて

さて、以上の考察により、本図が熊谷直実の所持した迎接曼陀羅に比定されること、さらに、本図の思想的基盤が直実の師源空による浄土思想の新たな展開のなかに認められることを明らかにし得たと思われる。従って、本図は、鎌倉時代前期における基準作例に準じるものとして絵画史上大きな意義を有すると同時に、源空の初期の思想を跡づけるものとして仏教史研究に新たな問題を投げかけると考えられる。なお、源空の思想に関しては、もとより限られた知見での考察にすぎず、斯界の御叱正を請いたい。最後に、これまでの基礎的考察を踏まえつつ、来迎図史における本図の意義について展望を述べて小論の結びにかえたい。

本稿の冒頭で指摘したように、本図は、鎌倉時代に流行をみた所謂上品上生来迎図の先駆的作例とみなされる。本図と後代の来迎図との影響関係については、今後、作品に即した具体的検討がなされなければならないが、本図によって創案あるいは採用された諸形式は、後代の来迎表現の展開において一つの原型的役割を果たしたと推測される。そして、本図が十三世紀を通して熊谷氏に受け継がれていたことを考慮すれば、本図そのものが後代の造形に直接影響を及ぼしたとは解し難く、従って、本図が孤本として存していたとは思われない。これまでの考察を通して、本図にみられる来迎表現の形成に、浄土宗の開祖源空が関与していると推測されたことは、一連の上品上生来迎図の制作背景として浄土宗教団の興隆を想定させることとなろう。このことは、源空および初期浄土宗教団と阿弥陀聖衆来迎図とのかかわりについて従来示されていた消極的見解に修正を促すものであり、来迎図の史的展開を考察するうえで、新たな視点を提示するものといえよう。

註

（1）石田一良『浄土教美術――文化史学的研究序論――』昭和三十一年一月、平楽寺書店。

なお、本図に関する主な論文・解説は次の通りである。

①近藤喜博「法然上人の書状と蓮生房――清凉寺文書を中心に――」『月刊文化財』昭和四十年十月。

②赤松俊秀「熊谷直実の上品上生往生立願について」『続鎌倉仏教の研究』昭和四十一年八月、平楽寺書店。

③浜田隆「清凉寺蔵『迎接曼荼羅図』考」『国華』一〇二四、昭和五十四年六月。

④浜田隆「立像阿弥陀来迎図成立史考――仏坐像から仏立像へ――」『仏教芸術』一二六、昭和五十四年九月。

⑤河原由雄「阿弥陀浄土変相の展開」奈良国立博物館『浄土曼荼羅――極楽浄土と来迎のロマン――』昭和五十八年四月。

⑥中野玄三『来迎図の美術』昭和六十年五月、同朋舎。

⑦岩田茂樹「上品上生来迎図の成立――その思想と性格――」『文化学年報』三六、昭和六十二年三月。

（2）註（1）近藤論文。

（3）『大日本古文書』家わけ第十四所収。

（4）この問題に関する主な見解は次の通りである。

赤松俊秀氏は、清凉寺蔵源空自筆消息を引いて、念仏だけが決定往生の行であると説いた源空が直実に迎接曼陀羅を与えたとする伝承そのものに疑問を呈された（註（1）赤松論文）。同氏の仏教史の立場からの発言は、その後の論考に少なからぬ影響を及ぼしたと推測される。

浜田隆氏は、赤松説を踏まえつつ本図の制作年代を論じ、それを十三世紀前半としながらも、直実の生前には遡らないとする所見を示された。なお、同氏は、清凉寺蔵迎接曼荼羅由来等を根拠に、直実の没後比較的早い時期にその往生の状況が説話化されたとする仮説を立て、本図を一種の説話画とみなす独自の論を展開されている（註（1）浜田論文③）。浜田氏は、さらに、本図の成立に源空の高弟証空が関与したことを示唆された（註（1）浜田論文④）が、この説は、河原由雄（註（1）河原論文）、岩田茂樹（註（1）岩田論文）各氏によって支持されている。

中野玄三氏は、本図の制作年代を直実の生前に遡るとするが、源空とのかかわりには否定的であり、この点では浜田説に従っている（註（1）中野書）。

（5）『解説版新指定重要文化財9　書籍・典籍　古文書Ⅲ　歴史資料』昭和五十九年三月、毎日新聞社。
なお、各の名称については原則として指定名称に従うが、迎接曼陀羅の表記については歴史的表記に従った。

（6）註（5）書は、迎接曼陀羅副本を室町時代、迎接曼荼羅由来を南北朝時代のものとしている。

（7）直実の事績については、赤松俊秀氏が要領を得た紹介をされている（註（1）赤松論文）。

（8）『吾妻鏡』建久三年十一月廿五日、十二月十一日、同月廿九日各条。

（9）『熊谷家文書』第二、二五二号。（両文書は同筆、同文とみなされ、第二号文書の本文は省略されている。）
次に各文書に付された註記を掲げる。

二　熊谷蓮生（直実）置文寫

○コノ文書ハ、ソノ筆蹟本巻ノ表題ト相同ジクシテ、後ノ第二五二號文書ヲ寫シタルモノニカヽル、今本文ヲ省略シ、唯奥書ノミヲコヽニ敢ム、

二五二　熊谷蓮生（直実）置文

○コノ文書、原本ヲ検スルニ室町時代ノモノナルベシ、前第二號文書ハコノ置文ヲ寫シタルモノニカヽル、

なお、本文中の翻刻は、東京大学史料編纂所蔵『熊谷文書』（撮影昭和四十六年）第二号文書（挿図2）によった。第二五二号文書は同書に収録されておらず、筆者は未見であるが、『熊谷家文書』の翻刻によれば花押も写されているようである。

（10）赤松俊秀氏は、この置文の真偽について筆蹟と措辞とから疑問を呈された（註（1）赤松論文）。前者については、本文中で紹介したようにこの文書は写本とみなされるので同氏の誤解と思われるが、後者については、斯界の御教示を仰ぎたい。

(11)『吾妻鏡』承元二年九月三日、十月廿一日各条。

(12)『熊谷家文書』第二五六号「熊谷氏系図」には、承元三年（一二二一）の乱で討死した直国の首が、武州熊谷に下され、蓮生の影堂内陣に安置されたと記されている（「直国」の付記）。この記録によれば、当時、熊谷郷には蓮生の影堂が建立されていたことになる。

(13)『熊谷家文書』第七号。

(14)『熊谷家文書』第三二号。

(15)安芸国三入庄は、直国の嫡子直時と庶子祐直とに分割相続されたが、直勝は、祐直の孫に当たると考えられる（『広島県史　中世・通史Ⅱ』昭和五十九年三月）。

(16)『続群書類従』第六輯所収。

(17)引用は『増補史料大成』本による。

(18)引用は刊本（続群書類従完成会発行）による。なお、この史料については田口榮一氏の御教示を得た。

(19)『実隆公記』によれば、新曼陀羅の絵師として「絵所有久」の名が知られるが、これは、正和五年（一三一六）から貞治二年（一三六三）に至る期間に活躍したことの知られる巨勢有久を指すと考えられる（谷信一「東寺絵所考　寺社絵所及絵佛師之研究」『国華』五一七、昭和八年十二月）。

清涼寺蔵迎接曼陀羅副本は、現在、室町時代の制作とみなされている（註（7）参照）。しかし、同図は、後補の筆により当初の画趣が損われており、制作年代はさらに遡ることが推測される。この問題については、伝承絵師の検討を含めて一考が要されよう。

(20)『山城名勝志』巻第八上「永圓寺」「本願寺」項。

(21)『続群書類従』第九輯上所収。

(22)引用は註（21）書による。

(23)如導の存在と史料とについては田口榮一氏の御教示を得た。

(24)『熊谷家文書』所収文禄二年（一五九三）四月二日付「熊谷信直書状」（第一七二号）には、迎接曼陀羅の相伝が記されている。しかし、既述したように、直実所持本は当時すでに熊谷氏の手を離れていたと考えられ、これは摸本と解される。なお、信直は直時の後裔である（註（15）参照）。

(25)知恩院蔵法然上人絵伝（四十八巻）巻二十七は、源空の帰依者の一人として熊谷直実を採り上げたものだが、第二、三、四段の詞には熊谷直実自筆誓願状と源空、証空自筆消息とが引用され、また、第五段の直実臨終の場面には、簡略な画中画ながら迎接曼陀羅と近似した絵が描かれていることが指摘されている（註（1）近藤論文）。これらは、本願寺に施入された直実関係の遺品に直接取材したものと推測され、一連の遺品の伝来がおよそ明らかになったことは、同絵伝の成立を考察するうえで新たな資料を加えるものと考えられる。

(26)『清凉寺文書』第二二号。水野恭一郎・中井真孝編『京都浄土宗寺院文書』（昭和五十五年七月、同朋舎）所収。

(27)正しくは、現在清凉寺内にある阿弥陀堂、棲霞寺のものと考えられる。

玄智撰『大谷本願寺通紀』「蓮性」の項には、次のように記されている（『大日本仏教全書』一三二・二二四頁）。

嘗持二弥陀迎接図一。吾祖書二記文副一之レ。現在棲霞寺。（寺在二嵯峨清凉寺内。○或云。記文不レ似二宗祖筆格一。）

(28)塚本善隆「嵯峨清凉寺史　近世篇――嵯峨清凉寺における浄土宗鎮西流の伝入とその展開――」『仏教文化研究』五、昭和三十年十一月。『塚本善隆著作集七　浄土宗史・美術篇』（昭和五十一年十一月、大東出版社）所収。

(29)本図の図様については、中野玄三氏の詳細な解説があり（註（1）中野書）、本図の制作年代を考察するうえで大いに参考にさせていただいた。

(30)註（5）書による。

(31)ここで問題となるのは、阿弥陀の向かって右の二菩薩と、左の二菩薩二比丘形とである（挿図5参照）。この六尊は、帰り来迎の聖衆においても阿弥陀の背後に続く観音、勢至、持天蓋の菩薩を取り巻くように配されている。観音、勢至にこれらの六尊を加えた八尊は、阿弥陀の眷属である八大菩薩を表わしたものと推測されるが、各の尊名比定等については稿を改めて論じることとする。

(32) 本図のこの場面が、図像上、帰り来迎を表わしたものであることは、田口榮一氏によって指摘されている（田口榮一「滝上寺蔵九品来迎図について」『仏教芸術』一一二、昭和五十二年五月）。

(33) 引用は『浄土三部経』下（昭和三十九年九月、岩波書店）による。

(34) 清凉寺所蔵の一連の文書については影印本が刊行されている。『鎌倉　源空消息　證空消息　熊谷直實誓願状　迎接曼荼羅由来』（日本名跡叢刊五七）昭和五十七年一月、二玄社。

(35) 次に当該箇所を抄出する。なお、引用は註（34）書による。
ぜんだう、又てんだい、この事をみる物は、上品上生にうまる。又すじやうのくのぬく事をう。又むさうにんをさとる。又ごくらくにそぐわんにしたがつてうまるとの給へる事を、よごとにけんざいにみをがみて、ことしは十一年になる。

(36) 註（1）赤松論文。

(37) 引用は註（34）書による。

(38) 湛然述『維摩経疏記』巻上（『新纂大日本続蔵経』一八・八七四ａ）。
何以従レ浄却生レ此耶答下之八品不レ可二来生一上品上生或可二即能一到二彼土一已
なお、この出典については、中阿纂述 義山重修『円光大師行状画図翼賛』巻二十七のなかで指摘されている。

(39) この消息は、斉木一馬氏によって源空の代書であることが明らかにされている（斉木一馬「清凉寺所蔵熊谷入道宛証空自筆書状について」『仏教史研究』七、昭和四十八年三月同「興善寺所蔵の源空・証空書状覚之書」『藤原弘道先生古稀記念史学仏教学論集』乾、昭和四十八年十一月）。

(40) 註（1）岩田論文。
なお、同論文には、上品上生往生の意義を考察するうえで裨益されるところが大きかった。

(41) 源空の事績および思想については主として次の文献によった。
大橋俊雄「法然における専修念仏の形成」『法然　一遍』（日本思想大系一〇）昭和四十六年一月、岩波書店。

塚本善隆「鎌倉新仏教の創始者とその批判者」『法然』（日本の名著五）昭和四十六年十二月、中央公論社。

(42) 註（41）大橋論文　三九八頁。

(43) 源空の著書の解題については、次の文献を参照した。
坪井俊映『法然浄土教の研究――伝統と自証について――』昭和五十七年二月、隆文館。

(44) 引用は『法然　一遍』(日本思想大系一〇)(昭和四十六年一月、岩波書店)による。

(45) 源空が念仏による往生を上品上生に当たると考えていたことは、述作年次の知られるものでは、文治六年(一一九〇)二月、東大寺において講じたと伝えられる『三部経釈』のうち「阿弥陀経釈」の釈文のなかに認められる(『大正新修大蔵経』八三・一二八b〜一二九a)。

(46) 管見によれば、源空の帰依者で上品上生往生を願っていた者に熊谷直実、平基親がおり、源空に上品上生往生を願うよう勧説された者に北条政子、大胡実秀、津戸為守が知られる。後二者宛書状には往生の階位は明示されていないが、北条政子宛書状から類推される。次に出典を挙げる。
「基親取レ信信二本願一之様」『西方指南抄』巻下本(『大正新修大蔵経』八三・八九三b)
「鎌倉ノ二位ノ禪尼ヘ進スル御返事」『黒谷上人語燈録』巻第十三『西方指南抄』巻中末(『大正新修大蔵経』八三・二〇三a、八八〇b)
「大胡太郎實秀ヘツカハス御返事」『黒谷上人語燈録』巻第十四『西方指南抄』巻下本(『大正新修大蔵経』八三・二一四b、八八九b)
「津戸三郎入道ヘツカハス御返事」(九月十八日付)『黒谷上人語燈録』巻第十四『西方指南抄』巻下末(『大正新修大蔵経』八三・二一七c、九〇八c)

(47) 註(46)参照。
なお、この書状は、正治二年(一二〇〇)または元久二年(一二〇五)頃のものと考えられている(註(43)坪井書)。

(48) 源空が帰依者に教理の中心となる要文やその教えを書き与えていたことは、伝えられている著述等によってよく知られている。直実の置文に迎接曼陀羅と並んで記されている「上人御自筆御理書」もまた一種の教理書とみなされ、誓願状に引用されている教釈は、こうして源空より教示されたものと考えられている(福田行慈「熊谷直実自筆誓願文について」『印度学仏教学研究』三〇

一、昭和五十六年十二月)。

(49) 誓願状には一部文意の解し難いところもあるが、源空は、一種の対機説法を行っていたのではないかと思われる。

(50) 「三昧発得記」「夢感聖相記」『拾遺黒谷上人語燈録』巻上、「建久九年正月一日記」「法然上人御夢相善導御事」『西方指南抄』中本。

(51) 註（1）赤松論文。

(52) 本図の成立は、思想的背景のうえからは『三部経大意』撰述時期まで遡る可能性があると思われる。

(53) 引用は註（34）書による。

(54) 註（51）大橋論文　四二三、四二一頁。

また、そのような思想の尖鋭化にかかわらず、源空は、実際には、余行をさして嫌わなかったとする説もあり（斉木一馬「仏教古文書学講座六　欣而書状（興善寺蔵）」『日本仏教史学』一五、昭和五十四年十二月）、源空の門下で造仏・造画を行った者のいることも知られている（註（1）石田書　八四～九七頁）。

【附記】

本稿は、昭和六十三年五月、第四十一回美術史学会全国大会（於実践女子大学）における同題の口頭発表原稿に加筆補正を施したものである。本研究ならびに本稿作成に当たっては、田口榮一東京芸術大学助教授、水野敬三郎同大学教授より懇切な御指導を賜った。また、作品調査、図版掲載に当たっては、清凉寺、京都国立博物館、熊谷正雄氏の御高配を賜った。ここに記して深甚な謝意を表したい。

また、学会発表後、『出版ダイジェスト』（昭和六十三年六月二十日付）紙上にて戸田禎佑東京大学東洋文化研究所教授より御助言を拝受した。同氏によって指摘された鎌倉時代の仏画に於ける宋代絵画の影響の総合的把握という問題については今後の研究課題としたい。末筆ながら記して御礼を申しあげる。

迎接曼陀羅（部分）

第3部　その後の熊谷氏

I　安芸熊谷氏に関する基礎的研究

錦織　勤

はじめに

安芸国三入庄の熊谷氏は、周知のごとく武蔵国大里郡熊谷郷を本貫地とする東国武士で、熊谷直実の流れである。同家には良質の中世文書が多数残されており、それをもとに、数多くの研究が積み重ねられてきた。[1] けれどもそれらの研究は、概して嘉禎元（一二三五）年一一月一二日安芸三入庄地頭得分田畠等配分注文[2]の分析に集中していたと言っても言い過ぎではなかろう。もちろん、在地領主制下の村落の状況を物語る史料が乏しい中で、右の配分注文は第一級の史料であるから、その分析に努力が傾注されたことは当然である。しかし、そのために熊谷氏自身に関する基礎的事実を明らかにするという面で、やや欠けるところがあったことも否めないと思う。

例えば、同家は熊谷氏全体の中ではどのような位置にあるのかということ、換言すれば、安芸熊谷氏と直実との関係は如何という、最も基礎的な問題についても、明らかにされているとは言い難い。また、鎌倉期の所領譲与の様相という重要な問題についても、未だ解明されてはいない。これは南北朝初期の同家の動きを考えるためにも欠かせない点なのであるが。

そこで本稿では、第一に安芸熊谷氏の系譜、第二に同氏のうち直時系の所領相続、第三に同家の南北朝初期の所領争い、という三つの問題の究明を試みることにしたい。これによって、同家の鎌倉から南北朝初期の動向をより具体的なものとし、またこれまで気付かれていなかったいくつかの点を指摘することができるように思う。

一、安芸熊谷氏の系譜

これまでの研究では、安芸熊谷氏は直実の嫡流として疑われなかった。それはおそらく、主として系図類に基づいて形作られた観念であると思われる。熊谷氏系図（二五六）では左図のように記されているし、『続群書類従』第六輯上所収の熊谷系図でも同様である。また同右書所収北条系図、『系図纂要』第八冊所収熊谷系図でも、安芸熊谷氏を直実嫡流として記しているとみることができる。しかし、これらの系図の記事は、そのまま受け入れて差し支えないものなのであろうか。一般に、系図は後世の作成になるものが多く、必ずしも無条件に信用できるものではないことは言うまでもないが、右の記事は他の文書によって裏付けることができるのであろうか。

さらに、これと密接な関係を有する問題として次の点がある。諸系図は直実―直家―直国―直時としており、これについても、従来はそのまま承認されている。しかし、直実―直家、および直国―直時に関しては文書上から確認できるもの(3)の、直家―直国を証するものは見当らないようである。したがって、直家―直国という系譜の真偽についても検討する

直実─┬─直家───直国───直時───直高───直満─┬─直藤
　　　├─実景　　　　　　　　　　　　　　　　　　　└─直経───直明（後宗直）
　　　└─直勝───祐直───頼直───直勝───直清

必要を感ずる。そこで、本章ではこれらの諸点について考察を加えることにしたい。なお、直時以降の系譜については、直藤を直継の誤りとみれば、前掲図の通りであることが、文書上からも確認できる。[4]

さて、安芸熊谷氏が直実嫡系か否かに関しては、正安二（一三〇〇）年閏七月二七日関東下知状（二六）の中で、明法代官乗信が「直実法師法名蓮性跡惣領者、二郎左衛門尉直忠也」と言っているのが重要である。そして、それに対しては何ら異論が挾まれていないこと、また直光（満）自身も「当郷西方者、直光惣領」と述べていることからみれば、直満が熊谷郷全体の惣領でなかったことは明らかなのである。つまり、この点だけから言っても、直満の子孫である安芸熊谷氏を直実嫡流とする通説は改められなければならない。

ただ、そうはいっても、このことは直ちに直国・直時・直高が直実嫡流にあらざることを示すものでもない。というのは、直国・直時・直高・直満のうちの誰か一人でも庶子であった場合には、右史料のように記されることになるからである。そこで、次にこの点について考えてみることにしよう（以下の叙述については本論文末の系図参照）。

まず、直国には知られる限り二人の子息があった。実子の千虎（直時）と養子の弥虎（資直）である。文暦二（一二三五）年七月六日関東下知状（一五）をみると、この二人以外に子供がいたとは考え難いが、仮に、他に子息があったとしても、直時が直国嫡子であることは動かないところである。というのは、承久三（一二二一）年九月一八日関東下知状（八）には、「武蔵国熊谷郷内直国屋敷田地等、任譲状本証文等、子息千虎丸可令相伝安堵」とあるが、これは、熊谷郷内の直国の屋敷田地は、すべて千虎丸（直時）が相続したことを意味しているからである。

ところで、この時、直時が安堵された「熊谷郷内直国屋敷田地」は、文暦二年の関東下知状（一五）では「西熊谷郷」と呼ばれていた。[5] そして、正安二年の下知状（二六）で、直満が「当郷西方者、直光惣領也」というときの当郷西方とは、この西熊谷郷のことに相違ないから、直満が直時の嫡流であることは間違いないことになる。とすれば、当然のことながら、直国自身、直実の嫡流ではなかったという結論に逢着せざるをえない。

以上、安芸熊谷氏の直接の祖である直国は直実の嫡流ではないこと、直実嫡系は正安二年頃には直忠という人物であったこと、について述べた。

なお、直忠は『続群書類従』所収の北条系図、『系図纂要』の熊谷系図には、直家の孫として記されている。世代的に見てもさほど無理はないから、おおむね事実と認めてよいと思われるが、この点については決め手がない。

さて、それでは第二の問題である直実と直国の関係については如何であろうか。直忠という人物を（直国甥として）記している北条系図[6]は、他の系図に比べて信憑性があることが、文書の上から裏付けられたと言える。その北条系図でも、直国は直家の子とされている。それでは、この点については疑問の余地はないのであろうか。

ここで、建久二（一一九一）年三月一日熊谷蓮生（直実）譲状（一）が注目すべきものとなってくる。その理由は、第一に、そこで譲られたものが、後に直国系が相伝したものと著しく近似していること、第二に、この譲状が直家系のものではなく、その弟[7]である家真系のものであること、にある。第一の点については、既に鈴木哲雄氏の「この譲状の内容はのちの文書とよく整合する」という指摘がある[8]。しかし、具体的な指摘はないし、小論のポイントになるところであるから、私なりに考えてみることにしたい。

蓮生譲状で直実から家真へ譲与されているのは、四至を記された一所（屋敷地）と為真垣内、および田二〇町であった。

一方、直国が領有していたのは、前述のように、直時が相続した「熊谷郷内直国屋敷田地」であり、別の史料では、それは「西熊谷郷」と呼ばれていた。このうち屋敷地については、欠年（承久二）一二月一日武蔵国熊谷郷内地頭平直国堀内免除状（四）によって、その四至を知ることができる。また田地に関しては、後のものであるが、貞治四（一三六五）年の熊谷直道経直譲状（九二）に「熊谷郷恒正名号西熊谷」という記事があり、それによって、承久二（一二二〇）年一二月二日武蔵国熊谷郷恒正名名寄帳（五）は、まさに直国知行田地の目録だったことが判明する。直国の屋敷田地とは、堀内免除状にみえる屋敷地一所と恒正名一五町四反余だったのである。とすれば、蓮生譲状の屋敷・田地と直国以下の知行地とがよく整合するとされた、先の鈴木氏の指摘は首肯しうるものと言うことができよう。(9)

ただ、問題がないわけではない。屋敷地と田地のセットは、当時の在地領主の所領の基本的な形態だったのであり、両者が類似しているのはむしろ当然と言えなくもないからである。しかし、家真と直国の所領は、ただ単に形態的に類似しているばかりではないようである。以下にそのことを示そう。

直国系の熊谷氏は久下氏とたびたび所領相論を起こしている。文永元（一二六四）年五月二七日関東下知状（一九）に「論所久下次郎左衛門尉泰忠論云々天沼田弐段事」とみえ、正安二（一三〇〇）年八月一三日久下光綱和与状（二七）にも「直光則自弘安五年、光綱令押領西熊谷郷内雨沼田四段余之由訴之」とある。二度とも相論の対象となったのは雨（天）沼田であった。そして、右の和与状の引用部分から、その所在が西熊谷郷内であることが知られるし、和与状の事書に「相論武州西熊谷郷堺事」とあるから、久下氏の所領との境にあったことが明らかになる。久下氏の所領は現在の熊谷市久下を中心とした地域にあたるので、(10)熊谷氏の所領との位置関係から、雨沼田はおおむね久下の北西あたりと、(11)その位置を推定することができる。

一方、蓮生譲状の田二〇町には「佐谷田ノ境ニ付テ」と注記されているが、この佐谷田は久下の北西一キロメートルほどの位置にある。とすれば、譲状の田二〇町と、雨沼田を含む直国系の恒正名とが重なり合う可能性は、極めて大きいといえよう。

それに、何よりも蓮生譲状が直国系に伝えられていることは無視できない事実である。これらのことから判断すれば、蓮生譲状で家真に譲られている屋敷・田地と、直国が知行していた屋敷（堀内）・恒正名とは同一のものであると認めてよいと思われる。(12)

右の考察と、先述のところを考え合わせると、自ずから直国は直家の子ではなく、直家弟の家真の子孫である可能性が大きいという、既存の系図の記載とは全く異なる結論に到達する。

しかし、ここに大きな問題が残されている。蓮生譲状には、編者の「コノ文書ノ原本ヲ検スルニ、当時ノモノニアラズ、但、鎌倉時代ヲ降ラザルモノナルベシ」という注記があり、さらに、文書の記載自体にも疑問があるのである。というのは、ここには地頭蓮生とみえるが、直実が出家して蓮生となるのは建久三（一一九二）年一一月二五日以後のことで（吾妻鏡同日条）、譲状作成時には未だ出家していなかったのである。このように、いくつかの点からみて、譲状が後の作成になるものであることは明らかで、そのままでは使用に耐え得ないものと言わざるをえない。

が、忘れてならないのは、直実の譲状そのものは、少なくとも弘長三（一二六三）年段階では直時の手元に存在していたことである。(13)換言すれば、直国の系統に関わる直実の譲状そのものは実在したのである。そして、現存蓮生譲状の内容が自らを直実嫡流と偽ろうとするものではなく、また熊谷郷における権利の拡大を計ったものでもない（譲状の内容と直国系の知行地はほぼ一致する）ことから考えると、その内容についてはおおむね事実を伝えたものと認めてよいのではなかろうか。このような判断の上に立って、既述のごとき、該譲状に依拠した論を提起したのである。

以上、本章では、直国は直家の子ではなく、直実の庶子である家真の系統と考えられることについて述べた。

二、直時系の所領の相続

本章では、直国以降の所領相続について考えることにしたい。とはいえ、紙数の関係上、直時系のそれに限定せざるをえない。まず、直国から直時・資直への所領相続であるが、これをめぐる諸問題については、既に諸先学によって詳しく論じられているところであるから[14]、その内容については繰り返さない。ここでは、西熊谷郷・三入庄を各々地域的に三分二・一に分割することで、最終的な決着がついたことだけを確認して先へ進もう。

さて、直時から子孫への譲与であるが、彼の譲状は残っていない。ただ弘長三（一二六三）年一〇月八日付の自筆置文（一九六）が一通残されている。内容は、まず一二通の文書名を列記したのち、

（1）右に掲げた代々の譲状・証文等、および御下文を女子山田女に預け置く。

（2）男子の二郎・三郎を差し置いて女子に預けるのは、彼等が親のために不孝だからである。

（3）ただし、今後女子・男子の中に直時にとって心安き輩があったならば、相計らう（所領等を譲る）つもりである。

（4）もし直時が死ぬことがあったなら、この置文を譲状として、これらの所領は山田の女房が知行すべきである。

（5）ただし、千法師丸には、養子ではあるが、安芸の所領を分け譲った。また安芸にいる女にも少分は譲るべきである。

とするものである。

この置文は、もしこの後、直時が別の子女に譲与の意志を示すことがなかった場合、山田女が直時遺領の大部分を相続すべきことを指示しているが、現実にはどうだったのであろうか。先述のごとく、直時の譲状は存在しないので、この点を直接知ることはできないけれども、後の知行の状況から一定の推測が可能となるように思う。

まず西熊谷郷について。永仁六（一二九八）年に西熊谷郷に賦課された鶴岡八幡宮の放生会用途銭六貫文と白米八升八合は、「熊谷彦次郎殿分 図書助入道孫子」の三貫四七七文・白米四升八合と、「同図書助入道（直時）女子跡分」の二貫五二〇（マヽ）文・白米四升に分割されている（二四）。これは直時跡の西熊谷郷三分二が、図書助入道孫子彦次郎＝直満分（五八パーセント）と直時女子跡分（四二パーセント）に分割されていたことを意味している。

また三入庄については、正安元（一二九九）年の六波羅下知状（二五）に「当庄三分二内下村分号本庄地頭熊谷彦次郎直光（満）」とあるのが重要である。ただ、これについて論ずる前に、三入本庄について触れておかねばならない。右の引用部分からは、本庄とは三入庄三分二の内の下村分を指しているように読み取れる。しかし、他の史料と照らし合わせると、これは誤った記載と考えざるをえない。それは「三入庄三分二号本庄」という表現が二ヵ所見えること（九二・一二七）、「承久任国後、兄弟分派、従号本庄・新庄」（一〇一）という記事が見えること等から、三分二方を本庄とするのが妥当と判断されるからである。したがって、先引部分は、正しくは「三分二号本庄内下村分」と記されるべきであったと言える。

さて、元に帰って、先の史料の「三分二内下村分」という記載と、南北朝初期に本庄上村が見えること（七〇）、「本庄半分」という言葉が上村を指していると思われること（六一・七〇、この点後述）を合わせ考えれば、三入庄三分二方＝本庄が上村・下村に二分されていたことはほぼ明らかである（ただし、この時の分割については、単純に上・下に分けられたと言い切れない部分が残るが、ここでは一応二分割されたものとして、話を進めていきたい。なお、この点には次章で少し触れる）。

そして、「三入庄領家弁僧都任宗雑掌任賢」との相論の場での呼称であることを勘案すれば、右の「下村分地頭熊谷彦次郎直光」という表現は、直満が下村分だけの地頭であることを示していると解されるから、上村については誰か別な人物が地頭であったということになる。以上のところから、三入庄三分二＝本庄についても、某知行の上村と直満分の下村とに分かれていたことが明らかになったと思う。

さて、西熊谷郷・三入本庄ともに、直満の段階では二分（それもほぼ中分）されていた。二つの所領は、それぞれ別個に分割された可能性もないわけではないが、いずれの一方も直満が知行していることを思えば、同じ頃、同じ契機・理由で分割されたとするのが自然ではなかろうか。では、それはいつ頃なのか。

その点について、まず前記の放生会用途が、直満分と直時女子跡分に分けられていることが注目に値する。一方の当事者が直時女子（跡）であった事実は、分割が直高から直満へ、あるいは山田女からその子女へという段階になされたのではなくて、直時跡の分割であった可能性の大きいことを示していると思われるのである。

時期は一応そう考えるとして、ではこの分割は直時の譲状によってなされたのであろうか。諸般の事情を考えると、どうもそうではなさそうである。第一に直時の譲状が残されていないこと、第二に、元徳三（一三三一）年三月五日熊谷直勝譲状（三二）が、直高から直満の譲状に改竄されている事実、第三に、嘉暦三（一三二八）年七月二三日関東下知状（四六）の「熊谷図書助入道西忍（直時）遺領相論之時、女子尼蓮忍代訴申直継」という記事から、直時の遺領に関して長期にわたる相論があったことが知られること、この三点が右のように考えさせる材料である。

第一の点についていえば、文書の残存はもとより偶然的なものであり、現存しないことは存在しなかったことを意味するものではない。しかし、次に述べる第二、第三の点を考慮すると、直時譲状が残っていないのは、単なる偶然とは思われない。

次に、第二の譲状の改竄に関して述べよう。直勝譲状には「本文中モトノ字ヲ擦消シテ改メタルトコロアリ、今「　」ヲ以テ之ヲ示シ、モトノ字ヲ判断シ得ルモノニハ傍注ヲ加ヘタリ」という編者の注記がある。それによって判断するに、元来、この譲状は直勝（資直孫）から子息直氏へ、三入新庄を譲与するという内容のものであったのが、後に、直高から直満へ三入本庄を譲るというように改竄されているのである[15]。

改竄の時期は、直高から直満への譲状の存在が少なからぬ意味を有した時代のことであろうから、さほど後世のことではなかろう。そして、その頃にこのような改作がなされたことは、直高から直満への譲状が初めから存在しなかったことを思わせはしないだろうか。

さらに、譲状がなかったのは、直高が三入本庄を知行していなかったので、譲状を書くことができなかったため、と解するのが無理がない。そして、そのことは、直高が直時の譲りを受けていなかったことを推測させる。同時に、被譲渡者が直満に改められていることは、一般によく見られる祖父から孫へという譲与もなかったことを示していると思う。直満が直接直時の譲りを得ていたのなら、直高からの譲状を偽作する必要性は乏しいのだから。

以上、憶測に憶測を重ねる結果になってしまったが、譲状の改竄は、直高・直満ともに直時からの譲りを得ていないことに起因すると推測されることについて、縷言した[16]。

第三の遺領相論については、前引部分から直時の娘の尼蓮忍と直継との間で争われていることがわかる。直継は直満嫡子であるが、元亨二（一三二二）年九月二五日に死去した（四六）。また直満も、少なくとも徳治三（一三〇八）年までは生存が確認されるが[17]、遅くとも元亨二年までには死去している[18]。とすれば、直継が一方の当事者となった相論は、一三一〇年代のこととみて大過なかろう。直時の生存が確認されるのは文永二（一二六五）年が最後であり（二〇）、おそらくこの時からあまり時を隔てずに死亡したように思われる。したがって、相論は三～四〇年という長期間にわたり、また世代的には曾孫の代まで尾を曳いていたといえよう。

このような長期の遺領相論があったことからすれば、直時が尋常な譲与をしていたとは考えにくい。そして、先の直時置文の内容を思い合わせると、直時は置文が譲状に代替できないことを知ってか知らずか[19]、譲状を記さずに死んだのではないかと思われる。そして、まさしくこのことが後の相論の種になったのではなかろうか。

以上述べたところから、遺領相続に関して次のようなストーリーが浮かんで来はしないだろうか。すなわち、直時は譲状を書かずに死去した。弘長三年の置文は、譲状なき時はこの置文を譲状として山田女が相続すべきことを指示しているが、当時の慣例として、置文は譲状としての機能を持ちえなかった。そこで、相続に関して、故人の意志を主張する山田女側と、男子としての権利や置文の譲状としての効力の無効を主張する二郎（直高）等の間で相論となった。その後の経緯については推測できないが、最終的には、両者の間で西熊谷郷三分二・三入本庄をそれぞれほぼ折半することで一応の決着がつけられた。しかし、相論の火種はその後も長くくすぶり続け、直時の曾孫直継の代にまで及んだ、という筋書である。

ただ、ここには未解決の問題が二つある。一つは、置文が直満の系統に残されているのはなぜか、本来なら山田女

	置文に記された文書名	現存の文書名（文書番号）
(a)	熊谷入道殿の譲状	建久2. 3. 1　熊谷蓮生譲状　(1)
(b)	故左衛門殿の譲状	
(c)	堀内の証文	欠年　12. 1　平直国堀内免除状　(4)
(d)	熊谷の惣検の時、とんとん帳	承久2. 12. 2　熊谷郷恒正名名寄帳　(5)
(e)	安堵の御下文	承久3. 9. 18　関東下知状　(8)
(f)	勲功の所安芸の三入の御下文	承久3. 9. 6　関東下知状　(7)
(g)	天福御下知	
(h)	貞応御下知	貞応2. 3. 18　使者兵衛尉平某成敗状　(9)
(i)	安芸の御配分の状	嘉禎元. 11. 12　三入庄地頭得分田畠等配分注文　(16)
(j)	熊谷の御配分の状	
(k)	同じき熊谷の土帳	
(l)	熊谷かうしんののけらるる御下知	

の系統に残されている―換言すれば、山田女系の他の文書と共に失われている―べきではないか、という点である。第二は、相論関係の文書が、特に裁決文書がどこにも残っていないのはなぜか、という点である。いずれの点も重要な問題であり、本文の論旨とも無関係ではないが、今直ちに答えることはできない。ここでは、一応、何かほかの理由によるもので、先述の解釈に変更を迫るものではないとして、若干の疑問を残しながらも先に進みたい。

さて、右のように考えれば、弘長三年の置文に記された一二通の文書のうち、現在も正文が伝えられていると思われるのが六通しかないことも[20]（表参照）、無理なく説明できるのではなかろうか。つまり、所領の二分割に対応して、相伝の文書も半分ずつ所持することにしたのではないかと思うのである。

以上のような見解に立つとき、建久二年の蓮生譲状の作成（偽作）の事情についても、一定の推測が可能となってくるように思う。蓮生譲状そのものは直時の手元に実在したこと、譲状の内容が自らを直実嫡流として飾ろうとするものではなく、また熊谷郷における権利の拡大を目指したものでもない（譲状の内容と直国の知行地はほぼ一致する）ことを勘案すれば、次のように考えることもあながち妄想とは言い切れないであろう。

それは、直高系の人々は、社会的にも著名だったであろう直実の譲状が、自らのもとに渡らなかったこと（山田女の側に留まった）を残念に思い、いつの頃にか（多分鎌倉末期に）人々の記憶をもとに蓮生譲状を作成した、という推論である。そのためか、現存譲状を見ると、そこには新たな権利獲得などという邪念は認められない。ただただ、直実の譲状を忠実に復元して所持していたいという気持しかないように思われる。前章で、蓮生譲状は内容的にはおおむね信用に足ると述べたのには、このような憶測も与っていた。

なお、ここで注意すべきは、三入本庄・西熊谷郷についての分割が成立したときの一方の当事者は、直高ではなく直満であったと考えられることである。直勝譲状改竄に触れて述べたように、直高から直満への譲状が存在しなかったのは、直高の三入本庄知行の事実がなかったためと考えるのが自然である。となれば、自ずから分割の当事者は直高でなく直満であったということになる。そして、直高が当事者たりえなかった理由としては、彼が相論決着までに死去したか、あるいは彼は直時から不孝であるとされていたので[21]、自分は表面に出ず、嫡子直満に与えられるという形式をとったか、のいずれかであろうが、どちらが妥当かについては判断のための材料に欠ける。

さて、直高は父直時から所領を譲られることはなかったが、母の方から武蔵国木田見郷内の田二町・在家二宇を相続し、それは直満へ受け継がれていく（二二・四六）。直満の所領としては、このほかに美濃国金光寺内田畠、安芸吉木村三分一があったことが知られるが（四六）、その由来は不明である。

ところで、三入本庄下村については、正安元（一二九九）年に直満と領家との間で下地中分が成立している（二五）。下村の八町を領家方に打渡し、残りの田畠山野は地頭進止とするというのがその内容である。これに関しては、これまでは三入本庄全体についての下地中分と受け取られていたが、[22]「三入庄領家弁僧都任宗雑掌任賢」と「当庄三分二内下村分号本庄地頭熊谷彦次郎直光」との相論に起因する和与中分であるし、前記の熊谷氏による地頭職の分割後のことであるから、下村についての中分とみるのが正しい。

直満の所領は、徳治三（一三〇八）年四月二一日、二人の男子直継・直経に半分ずつ譲られた（四六）。その譲状には「子なくば、何れにても、兄弟の中に知行すべし」という但書がついていたため、直継が元亨二（一三二二）年九月に子のないまま死去した後は、その所領は直経が合わせ知行することになった（同右）。それに対して、直経継母尼真継（おそらく直継母）が異議を申し立てて訴訟となったが、却けられ、嘉暦三（一三二八）年七月二三日関東御教書によって、直経の直満跡一円相続が認められた。[23]

三、南北朝初期における直経の所領拡大

南北朝内乱期に直経に宛行もしくは預置かれた所領は多数にのぼるが、[24]それらの実際に知行しうるか否か定かではない所領の獲得よりも、直経にとって重要だったのは三入庄三分二方（本庄）における所領拡大であった。本章では、この点について詳しく考えてみることにしたい。

直経の三入本庄における所領拡大（縮小）に触れたこれまでの論稿[25]では、おおむね次のように考えられていた。

（イ）三入本庄は一旦「元弘没収之地」として没収され、その後熊谷直清に与えられた。

（ロ）しかし、直経がそれに異をとなえたため、幕府は三入本庄を分割して、直経と直清の息直房に半分ずつ与え

ることで折り合いをつけた。

（ハ）直経は、その結果、三入本庄上村だけを知行することになった。

確かに、暦応三（一三四〇）年三月二七日足利直義下知状（六三・一二六）には、

当庄為元弘没収之地、被充行熊谷三郎左衛門尉直清間、於本領返方、就中子細、去々年九月十一日所賜還補御下知也、如彼御下知者、安芸国三入本庄半分事、直経代々相伝依無相違、建武元年既成賜御牒畢、加之、軍忠又無子細歟、如元可令領知云々、

という記事があり、右の論を裏付けているようにも見える。

しかし、右の論は、直経が鎌倉末に三入本庄全体を知行していたことを前提としていて、彼が本庄下村しか相続していないことに気が付いていない、という根本的な問題を含んでいる。また、それはおくとしても、次のような問題がある。

暦応元（一三三八）年の足利直義下知状（六一）に見える直房父の「三郎左衛門尉直清」は、元弘三（一三三三）年五月二〇日熊谷直経代同直久軍忠状（三六）に、直経代直久らの大将として丹波等を転戦していたことが知られる彦三郎直清のこととして間違いなかろう。とすれば、これまでの論に基づいて言えば、三入本庄は直経から没収して、彼の代官と同じ行動をとっていた直清に与えられたということになる。が、これは極めて不可解な処置といわざるをえない。

また、建武元（一三三四）年六月一〇日には雑訴決断所牒（四八）によって、熊谷郷内恒正名、同国木田見郷、三入本庄、美濃国倉光寺半分地頭職の当知行を安堵されていることも見逃せない。この二点に、後醍醐方参戦が極めて

早期になされたことなどを考え合わせると[26]、直経所領が元弘没収之地となるような理由は見当らないと言わなければならない。とすれば、これまでの解釈には再考の余地があることは明らかである。それでは、どう説明したらつじつまが合うのであろうか。

ここで、直経と直清・直房の相論に関する史料を見直してみることにしよう。直接手懸りとなる史料は次の二つである。

（A）暦応元（一三三八）年九月一一日　足利直義下知状（六一）

（B）暦応四年四月二二日　足利直義下知状（七〇）

注意しなければならないのは、第一に、直経が訴えたのは当初から「三入本庄半分地頭職」であったことである（（A）の事書）。つまり、直経と直清・直房が争っていたのは三入本庄全体ではなく、初めからその半分についてであったと考えられるのである[27]。これを裏付けると思われるのは、（A）に「当庄半分、如元直経可令領知」とだけ記されていて、上村・下村のうちのいずれかを指定していないという事実である。もし全体を争っていたのなら、折半せよという判決には、直経が知行すべきは上村か下村かについての指定があるはずである。それがなければ、なお紛争の種が残ることになるから。

注目すべき第二の点は、（B）で、「本庄内上村事」について「当庄地頭職者、（中略）暦応元年九月十一日預還補御下知」としていることである。これと前記のところを合わせれば、暦応元年に直経領知が認められたのは、本庄上村であったということになってくる。「当庄半分、如元直経可令領知」（（B））と言われているが、実は、彼が鎌倉末に当知行していた下村ではなく、上村が与えられていたのである[28]。

以上のことから、もともと、元弘没収地として直清に与えられたのは、三入本庄全体ではなく本庄半分だけ、それも直経が知行していなかった上村の方であったとするのが妥当と思う。直経の下村地頭職に変動はなかったが、熊谷一族の某の知行地であった上村地頭職の方は元弘没収の地となり、それが西国で転戦していた直清に与えられた。ところが、直経は直時直系としての権利を主張して「本庄半分地頭職」を賜わらんことを訴えた。足利直義は直経の提出した証拠文書と、建武元年六月一〇日に三入本庄等の当知行を認めた雑訴決断所牒（四八）に任せて、上村を直経のものとする決定を下したのであろう。このように考えることによって、従来の論に伴う不明瞭さが解消し、前後の動きとも合致するように思われる。[30]

ところで、直経がこの時期に獲得した所領はほかにもある。それは三入本庄三分一方である（五七・五八・七三・八七）。ただ、三分一方全体なのか、あるいは三分一内一方なのかについては必ずしも明瞭ではないところがあるが、ともかく、少なくとも三分一方内一方については、直経のものとなったことは疑いない。

ところで、この本庄三分一方とはいかなるものなのか。それについては確かな所見を欠き、不明であるとしか言いえない。三分一というからには、かなり大きな分割であって、鎌倉後期、庶子に通常分割譲与された田畠の規模（熊谷氏の場合、一～二町程度）[31]を超えているとしなければならない。とすれば、そのような大きな分割があった時期として思い浮かぶのは、現存史料からいえば直時遺領相論しかない。すなわち、この時本庄が上・下村と三分一方とに分割されたとみるしかない。しかし、それには、上村を後年「本庄半分」（六一・七〇）と言っているのが、どうしても払いされない疑問として残る。三分割したのなら多少の面積の広狭はあっても、もっと別な呼び方（普通は三分一方）をするであろうと思う。この一点によって、私には右の考え方を採ることができない。

また、正安元（一二九九）年の下地中分によって領家方となった八町のことではないかという考え方もありうると思う。八町は三入本庄下村の三分一程度に当り（一六）、数値的には都合がよいが、本庄下村三分一方ではなく「本庄三分一方」と呼称されていること、「三分一地頭職」であって領家職ではないこと（五七）など、より大きな難点がある。残念ながら、今の私には三分一方についてうまく説明できる考えがないので、この点については後考をまちたいと思う。

ともあれ、鎌倉後期に当知行していた下村に加えて、上村とこの三分一方（内一方か）を獲得したことによって、直経は南北朝のごく初期に、三入本庄のほとんどの部分を支配下に収めることに成功した。後年、彼が子息の宗直に与えた譲状（九二）中に「三入庄三分二号本庄坪付在別紙地頭職」と記しえたのには、このような背景があったのである。

むすび

本稿では、安芸熊谷氏の系譜、および鎌倉～南北朝初期の同氏の、とりわけ直時系における所領譲与の様相について考察してきた。改めてまとめる必要もないかもしれないが、繁雑になったところも多いので、一応意図したところを確認しておきたい。

（1）安芸熊谷氏は直実の嫡流ではない。直国は通説では直家の嫡子とされていたが、直実庶子家真の系統とする方が、いろいろな状況からみて筋が通る。

（2）直国が相続したのは熊谷郷の全体ではなく、そのうちの西熊谷郷であった。

（3）直時から子孫への所領譲与に関しては、彼が譲状を残さなかったために、長期にわたって相論が続いた。相論は結局、彼の孫直満と直時女子等との間で、西熊谷郷三分二、三入本庄をそれぞれほぼ二分することで決着したと推測される。因に、直満が得た三入本庄半分とは下村の方であった。

（4）直経は南北朝初期に三入本庄上村、同本庄三分一（あるいはその内の一方のみか）についても領知を認められ、ほぼ三入本庄全体の知行権を得た。

以上が、本稿で私が主張したかったことの骨子である。能力の不足に加えて、史料の乏しいこともあって、結論の多くは憶測の域を出ていないことは認めざるをえないが、もし右のように考えることが許されるとしたら、当該期の熊谷氏の動向を、これまでよりも容易に、かつ筋を通して説明できるのではなかろうか。

これまでの武士団研究の多くは、共通して次のような欠陥を内包していたように思われる。第一に、ある一つの家の動きを、その家を含む氏族全体の動きの中に位置付けるという面で、やや欠けるところがあったこと、第二に、系図類をやや無批判に受け入れがちであったこと、の二点である。本稿で論じたところから、東国武士のなかでも最も著名な氏族の一つで、古くから多数の研究が積み重ねられてきている熊谷氏の場合も、その例外ではなかったことはお認めいただけるのではないかと思う。また、別稿で述べたが、吉川氏研究についても同様の問題を指摘できる[32]。もちろん、これまでの武士団研究のすべてがそうだというわけではないが、今後、いま一度鎌倉期の武家文書を見直してみる必要がありはしないだろうか。

註

(1) 主なものとしては、今井林太郎氏「安芸国三入庄と熊谷氏」(『社会経済史学』一一巻一一・一二号)、熊田重邦氏「安芸国三入庄に関する覚書」(『広島女子短期大学研究紀要』六集、以下A論文と呼ぶ)、黒田俊雄氏「村落共同体の中世的特質」(清水・会田氏編『封建社会と共同体』)、佐藤和彦氏「国人領主制の展開」(『歴史学研究』別冊、一九六三年、A論文と呼ぶ)、熊田氏「安芸国熊谷氏の惣領制について」(『広島女子短期大学研究紀要』一四集、B論文と呼ぶ)、佐藤氏「鎌倉・室町期における在地領主と農民をめぐって」(『歴史学研究』三一五号、B論文と呼ぶ)、熊田氏「熊谷宗直の三入庄支配についての覚書」(『広島女子大学紀要』第一部、人文・社会科学三号、C論文と呼ぶ)、清水久夫氏「東国御家人熊谷氏の西国移住について」(『法政史論』四号)、鈴木哲雄氏「武蔵国熊谷郷における領主と農民」(『地方史研究』一六三号)、『可部町史』等がある。

(2) 『大日本古文書　家わけ第十四　熊谷家文書』一六号。以下、書名を省略し文書番号のみを記すことにする。

(3) 直実―直家については、『吾妻鏡』承元二年九月三日条、同年一〇月二一日条。直国―直時は文書番号八・一五。

(4) 直時―直高―直満は、(イ)直時の官名が図書助であること(一八・二〇)、(ロ)彦二(次)郎は図書助の孫であったが(二四)、彦二郎とは直満の呼び名であること(三〇)、(ハ)直満父は直高であったこと(三〇)、を考え合わせると明らかである。直満―直継・直経については、四六に「真継亡息余次直継(直経兄)」、「直経等亡父彦次郎直満」とあることから明白である。直経―宗直については、九二に「(直道)実子小四郎宗直」とある。直道が直経であることを直接証するものはないが、そこで譲られているものからみて、まず間違いない。

(5) 事書の「武蔵国西熊谷郷」は本文中では「熊谷郷者、亡父直国相伝之屋敷也」と表現されている。

(6) 『系図纂要』の熊谷系図も直忠を記しているが、直時を直家息としているので、問題にならない。

(7) 蓮生譲状には嫡子直家、次男実景が証判を加え、また家真は「依為子息」って譲与するとされていることから、家真が直家等の弟であることは明らかである。ところで、譲状では家真の傍らに異筆で「さねいゑ」と注記されている。したがって、あるいは家真ではなく真家であったかもしれない。なお、真の字も正しくは実であった可能性がある。

(8) 註(1)論文、五三頁。

(9) ただし、鈴木氏が「直実が支配していた領域の実態を示すもの」とされる点、および「真実の譲状は一二六三年以前には作製されていた」とされる点（以上、五三頁）については賛成できない。第二の点については後述。

(10) 『熊谷市史』上巻、一九六頁。

(11) 熊谷氏の所領は、現在の熊谷市街地を中心に展開していたと考えられる（『熊谷市史』上巻、二〇四～二〇五頁、鈴木氏註（1）論文、四三頁）。なお『角川日本地名大辞典　埼玉県』によれば、天沼という地名は熊谷市村岡字上出口付近に残っている。雨沼田は度々の相論の中で常に雨沼田とだけ呼ばれている。それだけで指し示すものが明らかなのであるから、普通名詞ではなく固有名詞と考えるべきであろう。

(12) 蓮生譲状の田地は二〇町なのに、恒正名は一五町四段余しかないこと、譲状の屋敷地の四至と直国分堀内免除状のそれが一致しないこと、の二点については、現存譲状の作成（後述）に際して、細かいところまでは正確に復元しえなかったためか、あるいは、直国が家真の所領の全てを相続したわけではなかった（家真から庶子への分割譲与分が除かれている）ためか、のいずれかと考えている。

(13) 同年一〇月八日熊谷直時自筆置文（一九六）に「一つ、くまかやのにうたうとの丶ゆつりさう」が見える。現存の直実譲状は後世の偽作であるが、鈴木氏はそれがこの時以前になされたとし（註(9)参照）、作成理由として、開発された部分の領主権を、直実譲状の偽作という形で主張する必要が生じたことを挙げられている。しかし、開発地の領有権主張というのであれば、譲状ではなく、より適切な文書の種類（例えば立券文など）があったのではないか。私には、弘長三年以前に譲状偽作の必要はなかったように思われる。なお念のために申し添えれば、家真から子孫（多分直国）への譲状が置文に見えないのは、それが直時・資直の所領分割の際に資直側に渡ったためではないかと考えている。

(14) 例えば、熊田氏A論文四一～四三頁、黒田氏註（1）論文三九～四五頁、佐藤氏A論文三〇～三二頁など。

(15) 譲状の充所は「子息彦次郎平直高所」となっているが、本文中では「直高重代相伝之所領也、然間、直満永代譲与畢」などと記されており、大きな撞着を示している。ここでは、系譜は直高—直満であること、本文中では直高—直満になっていることから、充所の部分を誤りとみて、直高から直満への譲状に改作されているとした。

（16）譲状の改竄は本文中で述べたような理由ではなく、本庄の一部しか知行していなかった直高系の人々が、権利を本庄全体に拡大しようとして行なったものという考え方も採れないわけではない。しかし、先にあげた第一、第三の点を考え合わせると、本文のごとき推論の方が自然であると思う。なお、譲状の改作の前提として、新庄系の直勝譲状が本庄系の人々の手に入っていなければならない。その時期・理由については、確証はないが、応安六（一三七三）年に熊谷彦四郎入道（直氏）跡が宗直に預置かれたことがあるから（九三）、一応この時に直勝譲状も本庄系の宗直のものとなったと考えておきたい。とすれば、既に直経が本庄のほぼ全体に領有権を拡大し、宗直へ「三入庄三分二号本庄」を譲与（九二）して以後のことであるから（第三章で詳述）、本注の初めに記したような可能性の成り立つ余地はさらに小さくなろう。

（17）四六によって徳治三年四月一二日付の直満譲状の存在が知られる。

（18）四六で、直経は、元亨二年に直継が死んだ時、直継母尼真継が直継所領を押領したと訴えている。これは直継宛の直満譲状が既に発効していることを意味しているから、元亨二年以前に直満が死去したことは確実である。なお譲状の発効については佐藤進一氏『古文書学入門』二五九頁参照。

（19）佐藤進一氏前注書二五八頁。

（20）(a)、(c)、(e)、(f)、(i)の比定に関しては説明の必要はなかろう。(h)については若干の疑問はあるが、一応表のようにしておいた。（d）の「とんとん帳」については、「土々帳」と考えた。すると、（k）の土帳と同一文書名といって差し支えないことになる。この文書名には恒正名名寄帳が比定しうるが、(d)と(k)のいずれが妥当か決め手はない。ここでは、堀内証文に続いて記されている(d)の方をあてておく。また(g)の天福御下知は同元号の文書として一四があるが、こちらの方は請文であって下知状ではないから、該当文書なしとした。

（21）弘長の置文で直時が「二郎、三郎ハありといへとも、いんかう(一向)をや(親)のため□(に)ふちう(不忠)にして」と言っている。このうちの二郎は、二一・二二から直高であることが知られる。

（22）例えば黒田氏註（1）論文、五六頁。

（23）四六。なお、直満から彼の兄弟（弟か）の有直へ田一町五段（三三では一町七段）が譲られている（二〇六）。このような庶子への譲与は、文書に残っていないものを含めるとかなりあったと考えられるが、それと本文の記述とが矛盾するものではないことは、贅言を費すまでもなかろう。

(24) 五四・六六・八〇・八一・八四・八九・九〇など。

(25) 黒田氏註（1）論文五六頁、熊田氏B論文一七頁、同氏C論文二一〜三頁、『可部町史』一七一〜一七二頁など。

(26) 佐藤氏A論文三三頁。

(27) この点については、既に服部英雄氏が「変貌する耕地景観と荘園史研究」（『歴史学研究』五〇一号）三〇頁で指摘されている。

(28) 直経は鎌倉末の段階で上村を知行していなかったという拙論と、「如元」く上村を知行せよという判決とは合致しないかに見えるかもしれない。しかし、この場合の元とは、鎌倉末の実態をうけた言葉ではなく、「当庄者、（中略）直経五代相伝、知行無相違」という直経の主張をうけた表現と思われる。したがって、矛盾はないと考える。

(29) 下村は弘長三年の直時置文に見える山田女、安芸に候女、千法師丸のうちのいずれかの系統の人物が知行していたと考えられる。

(30) 直経が建武元年に「三入本庄」地頭職を安堵されていることと（四八）、本文のような解釈とは矛盾するように思われるかもしれない。けれども、同時に安堵された「武蔵国熊谷内恒正名、同国木田見郷」が打渡される時には、「熊谷内恒正名半分、同国木田見郷内田在家半分」とされていること（五二）からすると、雑訴決断所牒では必ずしも所領の詳細を記したわけではないようである。したがって、さして問題にならないと思う。

(31) 註（23）参照。

(32) 「鎌倉期の吉川氏に関する基礎的考察」（『鳥取大学教育学部研究報告』人文・社会科学、第三四巻）。

【付記】再録にあたって系図を追加した。

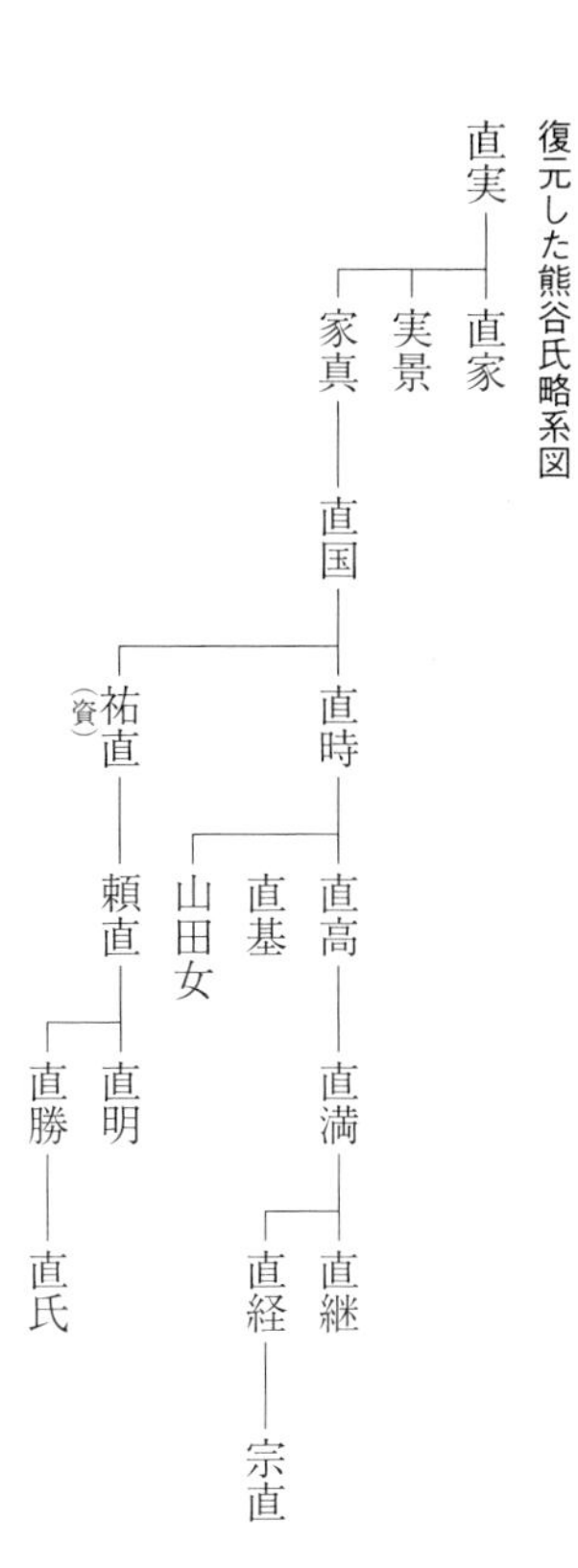

復元した熊谷氏略系図

Ⅱ　鎌倉御家人熊谷氏の系譜と仮名

柴﨑啓太

はじめに

熊谷氏は武蔵国熊谷郷を本貫とする武士団で、『平家物語』、『吾妻鏡』等にみえる数々の逸話で著名な熊谷直実にはじまる[1]。その子孫である安芸熊谷氏は多くの中世文書を伝え、研究に利用されているが、その多くが西遷後の安芸国三入荘における熊谷氏の領主制の構造解明に関するもので、管見の限り本貫である武蔵国熊谷郷、あるいは熊谷氏の族的関係についての研究は少ない[2]。

その中で、鈴木哲雄氏は熊谷氏の出自とその熊谷郷における開発について考察し、在庁官人久下氏との姻戚関係を背景にした、熊谷氏による条里荒廃田の再開発を考察している[3]。

一方、高橋修氏は、熊谷郷における都市的な場―「町場」の存在を推定し、それに対する熊谷氏の関与を考察するなかで、在地領主の流通への関わりを、地域における流通の拠点である「町場」と在地領主との関係を通じて考察している。また、熊谷氏の出自、鎌倉街道を通した武士層の婚姻ネットワークにも注目し、「町場」を結節点とした流通の掌握および技術の集積が在地領主の存立の基盤であったと論じている[4]。しかし、これらの研究は在地領主熊谷氏の存在形態を考察したもので、熊谷氏の系譜に関する本格的な考察ではない。

『熊谷家文書』を伝えている安芸熊谷氏以外の系統については近江国塩津荘や陸奥国本吉荘に移住した一族が知られるが、史料的制約から研究がほとんどない。すなわち、これまで「熊谷氏」といえば、それはただちに安芸熊谷氏を指したのである。

しかし、後述するように、『菅浦文書』にはそのうちの塩津熊谷氏の動向を知ることのできる史料が存在する。『熊谷家文書』と『菅浦文書』の双方を分析すれば、これまで明らかにされてこなかった鎌倉期の熊谷氏の系譜と動向を解明できるのではないだろうか。

さて、現時点において安芸熊谷氏の系譜を検討している先行研究として錦織勤氏の研究がある。[5] 錦織氏は、熊谷氏の系譜、安芸熊谷氏の熊谷氏内部における位置、同氏の南北朝初期にいたる動向を検討し、熊谷直時以降の西熊谷郷と三入本荘の譲与関係、熊谷直経の三入本荘の知行範囲を考察している。結果的に、安芸熊谷氏は熊谷直実、その嫡子直家という熊谷氏の惣領家ではなく、『熊谷家文書』に唯一みえる直実庶子の「熊谷家真（真家）」の子孫であるとしている。それ以前まで無批判に受け入れられてきた、安芸熊谷氏が熊谷氏の惣領家であるという通説を否定し、同氏の熊谷氏内部での位置を考察した点は重要であると思われる。しかし、では熊谷氏の惣領家はどの系統なのか、という疑問は依然残されたままである。

『熊谷家文書』から安芸熊谷氏の、『菅浦文書』から塩津熊谷氏の系譜と動向についてそれぞれ検討を加え、両者の関係を明らかにすること、これが本稿の第一の目的である。

このようにして安芸熊谷氏・塩津熊谷氏の双方の系譜をみてみると、それぞれの嫡子が、ある特定の仮名（通称）

を代々継承していることに気づく。武士の仮名については名字や実名などに比べ、研究がほとんどなく、その性格や機能については不明な点が多いと思われる。よって、熊谷氏を例に、武士の仮名について考察を加えたい。そのためにも、前述した系譜の確定が不可欠であることは論をまたない。

よって、本稿では第二の論点として、熊谷氏の名乗る仮名について考察し、専論がほとんどない武士の仮名についてみていきたい。武士の仮名を系譜に即して、当時使用されていた文脈を把握しつつ考察することで、その性格に迫りえるのではないだろうか。

一、安芸熊谷氏の系譜

本章ではまず、錦織勤氏の研究に依拠し、安芸熊谷氏の系譜をみていくことにする。ここで重要なのは、正安二年（一三〇〇）閏七月二七日「関東下知状」である。[6] これは、安芸熊谷氏の惣領家にあたる熊谷直満（直光）と、おそらく熊谷氏の女性と思われる発智二郎後家尼明法の代官乗信との熊谷郷年貢・課役に関する相論の裁許状であるが、その中で直満側からの「当郷西方者、直光惣領也」という主張が出され、明法側からも「祖父直実法師〈法名蓮性〉跡惣領者、二郎左衛門尉直忠也」という主張がなされる。

錦織氏はまずここから、正安二年時点の熊谷氏全体の惣領は直満ではなく、「二郎左衛門尉直忠」なる人物であり、安芸熊谷氏は熊谷氏の惣領家（嫡流）ではないことを指摘している。

後述するように、この史料は安芸熊谷氏と惣領家の関係を示す唯一の史料であり、検討を要するが、詳しい解釈は

ひとまず置くとして、次に建久二年（一一九一）三月一日「熊谷蓮生譲状」を検討する。(7)

【史料二】

（端裏書）「くまかやの四郎ニゆつり了、」

譲与　先祖相伝所領一処

在　武蔵国大里郡内熊谷郷内

四至〈東ㇾ限源三郎東路　西ㇾ限村岳境大道　南ㇾ限雨奴末南里際　北ㇾ限苔田境ヲ源次郎之前ノ路へ〉

此他為ㇾ真之壁之内ヲ加、

田弐拾町〈佐谷田ノ境ニ付ケ〉

右件所領、依ㇾ為二子息一、家真朝臣（異筆）「さねいゑ」限二永年一所二譲与一実也、於二代々證文一者、嫡男直家朝臣連券故、相二副手次文書一、所二譲渡一也、但子孫之中不善者出来、寄二権門勢家一、成二他領一、停（廃）二背兄弟骨肉之儀一、随器可二知行一也、仍為二向後證文一、勒ㇾ状以解、

建久弐年参月一日

地頭僧蓮生（花押）　嫡子平直家（花押）

（押紙）「直実入道自筆」　次男同実景（花押）

これは熊谷直実（蓮生）の熊谷家真（さねいゑ）への譲状で、内容は、武蔵国熊谷郷内の四至の定められた田二〇町と「為ㇾ真之壁之内」を熊谷実家に譲与する、というものである。「地頭僧蓮生」と署判があるが、『吾妻鏡』によ

ると、直実の出家は久下直光との著名な頼朝御前での対決以後、すなわち建久三年（一一九二）十一月二五日以降とされているから、それ以前の時期であるにも関わらずこの法名で署判をおこなっていることになる。また、家真なる人物は他の文書や系図にはみえない。

この史料は、「大日本古文書」編者により、「コノ文書、原本ヲ検スルニ当時ノモノニアラズ、但、鎌倉時代ヲ降ラザル時ノモノナルベシ」とされており、直実とその嫡子直家、次子実景の署判がある、という形式からも、従来正文ではないとされてきた。(8)

鈴木哲雄氏はこの史料について、後世（鎌倉期）の偽作であるが、その内容は安芸熊谷氏に伝えられた所領によく符号しており、内容的にある程度信用できるとしている。また、錦織氏は、なによりこの文書は熊谷郷における権利の拡大をはかったものではないこと、この文書が現に直国流に伝えられたことは無視できない事実であることを指摘している。

一方で、この史料を正文であるとする見解もある。赤松俊秀氏は『清凉寺文書』「直実自筆置文・夢記」の花押の検討から、【史料一】を正文と考えている。(9)また近年、林譲氏は赤松氏の論を受け、『吾妻鏡』の史料批判の事例として、熊谷直実の出家と往生について考察し、やはり直実花押の比較から、【史料一】を正文とする。(10)

すなわち、この「熊谷蓮生譲状」については、正文ではないとしながらも、その内容に一定の信用を置く説と、筆跡や花押の比較から正文であるとする説が存在する。いずれにせよ、【史料一】の内容については、信用してよいように思われる。

よって、安芸熊谷氏が熊谷氏全体の惣領家ではないことは確実となるのではないだろうか。錦織氏のいうように、

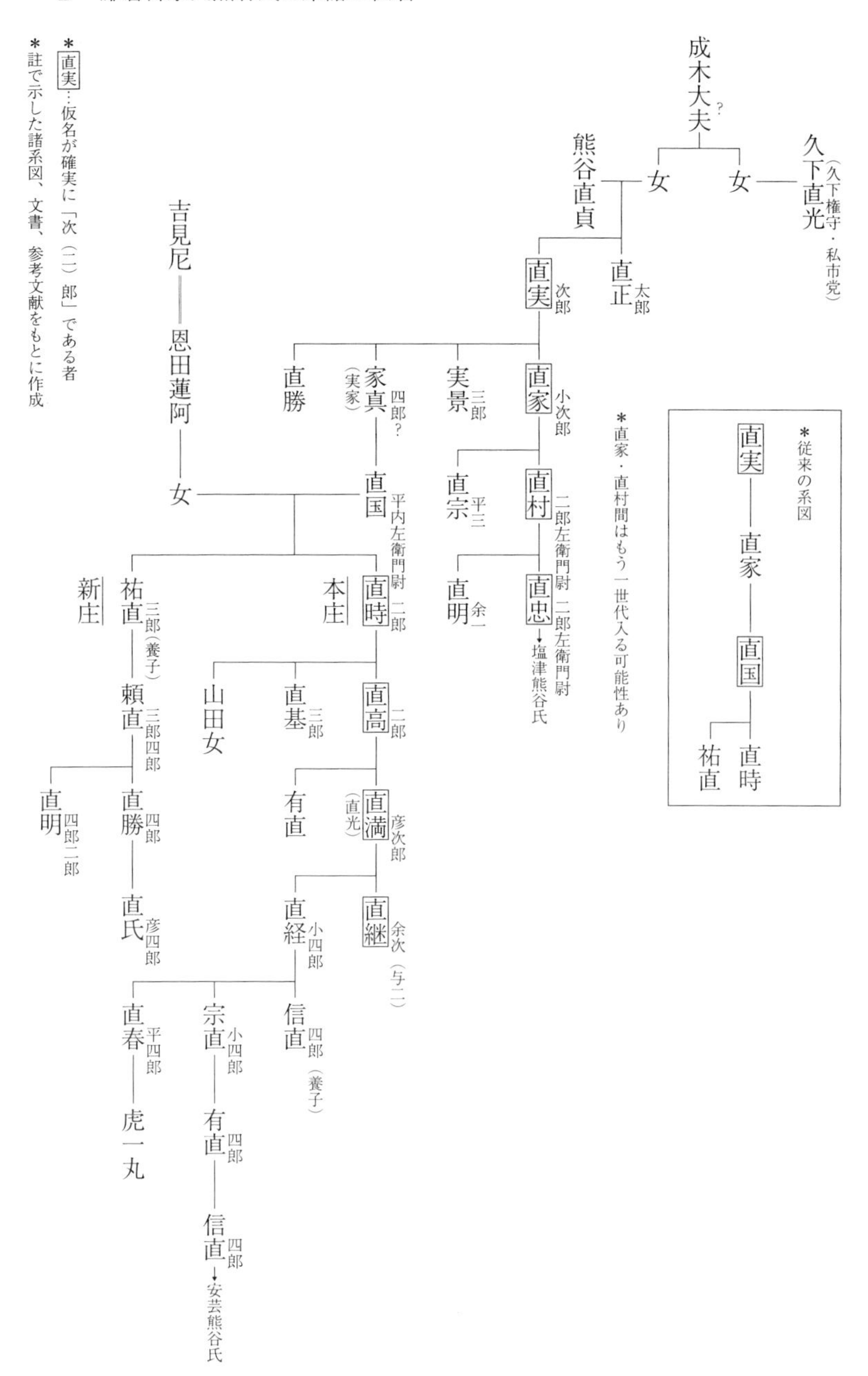

＊直実…仮名が確実に「次（二）郎」である者
＊註で示した諸系図、文書、参考文献をもとに作成

この譲状にある「熊谷家真〈真家〉」こそ、安芸熊谷氏の直接の祖である可能性が高い。安芸熊谷氏は熊谷氏の庶子家であって、この史料にも登場する嫡子直家の子孫である惣領家〈嫡流〉の子孫ではないと考えるべきだろう。[11]

『熊谷家文書』において、熊谷家真の名が登場するのは【史料一】だけで、その後は熊谷直国に関連する文書が続く。[12]承久三年（一二二一）に勃発した承久の乱において、直国は勢多の合戦において戦死し、勲功賞として安芸国三入荘を得た。[13]これはもともと熊谷郷の一部を知行するにすぎない庶子家安芸熊谷氏にとって重要な画期となる。一方、同年九月六日の「関東下知状」、九月一八日の「関東下知状」によって、熊谷直国の嫡子直時〈千虎丸〉は、熊谷郷内の直国の遺領を安堵され、新たに勲功賞として安芸国三入荘を獲得する。[14]

文暦二年（一二三五）、直時と直国の養子である舎弟祐直の兄弟間で「武蔵国西熊谷郷」と安芸国三入荘をめぐって、相論がおこる。文暦二年（一二三五）七月六日「関東下知状」がその裁許状であり、当該期の安芸熊谷氏の族的関係をあらわす史料といえる。[15]

この裁許状のなかで、直時は外祖父恩田太郎入道蓮阿の計らいで両所〈西熊谷郷と三入荘〉の御下文を受けたと述べているが、蓮阿の継母吉見尼が直時、祐直を「幼稚之時」より「収養」していたこと、直国遺領と勲功賞の所領の配分権が、吉見尼の手中にあることがわかる。

この相論には父方の、つまり熊谷氏の一族がまったく登場せず、母方の親族が跡職の配分権を持っていることになる。結論としては、吉見尼の計らいに任せ、直時・祐直に所領を分割するよう裁決された。祐直の主張が認められ、西熊谷郷と三入荘のおのおの三分一の地頭職が祐直に与えられることになったのである。

ここから読み取れるのは、母方親族が直時・祐直兄弟を養育し、文書や所領を、兄弟にかわって管理していた事実である。このことから、直時・祐直は父直国の早世ということもあり、母方親族に包摂され、深い関係を持っていたことがわかる。一方、熊谷氏惣領家との関係はこの史料からはみてとれない。鈴木国弘氏はここに婿を包摂する「母系」的氏族結合をみている。(16)

ちなみに、裁許状は原則として勝訴者に発給されるから、この文書は祐直の子孫である三入荘の「新庄方」に伝えられ、のちに直時の子孫の手にわたり、その文書である『熊谷家文書』の一つとなったのであろう。

直時と祐直の兄弟はその後もたびたび相論を繰り返したらしく、『熊谷家文書』には文永元年（一二六四）五月二七日「関東下知状」、文永二年（一二六五）五月一〇日「関東御教書」など相論関係の文書が伝来している。(17)なかでも文永元年五月二七日「関東下知状」は熊谷郷の「町場」の存在を想定させる史料である。この相論は文暦二年の最初の相論から三〇年後にあたり、相論が長期化していることを示している。

訴人はまたしても祐直であり、主たる争点は主に三入荘の再配分であった。祐直は前回の配分は守護周防前司親実の代官盛頼が「厳島造営之忩劇」にまぎれ、正当に分けなかった、と主張した。今回も祐直の主張が認められ、三入荘は境をたてて領域的に分割されたが、双方とも「疲二連々訴訟一」れ、という状態であったらしい。

これに付随して西熊谷郷についても相論がおこなわれたが、その中に「市場田五段少事」「堂田一町事」「同下町一段事」「堂前小池事」「堀大道否事」あるいは「市場在家地」といった記載がみられる。西熊谷郷に在家を持つ市場が存在し、熊谷氏は「市場田」すなわち市管理のための給田を持っていたことになり、熊谷氏が市の管理者という側面を有していたことになる。これが高橋修氏の指摘する熊谷郷の「町場」であるが、この「町場」は、分割された熊谷郷のうち、惣領家ではなく、庶子家の所領内にあったのだろうか。

最終的に、西熊谷郷と三入荘をそれぞれ三分二、三分一に領域的に分割し、直時方を本庄、祐直方は新庄と称して、別個の道を歩むことになる。

その後、鎌倉末期までの安芸熊谷氏をみてみよう。まず、本庄方の直時には少なくとも二人の子息がいたと思われるが、嫡子直高に対する譲状は残されていない。また、祐直との相論が続いている弘長三年（一二六三）の直時の置文によると、直時は代々の譲状や安堵状を女子山田女に預け置いている(18)。その理由は直高ら子息が直時の命にそむき、不孝をなしたためであるという。

直時―直高に関しては、正常なかたちで譲与がおこなわれなかった可能性が高く、直高については西熊谷郷・三入本荘の知行をうかがわせるような文書はないが、直高の子直満は熊谷郷における鶴岡八幡宮の放生会用途を負担するなど、活動の様子を知ることができる(19)。そして、直満の子直経の時、南北朝の動乱の時代をむかえることになる。

一方新荘方の祐直については、本庄方に伝来した文書群である『熊谷家文書』に収録されている文書によると、祐直の子頼直から直勝を経て、直氏にいたる系譜を推定することができる。

本章では主に『熊谷家文書』から、鎌倉期の安芸熊谷氏の動向をみてきた。ここまでの内容を整理すると、同氏は熊谷氏のうち庶子家であり、熊谷郷の一部を知行するにすぎなかったが、三入荘の獲得を契機に、勢力を大きく伸ばすこととなった。また、直国遺領の配分をみると、直国の子たちは、母方の親族と強く結びついていた。このことは、三章において考察する安芸熊谷氏と惣領家との関係に一定の影響を与えたと思われる。また、直時以降の本荘方の系譜については、譲与をめぐるトラブルや他氏・一族との相論を抱えながら、直高・直満・直経と続き、南北朝時代をむかえている。

二、「直実跡惣領」塩津熊谷氏

さて、本章ではまず『熊谷家文書』と『菅浦文書』の接点となる熊谷直忠について検討し、塩津熊谷氏が熊谷氏全体の系譜のなかでどのような位置にあったのかを考察する。その上で、菅浦文書からうかがえる塩津熊谷氏の動向をみていくことにしたい。

まず、前章で触れた正安二年（一三〇〇）閏七月二七日「関東下知状[20]」の検討をおこないたい。

【史料二】

熊谷彦次郎直光与発智二郎後家尼明法代乗信相論、武蔵国熊谷郷年貢并課役事

右、訴陳之趣、子細雖レ多、所詮、当郷者、為二鶴岡八幡宮領一之間、年貢以下社役、地頭所二弁勤一也、当郷西方者、直光惣領也、明法為二女子跡一、田一町・在家一宇雖レ令二知行一、不レ弁二年貢一之由、直光申之処、祖父直実法師〈法名蓮生〉跡惣領者、二郎左衛門尉直忠也、仍弁二直忠一之間帯二請取一之由、乗信雖レ申レ之、明法領知田在家、為二西方内一之条、於二引付之座一問答之時、乗信承伏畢、閣二西方之惣領一、弁二直忠一之由、令レ申之条、背理致之上、不レ帯二直忠配分状一之間、直忠加二催促一之条、為二矯餝一歟、就レ中、請取状者、直光於二引付之座一披見之時、非二直忠状一之由、令レ申之処、為二代官請取一之旨、乗信称レ之、非レ無レ疑レ殆、其上西方内之庶子数輩在レ之、彼輩者、無二対捍一之由、直光申レ之処、乗信無二陳詞一、可レ謂二勿論一歟、限二明法一申二子細一之条、甚無二其謂一、然則於二彼年貢等一者、明法可レ弁二直光一也、次弘安三年以後、明法無沙汰之

間、経入畢、可㆓召給㆒之由直光申㆑之、尋究之後、可㆑有㆓左右㆒者、依㆓鎌倉殿仰㆒下知如㆑件、

正安二年閏七月廿七日

陸奥守平朝臣（大仏宣時）（花押）

相模守平朝臣（北条貞時）（花押）

一章において述べたように、これは安芸熊谷氏の熊谷直満（直光）と発智二郎後家尼明法の代官乗信との間で争われた熊谷郷年貢・課役に関する相論の裁許状で、熊谷氏惣領家と安芸熊谷氏との関係を示す、ほぼ唯一の史料である。双方の主張を確認すると、直満側は、明法は女子跡として田一町在家一宇を知行しているが、直満に対捍し、年貢を弁済しない、としている。一方で、明法側の代官乗信は、直実跡惣領は「二郎左衛門尉直忠」であり、年貢はそちらに弁済し、請取（領収書）を帯びている、と主張する。すなわち、明法側は直実跡惣領は直忠であるので、弁済する対象は直忠であると認識していることになる。

これに対し、直満側は明法の所領は西方の内にあり、西方の惣領をさしおいて、直忠に弁済したのは道理にそむき、自分をないがしろにする行為であると反論した。結果的には、明法側は直忠の配分状を所持せず、請取も直忠のものではなかった。また、西方には他にも庶子がいるが、それらは対捍をしていない旨、直満が主張したため、直満の勝訴となり、明法側は年貢の弁済を命じられている。

ここから直実跡、すなわち熊谷氏全体の惣領は正安二年の段階で二郎左衛門尉直忠という人物で、直満はそのうちの西方のみの惣領であることがわかる。

「二郎左衛門尉直忠」の系統については、錦織氏は『続群書類従』「北条系図」、『系図纂要』「熊谷系図」などに直

家の孫として登場することを指摘しているが、これについては「決め手がない」としている。

しかし、熊谷直忠という人物は『熊谷家文書』以外にも登場する。『菅浦文書』所収の永仁六年（一二九八）六月「近江菅浦惣追捕使代乗眼申状案」に「菅浦惣追捕使熊谷七郎二郎直忠」という人物がみえる。(21)

近江国塩津荘地頭職を所持した塩津熊谷氏について、前述の『続群書類従』「北条系図」、『系図纂要』「熊谷系図」は直実の兄直正の系統としている。塩津熊谷氏に関しては加藤正俊氏の研究がある。(22)加藤氏は塩津熊谷氏に関連する二人の人物、熊谷氏出身の相国寺三世・天龍寺四〇世空谷明応と、熊谷常一に嫁いだ女性である長生宗久尼について考察しており、その中で塩津熊谷氏と菅浦の相論についても触れている。

また、『菅浦文書』から熊谷氏に関連する文書を抜き出しているが、考察の対象は主に中世後期であり、塩津熊谷氏の系譜上の位置については太田亮編『姓氏家系大辞典』二巻をひいて、直正の子孫とする系譜を載せているのみで、検討を加えてはいない。

よって以下では、『菅浦文書』を検討しつつ、塩津熊谷氏の動向をみていきたい。

鎌倉期の『菅浦文書』にみえる熊谷氏関係の記述は、主に永仁六年（一二九八）～正安元年（一二九九）に集中している。これは塩津荘地頭熊谷氏が、菅浦惣追捕使として菅浦に乱入した事件に関する訴訟文書である。

これより前、文永六年（一二六九）九月九日「藤原行方愁状案」には「熊替二郎左衛門尉直村」の名がみえる。(23)これが『菅浦文書』における熊谷氏の初見であるが、この史料は左兵衛尉藤原（小串）行方が菅浦の領家である竹生島別当に出したものの案文である。

行方の主張によると、菅浦惣追捕使職は行方の父小串民部大夫入道が知行しており、これを小串の聟の熊替（熊谷）二郎左衛門尉直村に預け置いた。ところが、菅浦百姓が神人の威を借り狼藉をなしたため、直村がこれを召し籠めたところ、狼藉の咎として惣追捕使職を召し上げられ、由緒の無い海津紀左衛門尉に与えられた、としている。[24]その上で、行方は惣追捕使職に還補されることを願っている。

菅浦の惣追捕使職は領家である竹生島に補任権があったが、承久の乱後、上野御家人である小串氏が新たに補任されたらしい。小串氏は上野国多胡郡小串を本貫とし、その一部は在京人として活動することが知られる。[25]菅浦惣追捕使職は「故武蔵前司入道殿（北条義時）」の時に安堵された、ということから、承久の乱後の新恩であろう。熊谷氏の塩津荘も承久の乱後に新恩として与えられたのであろうが、そうすると、熊谷氏の惣領家は鎌倉中・後期から熊谷郷を離れていた可能性が高い。なぜなら、小串民部大夫入道が熊谷直村に惣追捕使職を預け置いた理由は、「鎮ニ住関東一候間」とあることから、子息行方が関東に居住していたためと思われる。換言すれば、直村が菅浦近隣に居住していたからこそ、職を預け置いたのであろう。よってこの時点までに直村は塩津荘に居住していたのではないか。

その後、熊谷氏は惣追捕使職として菅浦と対峙し、訴訟を繰り広げる。ちなみに、この行方愁状案の宛所は竹生島であり、端裏には「正文ハ在ニ領家御所一」とある。おそらく、熊谷氏との訴訟に備えて菅浦が案文を入手していたとみられ、興味深い。後述するように、熊谷直村はさきの直忠の父と思われる。

ここで永仁六年の熊谷氏と菅浦の訴訟をみてみる。この訴訟に関連しては五通の菅浦供御人申状案、九通の六波羅問状・召文ほか多くの史料が残っている。これらを時系列に沿ってみていき、永仁六年から翌七年（正安元年）にかけての訴訟の経過を検討してみよう。

永仁六年三月日「近江菅浦供御人等申状」によれば、前年にあたる永仁五年（一二九八）十二月一一日、熊谷七郎二郎直忠・舎弟同余一が菅浦に乱入、漁を濫妨し、追捕狼藉をおこなったとして、損物を糺返すことおよび行為の停止につき、武家において沙汰を行うよう訴えている。(26) つまり、菅浦供御人を統括する蔵人所を通して武家（六波羅）に訴訟をおこしていることになる。

これに対し、訴訟は受理されたとみえ、六波羅からは第一回目の問状が出されている。(27) 熊谷氏側からは同時期、六月に前述の「近江菅浦惣追捕使代乗眼申状案」が出されたとみられるが、これは惣追捕使職についてのもので、菅浦側の訴訟とは関連はあるにしろ、菅浦側への直接の陳状ではない。(28) また、「重言上」とあるので、これ以前にも申状が出されていたのであろう。

熊谷氏は菅浦側の訴えに対し、陳状および請文を提出しなかったとみえ、六波羅は九月に二度、日限召文を出している。すなわち、訴陳状の応酬ではなく、六波羅法廷における対決を命じている。(29)

また、九月には菅浦側の重申状が出されたらしい。(30) それよると、菅浦側の訴えにより、三度の召文（この場合、問状も含むか）が出されたが、熊谷氏側は陳状に及ばず、「供御方之御沙汰」をさしおき、「当領家御方」において訴陳を継ごうとした、という。

供御方、つまり蔵人所から六波羅というルートで訴訟をおこした菅浦供御人に対し、熊谷氏は領家竹生島を通して訴訟をおこなおうとしており、それが菅浦側の批判するところとなっている。田中克行氏はこれを「土地の支配は領家竹生島、人（供御人）の支配は蔵人所という菅浦の二重支配の特質がみごとに露呈されている」と評している。(31) また、同訴状において菅浦側は熊谷氏が「無二跡形一之惣追捕使之号」を称している、すなわち、「惣追捕使之名字」を廃されて年を経ていると主張している。副進文書は三通の「綸旨并御挙状等案」、三通の「御教書案」、および一通の

「熊谷七郎二郎訴状案」である。三通の御教書案はおそらく三度の問状・召文であろうし、「熊谷七郎二郎訴状案」は直忠が竹生島を通して出した訴状であろう。

『菅浦文書』にはこれ以降の十、十一、十二月の日付を持つ菅浦側の重申状が残っている。六波羅法廷が発給した召文は、当然訴人である菅浦側が論人に送達するが、熊谷氏側はこれを受け取らず、「投返」したという。

さて、そうしたさなかの十二月二日に「六波羅御教書案」が出される。鎌倉幕府訴訟の場合、初度の召文が出されても論人が出頭しない場合、三度まで召文が出され、三度のそれは使節宛になるということだが、この場合もこの召文から使節（両使）宛になっており、当事者による手続きの進行に幕府権力が関与するようになった、ということであろう[32]。

永仁七年（正安元・一二九九）に入ると、二月日「近江菅浦供御人等申状案」が残されている[33]。これによると、まず、論人の名が「熊替二郎左衛門尉・同舎弟余一」となっている。さきの「熊替余一」という舎弟の名が同じくであることからみて、この「二郎左衛門尉」は七郎二郎直忠と同一人物と思われる。直忠はこれ以前の時期に仮名の名乗を変えたのだろうか。また、熊谷余一の実名が直明であることもわかる。

内容的には、熊谷氏による菅浦乱入・狼藉を訴えたところ、熊谷氏側が供御所に乱入した、と主張している。「熊替二郎左衛門尉（＝直忠）親父之時」に惣追捕使の由を掠め出す、という記述から、熊谷直村と直忠の親子関係を確認することができる。

また、この史料は熊谷氏側の主張に一々反論する形式になっており、これ以前に熊谷氏が何らかの陳弁を行っていることがわかる。この中で、菅浦側は、直忠の父直村の時、惣追捕使職につき「関東御文」があると称したが、「供御方之本御下文」がなく、直村は問注を「遁避」したと非難している。その後、現在になって熊谷氏側が越訴をしており、不当だとしている。

しかし、それ以後も、永仁七年三月一七日「六波羅御教書案」の如く、熊谷氏が対決に出頭しないとして召文が出されており、同年三月二三日「有道請文案」、同年四月二日「平家綱請文案」のように、召文を送達する両使が、在京しているなどとして、塩津地頭（熊谷直忠）に召文を渡せていない。[34] その後、正安元年五月一七日、同二六日、正安元年八月二五日の各「六波羅奉行人連署奉書案」が出される。[35] おそらく訴訟の担当奉行人（本奉行・合奉行）の連署奉書であろう。

そして、熊谷直満と明法が相論をおこない、そこに「二郎左衛門尉直忠」の名が出てくるのはこの翌年、正和元年（一三〇〇）のことであった。

さて、これ以降、関連する史料がないため、この訴訟がどのような結果となったかは不明であるが、以後の文書が残されていない点を考えると、結局熊谷氏は、菅浦惣追捕使職を保持できなかったようである。しかし、『菅浦文書』によれば、延文二年（一三五七）七月には、「熊谷与一入道」がふたたび菅浦に乱入し、菅浦側は梶井宮を通してこれを「武家」に訴えている。また、その後も菅浦・大浦の相論に介入するなど、菅浦に対して影響をおよぼしていることがわかる。[36]

本章での考察をまとめると、熊谷直実跡惣領の直忠は塩津熊谷氏の系統の人物であり、塩津熊谷氏は従来いわれていた、諸系図にある直実の兄直正の系統ではなく、直実の嫡子直家の系統である可能性が高い。また、同氏は惣領家であるが、後述するように、熊谷郷に居住する庶子家に先んじて地頭職を有する新恩地塩津荘に本拠を移したとみられる。そして、菅浦惣追捕使職として、しばしば菅浦に乱入したが、菅浦側と惣追捕使職をめぐって相論となり、結局はその保持に失敗したらしいこと、などが明らかになった。

三、熊谷氏の仮名――二人の「熊谷二郎」

ここでは、前一・二章の考察をもとに、熊谷氏における仮名を検討し、史料にあらわれる系譜・親族関係と比較することによって、武士にとっての仮名の社会的意味や機能について考えてみたい。

中世の人名については、①「直実」のような、実名（諱）②「次郎」のような、仮名（字・排行名・通称）③「平」のような氏名（姓）④「熊谷」のような名字という分類ができる[37]。現代の人名とは異なり、これらは基本的に個人の人格と結びつくものではなく、共同体のメンバーシップを表示する分類標識として機能するとされる[38]。

武士（在地領主）の名前については、これまで所領・所職名（地名）から派生した名字が重視されてきた。すなわち、名字の「家名」としての性格から、「名字」の登場と「家」の成立が関連付けられ、「家」成立の指標として、その成立時期や要因が論じられてきた[39]。

ここで、仮名とは、太郎・次郎のような、出生順である排行（輩行）＋「郎」を基本に、「彦」・「弥」・「新」・「小」など、あるいは源・平・藤（藤原）のような氏名の一字を加えたもの、と一応定義しておく。武士層の仮名に関しては、個別の武士研究において、系譜の確定などで言及されることは多いが、管見の限りこれについての専論はほとんどない。

『熊谷家文書』、「吾妻鏡」等にみえる熊谷氏の仮名（官途名をふくむ）

名	続柄（太字は嫡子）	通称または官職名（太字は「次郎」）	史料出典
熊谷直実	直貞、子（次男？）	**次郎**	『吾』治承 4,8,23 他
熊谷直家	直実、**嫡子**	**小次郎**	『吾』元暦 1,2,5 他
熊谷？	？	**又次郎**	『吾』建久 1,11,7 他
熊谷？	？	**小太郎**	『吾』建久 1,11,7
熊谷直村	直家、**嫡子？**	**（二郎）二郎左衛門尉**	『鎌』10491
熊谷直忠	直村、**嫡子**	**（二郎）二郎左衛門尉**	『鎌』20537 他
熊谷直明	直村、庶子	余一	『鎌』19960
熊谷直宗	直家、子？	平三	『吾』承元 2,5,29
熊谷実景	直実、庶子	三郎	『明』建保元年 1,4,27
熊谷家真	直実、庶子	四郎？	『鎌』541、『吾』元暦 1,12,7？
熊谷直国	家真、**嫡子**	平内左衛門尉	『鎌』2677
熊谷直時	直国、**嫡子**	**二郎**（平内左衛門二郎）→図書助	『鎌』4791 他
熊谷祐直	直国、養子	三郎（平内左衛門三郎）	『鎌』4791 他
熊谷直高	直時、**嫡子**	**二郎**（図書助二郎）	『鎌』11523 他
熊谷直基？	直時、庶子	三郎	『鎌』8998
熊谷直満	直高、**嫡子**	**彦二郎**	『鎌』20255 他
熊谷直継	直満、**嫡子**（直経兄）	**余次**	『鎌』30322
熊谷直経	直満、庶子	小四郎（四郎）	『熊』46 他
熊谷宗直	直経、**嫡子**	小四郎（四郎左衛門尉）	『熊』92 他
熊谷直春	直経、庶子	平四郎	『熊』209
熊谷信直	直経、養子	四郎	『熊』92
熊谷有直	宗直、**嫡子**	四郎	『熊』104 他
熊谷信直	有直、**嫡子**	四郎	『熊』109

＊『吾』…吾妻鏡、『鎌』…鎌倉遺文、『熊』…熊谷家文書、『明』…明月記。
＊漢字表記は出典にしたがった。
＊言うまでもなく「嫡子」はある人物の嫡子であるということであり、「直実跡」の惣領であることを意味しない。

その中で飯沼賢司氏は史料としての仮名を論じ、仮名は本来出生順を表示するものだが、鎌倉期に入ると、特定の仮名を襲名する場合が多くみられ、継承される仮名はいわゆる「名字の地」を得た人物の名であることが多いこと、その背景に血縁・系譜意識の強化があり、「家」・「名字」の成立と関連することを指摘している[40]。

本章では、どういった契機で仮名が名乗られ、継承が存続・途絶するのかに留意し、熊谷氏の仮名について考察する。

さて、前章までの考察によって、鎌倉期に熊谷郷を知行した熊谷氏には少なくとも以下の二つの系統が存在することが明らかになった。

①物領家（嫡流）である熊谷直実―直家―直村―直忠という系統（塩津熊谷氏）

②庶子家（庶流）である「西方」の熊谷直実―家真―直国―直時―直高―直満という系統（安芸熊谷氏）

熊谷直実の仮名は『吾妻鏡』などにあるように「次郎」である[41]。前掲の諸系図によると、これは直貞の次男のためかと思われ、兄直正は「太郎」を名乗ったとされる。また父直貞も「二郎（二郎大夫）」を名乗ったとあるが、傍証はない。直実の嫡子直家は「小次郎」を名乗り[42]、正安二年（一三〇〇）段階での直実跡惣領は「二郎左衛門尉直忠」である。次に塩津熊谷氏をみると、史料にみえる最も古い人物である熊谷直村は「熊替二郎左衛門尉直村」を名乗る。その子直忠ははじめ「熊谷七郎二郎直忠」を名乗るが、後にはやはり「熊谷二郎左衛門尉」を名乗っている。年代も非常に近く、『熊谷家文書』にみえる「二郎左衛門尉直忠」と同一人物であることは間違いないだろう。

以上、嫡流の①直実―直家から、親子関係かどうかは不明ながら直村―直忠へと続く系統は全員が「二郎（次郎）」を名乗り、代々継承していることがわかる。とくに直村―直忠は左衛門尉の官途も継承しており、直忠ははじめ「七郎二郎」を名乗り、のちに、おそらく直村の跡を継いで「二郎左衛門尉」に名乗を変えているとみられることから「二郎」が嫡子の仮名として定着していることを示している[43]。

次に、系統②に目を移すと、初代の家真は確証はないが「四郎」を名乗り、その子かと思われる直国は「平内左衛門尉」の官途を名乗る。直時ははじめ「熊谷平内左衛門次郎」と名乗り、のちに「図書助」の官途を名乗っている。また、直高も「二郎」を名乗っている[44]。直満は「彦次郎」であるから、直時・直高・直満三代も、二郎ないしは彦次郎を名乗っている。②系統も意識的に「二郎」仮名を継承しているとみられる。文書で家系を確認しうる②系統の場合、どうやら嫡子が次郎を、庶子は三郎以下を名乗る、というルールがありそうである。

いずれにせよ、両者とも三代以上にわたって嫡子の仮名で「二郎」を使用していることは、単なる偶然とは考えられず、①②系統とも「熊谷太郎」を名乗る人物は当該期には存在しないこともあり、いずれも嫡子が代々「二郎」と名乗る、何らかの意図に基づく継承行為とみて間違いなさそうである。ここには一種の直系的な家系意識が存在し、「二郎」という仮名はもはや個人名ではなく、直実の嫡流であることを示す標識―「家名」となっていたのではないか。

熊谷氏の場合、①の系統の継承はその論理から理解しやすい。しかし、②の系統が継承行為をおこなっているのはなぜか、いかなる背景を有するのだろうか。さきの、【史料二】をみると、「西方惣領」熊谷直満もまた西方の惣領であると、直忠をかなり意識した主張がなされており、庶流家直満の惣領家に対する自立的な姿勢がみてとれる。

そもそも、この相論自体から、明法のような「西方」の庶子が直満に対捍する際に、全体の惣領直忠の立場を利用しようとする、という傾向を指摘できる。また、熊谷家文書には「西熊谷郷」という表記が多くあらわれることも、こうした安芸熊谷氏の嫡流家に対する自立的な姿勢の傍証となりうるだろう。

「西熊谷郷」は熊谷郷内における直国の遺領をあらわすとみられ、文暦二年（一二三五）七月六日「関東下知状」が初見であるが、以後、この地名は安芸熊谷氏代々の所領をあらわす意味で使用される。(45)すなわち、それ以前には「熊谷郷内故平内左衛門尉直国跡」と称されていたものが、おそらく実体的にはほとんど変わらないまま「西熊谷郷」と呼ばれるようになるのである。(46)

しかし、さきの正安二年の「関東下知状」では、それ以前にも「西熊谷郷」の用例があるにもかかわらず、「西方」と称しており、あくまで惣領家に対する相対的な独立性、およびその意志をあらわすものだったのではないか。安芸熊谷氏の「二郎」仮名の継承も、そうした意図があったように思われる。

ここまでの検討で、当該期の熊谷氏（安芸・塩津熊谷氏）が直実を始祖的人物ととらえ、嫡子がその仮名「二郎」を継承していたことが明らかになった。なかでも本来庶子家である安芸熊谷氏の直実仮名の継承は、同じく「二郎」を継承しているとみられる惣領家を意識し、自らの家系が熊谷直実の直系の子孫であることを主張し、それによって自らの地位「西方惣領」を安定させるための、最もわかりやすい標識だったのではないか。

さて、安芸熊谷氏の場合、②系統の継承行為は鎌倉末期、熊谷直経の時途絶する。直経は「小四郎」あるいは「四郎」を名乗る、これはなぜだろうか。

その理由は嘉暦三年（一三二八）七月二三日「関東下知状」から明らかになる。(47)これは熊谷直経と継母尼真継代了心の相論であるが、同相論から直満には直継、直経の二人の子息が存在することが確認できる。

直満は嫡子余次直継と庶子小四郎直経に所領を二分して与えたが、その際に子がいない場合は兄弟が知行すべきという「誡句」を譲状に載せていた。(48)しかし、直継は子のないまま死去し、直継の母で直経の継母にあたる真継（対決に臨んだのは真継代了心）は直継の子虎一丸がいるとして、直満跡半分をめぐって互いに相手が押領したと主張しあった。

結局、直継の子虎一丸は「虚子」である、すなわち存在しないことが明らかになり、真継は謀書の咎で遠流に処せられた。つまり熊谷直満の子直経はもともと庶子であり、嫡子の「余次直継」という兄がおり、彼はこの時点で死去しているのである。この相論の結果、直経が熊谷郷を含めた直満の遺領全体を相続した。

しかし、では直経はどうして「二郎」に類する仮名に名乗を変えなかったのだろうか。ここで想起されるのは直経が安芸熊谷氏本庄家（直時系）の惣領ではじめて三入荘に移住した人物とみられることである。

元弘三年（一三三三）五月二五日「後醍醐天皇綸旨」には「熊屋小四郎直経発二向西国一」という文言がみられる[49]。また、同年八月日「熊谷虎一丸申状」では、直経の孫である熊谷虎一丸が「武蔵国小四郎直経孫子虎一丸」と名乗っており、直経がこの時点まで熊谷郷に居住していた可能性が高い[50]。その後に、直経の時南北朝動乱をむかえ、直経は安芸国三入荘に本拠を移しているのである。

そして、直経の嫡子であり、直経の遺跡を単独相続した宗直は「小四郎」、後に「四郎左衛門尉」を名乗っており、それ以前に所領を譲与され、後に悔返された養子信直は「四郎」と称している[51]。また、庶子の直春も「平四郎」と名乗っていることがわかる[52]。宗直の嫡子有直も同じく「四郎」、その嫡子信直も「四郎」を名乗る[53]。すなわち三入荘に本拠を移し、南北朝動乱を転戦した直経の仮名が、その後数代にわたり、継承されているのである。

つまり、安芸熊谷氏の直満の嫡子である直継は、やはり「余次」という、「二郎」に類似する仮名を名乗っていたが、おそらく子のないまま死去し（子も夭逝した）、庶子である直経が直満遺跡を相続したため、「二郎」の継承行為が途絶し、新たに三入荘に本拠を移した小四郎直経の仮名が継承されるようになるのである。

さらに推測するならば、「熊谷次郎」の継承は、同じく「二郎」を継承する嫡流家を意識した「名字の地」熊谷郷（その一部であれ）の知行という行為と関連していたのではないか。つまり、熊谷郷において惣領家と対峙することの重要性が薄れた後、その継承行為は意味を失ってしまったのではないだろうか。

そもそも、三入荘を得た「嚢祖」は直経の曾祖父熊谷直国であり、最初に知行したのは祖父直時であって直実とは直接の関係はない。直経は三入荘移住後の安芸熊谷氏のいわば「中興の祖」と認識されていたのではないかと考えられる。

さて、西遷後、「二郎」の継承が途絶した安芸熊谷氏に対し、惣領家の塩津熊谷氏はその後も室町期に至るまで、「二郎（二郎左衛門尉）」を継承しつづけていることが推定できる。塩津熊谷氏は室町期には奉公衆となる。[54]

奉公衆熊谷氏は三・五番衆に所属しているので、伝存する番帳などからその名を抜き出してみると、文安年間（一四四四〜一四五〇）の「文安年中御番帳」の三番・在国衆に「熊谷次郎左衛門尉[55]」、五番に「熊谷上総介」「熊谷右京亮」とある。また宝徳二年（一四五〇）〜享徳四年（一四五五）の「永享以来御番帳[56]」の三番に「熊谷次郎左衛門尉」、「熊谷下野入道」、同じく五番に「熊谷上総介」がみえる。

次に、将軍足利義尚の第一次六角高頼追討時の着到である長享元年（一四八七）の「長享元年九月十二日常徳院殿様江州御動座当時在陣衆着到[57]」の三番衆に「〈江州〉熊谷弥次郎」、五番衆「熊谷孫次郎直茂」、「〈江州〉熊谷孫次郎」とある。また、明応元年（一四九二）一一月一八日には、熊谷孫次郎（次郎左衛門尉）殺害事件につき、所属する三番衆が一味同心し、一つの番方が一体となって訴訟に及んでいる。[58] これは佐々木治部少輔（当時六角と戦闘中の京極政経あるいはその子）との所領争いが原因かとされており、その直後の明応元年（一四九二）～同二年の作成とされる『東山殿時代大名外様附』[59]には三番衆にさきの熊谷孫次郎の子息と思われる「熊谷幸夜叉丸」、五番衆に「熊谷左京亮」がみえる。

また、康正二年（一四五五）の「康正二年造内裏役段銭并国役引付」には負担者として、「熊谷次郎左衛門尉殿」「熊谷新左衛門尉殿」がみえる。[60]

とくに奉公衆の三番衆についてはは官途を名乗らない者すべてが「二郎」に関連する仮名を名乗っており、塩津熊谷氏が熊谷直実の仮名をほぼ中世全期にわたって名乗っていることを推測させ、始祖直実の仮名である「二郎」が完全に「家名」として定着したと思われる。

おわりに

本稿での考察をまとめると、以下の通りである。

①熊谷氏のうち、安芸熊谷氏は庶子家であって、熊谷直実跡の惣領家は塩津熊谷氏である。

②鎌倉期、惣領家塩津熊谷氏・庶子家安芸熊谷氏はそれぞれ直実の仮名である「二郎」を継承していた。安芸熊谷氏は南北朝期にその継承が途絶し、新たに熊谷直経の仮名「小四郎」あるいは「四郎」を名乗るが、塩津熊谷氏はそれ以降も「二郎」を家名として継承している。

武士の「家」と家名の研究については、従来のように名字の成立という視点からだけではなく、名字と仮名や官途

（官途名）・幼名（童名）・法名などを関連づけて考察すること、また、それと同時に、個別の武士について、系譜や動向から、その仮名を名乗った直接的な契機をみていくことが重要なのではないだろうか。

他の武士においても、こうした仮名は認められる。たとえば、大石直正氏は奥州藤原氏が代々「次郎」を名乗っていたことを指摘し、これをもとに奥州における次子相続の慣行の存在を推定している。[61]筆者にはこの「次子相続の慣行」の可否を検討することはできないが、熊谷氏の場合は、そうした慣行を看取することはできない。あくまでも、たとえ嫡子が長子であっても「次郎」を名乗る慣行が存在した、ということである。大石氏は同時に葛西氏において嫡子が代々「三郎」を名乗ることを指摘しているが、周知のように葛西氏はもともとは奥州出身ではなく、筆者のいうところの嫡子の標識としての「三郎」仮名の継承、という説明が可能だと思われる。

また、仮名が実名・氏名・名字・官途などとの関係で、それらとどのように組み合わされて使用されているのか、あるいは自称なのか他称なのか、中世における文書の体系のなかで、どのような時に使用され、どのような時には使用されないのか、などは、時期的な変化を含めて網羅的に検討する必要があるように思われる。その上で、仮名と「家」など社会集団との関係をみていくというプロセスが必要なのではないだろうか。

他の武士におけるそれぞれの系譜と仮名の比較なども含め、残された課題は多いが、ひとまずここで擱筆したい。

註

（1）　熊谷氏の系図には以下のようなものがある。『熊谷家文書』（『大日本古文書』家わけ第十四）所収の「熊谷氏系図」、『続群書類従』第六輯上の「北条系図」、「熊谷系図」、および『系図纂要』（第八冊平氏二）の「熊谷」、など。

（2）佐藤和彦氏は、三入荘における熊谷氏の領主制の確立、すなわち、安芸熊谷氏嫡流系による国人領主制の成立について論じている（「国人領主制の構造的展開」『南北朝内乱史論』東京大学出版会、一九七九、初出一九六三）。黒田俊雄氏も安芸国三入荘における領主と村落共同体との関係を考察するなかで熊谷氏について言及している（「村落共同体の中世的特質」『日本中世封建制論』東京大学出版会、一九七四、初出一九六一）。
　一方、服部英雄氏は『熊谷家文書』にみえる安芸国三入荘の地名を現地聞き取り調査の上、近世の地名に比定する作業を通して、熊谷直経の所領を谷沿いの狭小な地と推定した。そして従来の研究が南北朝期の本庄方惣領熊谷直経の領主制の強大さを過大評価しているとし、直経が三入本荘内に多くの対抗勢力を持っており、軍忠状の分析から庶流の新荘方熊谷直清とは対等の関係であったことを指摘している（「変貌する荘園景観と荘園史研究」『歴史学研究』五〇一、一九八二、のち同『景観にさぐる中世　変貌する村の姿と荘園史研究』（新人物往来社、一九九五）所収）。

　また、熊谷氏に関する研究としては清水久夫氏（「東国御家人熊谷氏の西国移住について」『法政史論』四、一九七七）、高橋和弘氏（「熊谷氏の族的結合の形成」『立正大学地域研究センター年報』二〇、一九九七、「西熊谷郷の歴史的変遷」『時と文化―日本史攷究の視座―』歴研、二〇〇一、「熊谷氏の惣領制の展開」『日本史攷究と歴史教育の視座』早稲田大学メディアミックス、二〇〇四）などがある。
（3）鈴木哲雄「武蔵国熊谷郷における領主と農民」（『中世日本の開発と百姓』岩田書院、二〇〇一、初出一九八〇）。
（4）高橋修「中世前期の在地領主と「町場」」（『歴史学研究』七六八、二〇〇二）、「武蔵国における在地領主の成立とその基盤」（浅野晴樹・齋藤慎一編『中世東国の世界―北関東』高志書院、二〇〇三）。ただ、高橋氏は熊谷氏の系譜についての検討は、問題の所在を認めつつも行っていない。
（5）錦織勤「安芸熊谷氏に関する基礎的研究」（『日本歴史』四八七、一九八四）。以下、本稿における錦織氏の所説は、すべてこれによる。
（6）『熊谷家文書』（以下『熊』）二六・『鎌倉遺文』（以下『鎌』）二〇五三七。
（7）『熊』一・『鎌』五一四。

（8）直家は直実嫡子として『吾妻鏡』・『平家物語』・『承久記』などの史料に登場し、実景は『明月記』建保元年（一二一三）四月二七日条に「熊谷左衛門尉実景」としてその名がみえる。また、慈照寺本『承久記』によると、上皇方に熊谷左衛門尉の名があり、実景は承久の乱以前から在京し、乱では京方についたと思われる。

（9）赤松俊秀「熊谷直実の上品上生往生立願について」（『続鎌倉仏教の研究』平楽寺書店、一九六五）。

（10）林譲「熊谷直実の出家と往生とに関わる史料について―『吾妻鏡』史料批判の一事例―」（『東京大学史料編纂所研究紀要』一五、二〇〇五）。林氏は直実（蓮生）自筆とされる「蓮生直実夢記」の花押、「七箇条制戒」（二尊院所蔵）の署名、「蓮生念仏結縁条」（興禅寺蔵）などを比較し、「熊谷蓮生譲状」を正文としており、【史料二】の「家真」の横の「さねいゑ」を直実自筆とみている。また、『吾妻鏡』直実の出家と往生の記事の信憑性に疑問を呈している。なお、林氏は「家真」を「家実」と翻字しているが、筆者が写真をみる限りは「実」とは読めない。

（11）「家真」は「さねいゑ」が正しいであろうが、熊谷氏の通字である「直」を含まない。兄にあたる実景（さねかげ）が直実の「実」を継承している点から、実際には「実家」であり、「真」は誤記であろう。なお、『吾妻鏡』元暦元（一一八四）年一二月七日条には「熊谷四郎」がみえ、年代的にこの人物である可能性もある。

（12）熊谷家真（実家）と直国の関係については、これを知ることのできる史料がなく、不明である。高橋和弘氏は推定される両者の年齢から、家真・直国が同一人物ではないかとしているが（前掲註（2）「熊谷氏の惣領制の展開」）、推測にとどまっているようである。本稿では一応別人物としておく。

（13）『承久記』は勢多の合戦における直国の戦死の状況を伝える。「熊谷平内左衛門」すなわち熊谷直国と「熊谷小次郎兵衛尉」が同時に登場している点が注目される。また、直国は後述する吉見尼と関連があるとみられる吉見氏と一緒に行動している。また直国については直家舎弟としている。

（14）『熊』七・『鎌』二八二七、および『熊』八・『鎌』二八三六。

（15）『熊』一五・『鎌』四七九一。

（16）鈴木国弘『在地領主制』（雄山閣出版、一九八〇）。「母系制」を中世前期に見いだそうとする鈴木氏の説には多くの批判がある。

しかし、当時の武士の親族結合における父系以外の要素を指摘した意義は大きいといえるだろう。

(17)『熊』一九・『鎌』九〇九九、『熊』二〇・『鎌』九二九二。

(18)弘長三年（一二六三）一〇月「熊谷直時自筆置文」『熊』一九六・『鎌』八九九八。直時―直高の親子関係は、後述するように「図書助」の官途を名乗る直時に対し、直高が「図書助二郎」と名乗っていることからも証明できる。

(19)永仁六年（一二九八）八月六日「鶴岡八幡宮寺放生会用途請取状」『熊』二四・『鎌』一九七六三。直高―直満の親子関係については嘉元二年（一三〇四）五月一日「関東下知状」（『熊』三〇・『鎌』二一八二〇）に「直光（満）父直高」との文言があることなどから証明できる。

(20)前掲註（6）。

(21)永仁六年（一二九八）六月日「近江菅浦惣追捕使代乗眼申状案」『菅浦文書』（以下『菅』）二七八・『鎌』一九七三〇。

(22)加藤正俊「塩津地頭熊谷氏と空谷明応と長生宗久尼―『菅浦文書』と『大徳寺文書』との接点―」（『花園大学禅文化研究所紀要』二六、二〇〇二）。

(23)『菅』一三九・『鎌』一〇四九一。

(24)田中克行氏（「鎌倉～南北朝期の訴訟文書概観」『中世の惣村と文書』山川出版社　一九九八）や、伊藤邦彦氏（「鎌倉時代の小串氏について」『日本歴史』六二五、二〇〇〇）、網野善彦氏（「湖の民と惣の自治―近江国菅浦―」稲垣泰彦編『荘園の世界』東京大学出版会、一九七三）も、この部分を小串入道が聟の熊谷直村に惣追捕使職を預け置いたと解釈している。しかし、「小串入道之聟預二置熊替二郎左衛門尉直村一」を語順通りに解釈すれば、小串入道の聟某が、熊谷直村に惣追捕使職を預け置いた、という意味になる。

ただし、その場合、行為の主体である聟の名が明示されないということ（行方にとっては姉妹の夫にあたる）、それに、何の関係もない人物に所職を預け置くこと、などは不自然なので、疑問は残るが、先行研究にしたがっておきたい。

(25)伊藤前掲註（24）論文。

(26)『菅』七三一・『鎌』一九六四一。

(27) 永仁六年（一二九八）五月一三日「六波羅御教書案」『萱』六九七・『鎌』一九六八一。
(28) 前掲註（21）。
(29) 永仁六年（一二九八）九月一〇日「六波羅御教書案」『萱』六五・『鎌』一九八〇四、および同年九月三〇日「六波羅御教書案」『萱』五九・七三一（案文二通あり）・『鎌』一九八一九。
(30) 永仁六年（一二九八）九月日「近江萱浦供御人等重申状案」『萱』二七四『鎌』一九八二四。
(31) 田中氏前掲註（21）著。
(32) 羽下徳彦「訴訟文書」（『日本古文書学講座』五、中世Ⅱ、雄山閣、一九八一）。
(33) 『萱』七三五・『鎌』一九九六〇。
(34) 『萱』七三六・『鎌』一九九八五、『萱』七三七・『鎌』一九九九一、『萱』六四・『鎌』二〇〇二一。
(35) 『萱』二四六（三通とも一紙に書かれている）それぞれ『鎌』二〇二二〇・『鎌』二〇二二七・『鎌』二〇二二一。
(36) 延文二年（一三五七）七月日「萱浦雑掌全勝申状案」『萱』一二二。
(37) 網野善彦「名前と系図をさかのぼる—史料としての姓名・系図—」（朝日百科日本の歴史別冊、歴史の読み方八、朝日新聞社、一九八九）。また、官途についても、それが実質的職務を伴わぬ称号である場合は名前の一種としての側面も検討すべきであろう。
(38) 坂田聡『苗字と名前の歴史』（歴史文化ライブラリー二一一、吉川弘文館、二〇〇六）。なお、坂田氏は一般民衆の「家」の成立の指標として「字」（＝仮名）の継承の問題を考察している。
(39) 豊田武『苗字の歴史』（中央公論社、一九七一）、加藤晃「日本の姓氏」（『東アジア世界における日本古代史講座』一〇、学生社、一九八四）、高橋秀樹「在地領主層における中世的「家」の成立と展開」（『日本中世の家と親族』吉川弘文館、一九九六）。なかでも加藤氏は、鎌倉期は名字が未成立という立場から、「熊谷次郎」のような呼称を、地名と排行名が一体となった仮名ととらえている。
(40) 飯沼賢司「系譜史料論」（『岩波講座日本通史』別巻三、史料論、岩波書店、一九九五）。
(41) 『吾妻鏡』治承四年（一一八〇）八月二三日条ほか。

(42)『吾妻鏡』元暦元年(一一八四)二月五日条ほか。
(43)『吾妻鏡』における元服の事例をみると、仮名は元服時に実名とセットで定め、名乗りはじめるとみられる。本稿で示したようにその後のある時点に〈家の仮名〉に名乗りかえるというプロセスを想定できるだろう。このことについては別稿を期したい。
(44)文永十一年(一二七四)正月二七日「関東御教書」『熊』二一・『鎌』一一五三二。
(45)文暦二年(一二三五)七月六日「関東下知状」『熊』一五『鎌』四七九一。なお、高橋和弘氏も「西熊谷郷」の成立について論じている(前掲註(2)「西熊谷郷の歴史的変遷」)。
(46)貞永元年(一二三二)八月二一日「鶴岡八幡宮前社務定豪御教書」『熊』一二『鎌』四三六三。
(47)『熊』四六・『鎌』三〇三二二。
(48)田中大喜氏によると、鎌倉末〜南北朝期の武士の家は嫡子とその舎弟を中核とする「兄弟惣領」という構造を持っており、それに対応して相続法においても所領譲与の際、所領を嫡子とその舎弟にほぼ均分して譲与する方法がみられるという(「南北朝期武家の兄弟たち」悪党研究会編『悪党と内乱』岩田書院、二〇〇五)。
(49)『熊』三七・『鎌』三三二〇七。
(50)元弘三年(一三三三)八月日「熊谷虎一丸申状」『熊』二〇九、『萱』三三五一七。
(51)貞治四年(一三六三)九月八日「熊谷直道譲状」『熊』九二。
(52)元弘三年(一三三三)八月日「熊谷虎一丸申状」『熊』二〇九。
(53)応永十年(一四〇四)二月二八日「熊谷直会譲状」『熊』一〇四、永享二年(一四三〇)八月二一日「熊谷一心譲状」『熊』一〇九。
(54)福田豊彦氏によると、奉公衆は、鎌倉幕府の小侍—御所内番衆制度をルーツとし、室町幕府成立直後から存在した直臣制度が将軍義教期の永享初年(一四二九)ころに三五〇人前後を五か番に編制する奉公衆制度が整えられたという(「室町幕府の奉公衆」『日本歴史』二七四、一九七一)。
ただし、その成立時期については将軍義満期とする佐藤進一・森幸夫氏(佐藤進一「室町幕府論」、『日本中世史論集』岩波書店、

一九九一、森幸夫「室町幕府奉公衆の成立時期について」『年報中世史研究』一八、一九九三）、義詮期まで遡るとする五味文彦氏（五味文彦「在京人とその位置」『史学雑誌』八三―八、一九七四）など、諸説ある。

(55)『群書類従』二九輯。

(56) 前掲註（55）。

(57) 前掲註（55）。

(58)『後鑑』第三編。

(59) 今谷明『室町幕府解体過程の研究』（岩波書店、一九八五）。

(60) 前掲註（55）。また、『大乗院寺社雑事記』にも、越前国河口荘兵庫郷政所職・公文職をめぐって「熊谷上総介持直」、「熊谷上野」「熊谷新次郎直忠」などの名がみえ、これらも「近習ノ熊谷」という表現がみられることから奉公衆の熊谷氏であるとみられる。本稿では室町期の安芸・塩津熊谷氏の動向については詳述できなかった。今後の課題としたい。

(61) 大石直正「奥州藤原氏の相続形態」（『奥州藤原氏の時代』吉川弘文館、二〇〇一、初出二〇〇〇）。なお、葛西氏の「三郎」仮名の継承については、入間田宣夫編『葛西氏の研究』（名著出版、一九九八）を参照。

Ⅲ

熊谷氏の系譜と西遷について

大井教寛

はじめに

日本における中世という時代がどのような時代であったかを分析する概念は、数多く存在する。特に武士及び武家政権という点に着目すると、中世国家論、鎌倉・室町幕府論、守護・地頭制論、御家人制論、在地領主制論、室町期にあっては一揆論、そして惣領制・族的結合論など様々な切り口から議論が行われ、膨大な量の成果があげられている。その中でも惣領制・族的結合に関する議論は、中世武士団がどのような結合体であったかを明らかにするための、重要な切り口であると考えられる。

その研究史は、戦前の法制史家による分析に始まり、戦後の社会経済史家の分析に受け継がれ、惣領の権限のあり方などが活発に議論された。その後、族的結合・家族論・「イエ」に関する議論へと展開され、さらに一族内における女性の地位に関する研究が進み、現在までに数多くの成果があげられている(1)。

さて、それぞれの家に伝わる系図は、個々の武士団の族的結合を考える上で多くの情報を抱えているといえるが、その反面、後世における改ざんなどによる恣意的な操作を前提としたうえでの、慎重な分析が必要であることは論をまたない。特に近世においては、いわゆる「系図屋」が商売として成り立つ背景があるなど、系図をもとにする議論は多分に難しい問題を抱えているといえる。しかしながら近年、系図を分析し、文献史料等とのつき合わせにより、より現実に近い形の系図に作り直し、中世武士団の族的結合を考察していく成果もあげられている。(2)こうした研究対象となる中世武士団の一つに、熊谷氏があげられる。

国指定重要文化財「熊谷家文書」二五五点（他に関連史料として系図二点）(3)を今に伝える熊谷氏は、その豊富な史料により、現在まで多くの研究者によって数多くの成果があげられている。(4)中でも惣領制については特に錦織勤氏の研究が注目される。(5)氏はその譲状等の分析を通して、「熊谷家文書」を相続してきた熊谷氏は惣領家つまり直系ではなく、庶子家つまり傍系ではないかとしている。さらに柴崎啓太氏は、熊谷氏における「仮名」に着目し、「熊谷家文書」と一緒に伝来している系図を再検討し、「仮名」を元に系図を作りかえる作業を行っている。そしてその分析から、熊谷氏における直系は近江国塩津庄熊谷氏の系譜につながるのではないかと結論付けている。(6)

これらの研究成果を踏まえて、本稿では「熊谷家文書」を基礎史料に熊谷氏における族的結合や、一族の系譜といったことについて見ていきたいと思う。なぜならば、錦織氏の研究以前の惣領制の議論の中では、「熊谷家文書」を相伝してきた熊谷氏が直実直系であるという前提のもとで議論されてきたが、錦織氏・柴崎氏の研究によりその前提そのものが崩れ、「熊谷家文書」や『続群書類従』等に所収されている様々な熊谷氏に関する系図そのものを再検討する必要が生じているからである。さらに、直実直系であるという前提条件が崩れたことにより、これまでの「熊谷家文書」を利用した惣領制の議論そのものも、改めて見直す必要が生じていると考える。そのため、「熊谷家文書」の文書群としての構成から検討し、さらには一族内の系譜の問題などについて、南北朝・室町期に活躍した熊谷直経という人物を中心に、検討していきたいと思う。

一、「熊谷家文書」の構成について

まず、熊谷氏の族的結合について考える前に、その前提となる「熊谷家文書」の文書群としての構成と熊谷氏の系図について考えていきたい。

「熊谷家文書」は系図二点も含めると二五七点からなる文書群であるが、それらを史料中で主に関係する人物ごとに分類すると、直経という人物に関する文書が六二点と圧倒的に多いことがわかる。次に多いのは戦国期の信直に関する文書で五〇点をしめる。つまり古文書二五五点のうち、半数近くがこの二人に関連する史料であるということがわかる。また、これらの史料を戦国期以前と以後に分けて考えると、戦国期以前の一二五点のうち実に約半分が直経に関する史料であるということがわかる。

信直に関しては周知のように、戦国期に安芸国の有力国人領主として活躍し、後に毛利氏配下として重きをなした人物で、熊谷氏の地位が安定した時期であるため、必然的に関連史料が多く残ることに疑問はないと思われる。では直経に関する史料の概略を見たい。初見は嘉暦三年（一三二八）七月二三日の「関東下知状」[7]で、最後が貞治四年（一三六五）九月八日の「熊谷直道（直経）譲状」[8]である。つまり直経が史料上に登場するのは、鎌倉末から南北朝・室町初期の激動の時期であることがわかる。

次に直経関係の史料を内容によって分けると、一番多いのは所領関係の史料で四〇点、次に軍事関係の史料が一六点、そして相続関係の史料が六点と分類することができる。軍事関係の史料が多いのは、南北朝の動乱時において着到状や催促状などが多く発給されるからで、所領関係の史料が多いのは、動乱における勲功で全国各地に所領を得、その所領を守るための相論などが起こったため点数が多いと考えられる。それらの個々の史料については、次章以降に熊谷氏内の族的結合などを分析していく中で触れ、その分析を通して直経の熊谷氏内での位置について考えていきたいと思う。

次に熊谷氏の系図について考えていきたい。系図については、後世の作為により操作が行われていることが非常に多く、取り扱いに慎重を期さなくてはならないのは言うまでもないが、であるならば、系図を操作した人物の意図がそこに読み取れるということも考えられる。そこで「熊谷系図(9)」を見ていくと、直経の前の代までは兄弟親類関係について非常に詳細に書かれているのだが、直経から堅直に至るまでの五代分に関しては兄弟親類関係の記載が全く無く、その後宗直になって兄弟関係の記載が見られ始め、先ほど触れた戦国期の信直以降に再び兄弟親類関係についての詳細な記述が見られるようになるという特徴がある。

この理由を考えるといくつかの可能性が考えられるが、直経から堅直までの「系図」の記述に何らかの操作があった、あるいは直経の時に一族中に何らかの大きな動きがあったために、直経以後の詳細な記述ができなくなった、つまり族的結合に大きな変化があったのではないかということが考えられる。そしてその後信直の代になったときに、毛利氏の重臣としての地位が固まり、熊谷氏として安定した時代が訪れたこともあって、詳細な系図が再度書かれ始めたと推測することができるのではないだろうか。

この推測を踏まえて、直経という人物についてさらに熊谷氏内部での位置について検討をしていきたいと思う。

二、熊谷直経の位置づけについて

次に、一章でみた熊谷直経が、熊谷氏の族的結合においてどのような役割を果したのか、直経関連の史料について個別に触れながら考察していきたいと思う。そのために、まず南北朝・室町時代の動乱期における軍忠状などの軍事関係史料をもとに考えていきたい。

（端裏書）
「千葉城着到案文」
野依ノ彦六殿取置□（候カ）
為誅伐大塔宮并楠木兵衛尉正成、可馳参之由、被仰下候之間、熊谷小四郎直経召具一族平次直氏、六郎直朝、五郎四郎直員等、自去二月廿五日迄于同廿八日、罷向楠木城郭、於大手木戸口相戦、以数十枚楯土石、最初埋堀、抽夙夜之忠勤候之条、証人分明候、将又、同召具彼一族等、閏二月五日馳向千葉城、於大手堀鰭相戦、搆矢倉、致終夜之忠勤候之条、又以証人数輩分明候、以此旨可有御披露候、恐惶謹言、

正慶二年閏二月八日　　平直経

進上　御奉行所(10)

この史料は、直経が一族中の直氏、直朝、直員等を率いて、護良親王と楠木正成の追討のために参戦し、軍忠をあげたことについて、正慶二年（一三三三）に鎌倉幕府の奉行所へ進上した軍忠状である。この三人のうち、直員については確認できないが、平次直氏と六郎直朝については「系図」を見ると、直経の父直満の弟直義の息子に「平次」が、さらに直満の弟時直の息子に「六郎四郎直朝」という人物が見受けられる。またこの史料の他に、正慶二年閏二

月二七日付の「熊谷直経合戦手負注文」[11]に道山左衛門二郎経行、長尾又太郎有能、中平三景能などの人物が見受けられ、道山以下の三人は直経の配下として共に行動していたと考えられる。

つまり、直経は一族の従兄弟関係にある人物と自らの配下を率い、南北朝の動乱に参加したことがわかる。このことは、直経が自らに近い範囲の一族等に対して軍事指揮権を有していたということを示している。

これらの史料に対して、次の史料を見てみたい。

熊谷小四郎直経代同太郎次郎直久申
右、可令退治四ヶ国凶徒之旨、被下　綸旨之間、彦三郎直清為大将、就被追討所之　朝敵等、元弘三年五月十二日直久相共罷向丹後国熊野郡浦家庄、押寄二階堂因幡入道之城墎、令追討畢（中略）直清為四ヶ国之大将、付四ヶ国軍勢等着到被進之、所見分明之上者、賜御証判、可備後曰亀鏡候、恐惶謹言
元弘三年五月廿日　　平直久状（裏花押）
御奉行所
「加(証判)一見了（花押）[12]」

これは後醍醐天皇の綸旨を受けて、丹後、丹波国等の朝敵である「四ヶ国凶徒」に対し、熊谷直清を大将として率いられた軍勢に、直経の代官として参加し勲功を挙げた直久の軍忠状である。つまり、この軍勢を率いているのは「系図」上の直実直系とされる直経ではなく直清であり、さらに直経の代官である直久を率いているということは、直清は直接的にではないが、間接的な関係として直経も事実上その指揮下に収めていたのである。そしてこの直清は「四ヶ国之大将」として着到をつけるなど、公的にきわめて重要な地位にあったということがわかる。

言い換えれば直清の軍事指揮権が族的結合を根拠とする軍事指揮権ではなく、「四ケ国凶徒」を討伐するための公的に任じられた「大将」としての軍事指揮権であるのに対し、直経はあくまでも直経の親族の範囲、自身に近い族的結合の範囲での軍事指揮権の発動として、代官直久を派遣していることがわかる。そこには、「系図」上の熊谷氏直系である直経が、鎌倉期以来、地頭補任などを通じて全国各地に散らばった熊谷氏一族全体(13)に対して影響力・軍事指揮権を掌握しているわけではないことを示しており、さらには直清のように公的な要職につくほどの存在ではなかったことを示していると考える。

この「直清」に関しては「系図」を見てみると、直実の息子の一人とされる直勝から数えて五代目、直経の一世代前に直清という人物がおり、仮名を「三郎左衛門」としている。つまりこの「系図」を信じるならば(14)、三入庄におけるいわゆる新庄系の流れを汲む人物に直清がいるのである。それは「系図」上の直実直系である直経が、「系図」上の直実傍系である直清に軍事指揮権を持っていないことになり、公的な地位としても傍系の直清が直系の直経を指揮下に納めるという、逆転現象が起こっているのである。これは例えばそれぞれの系譜が東北地方と九州地方というように本拠地となる所領が全く違う遠隔地にあった場合は、族的結合が弱められ、直系、傍系の逆転が考えられるが、この直経と直清の場合は、三入庄のうちの本庄と新庄というように隣接した土地を所領としている中での逆転現象であるため、両者の関係、そして直経の「系図」上の直系としての権限を考える上で非常に興味深いと思われる。

さらに、直経と直清の関係について、次の史料を見てみたい。

熊谷小四郎直経申安芸国三入本庄半分地頭職事、

右、如直経申状者、当庄者、依曩祖熊谷平内左衛門尉直国承久討死之功、曾祖父図書助入道西忍(直義)〈童名千虎丸〉拝領以来、直経五代相伝、知行無相違、仍関東御下文以下、元弘安堵御牒等分明也、将又、元弘最前馳参御方、於今抽数箇度軍忠之條、御感御教書、一見状等炳焉也、而熊谷三郎左衛門尉直清（今者死去）申給当庄之条、難堪之次第也、凡元弘以来、至八幡合戦、致度々軍忠之上者、可全知行之由、欲蒙御成敗（云々）直清亦就抽度々軍忠、為彼賞所給御下文并御施行也、被止直経之訴、可被沙汰付下地之旨、直房（直清子息）称之、爰如直経所進承久三年九月六日関東下文、寛喜三年三月八日同下知状、正安元年十月十二日六波羅下知状、嘉暦三年七月廿三日関東下知状、建武元年六月十日御牒者、当庄地頭職直経代々伝領（云々）者、西忍承久拝領以後、帯寛喜正安嘉暦下文下知状、子孫相伝当知行依無相違、建武元年既成給御牒畢、加之軍忠又無子細歟、然則当庄半分、如元直経可令領知之状、下知如件、

暦応元年九月十一日

源朝臣（直義）（花押）[15]

この史料は、暦応元年（一三三八）の足利直義の下知状である。これによれば、直経と直清の子息直房との間で、三入本庄半分地頭職に関する相論が行われていることがわかる。直房の主張は、父直清の軍忠、つまり先に見た元弘三年の軍忠状の内容の、「四ヶ国凶徒」を討伐した時の大将としての軍忠に関連してと考えられるが、これにより三入本庄半分地頭職に関する下文を得たので、直経の所領支配を停止するように求めている。これに対して直経は、承久年間以来の安芸国三入庄における所領安堵に関しての文書類を根拠に、直房の主張を避けるよう求め、その結果、直経の主張に沿って足利直義がその裁定を下している。

この史料から、直房は鎌倉期以来代々三入本庄を自己の系譜の所領としていたわけではないことがわかる。裏を返していえば、直房系の系譜は、一族の所領支配の観点から考えると、直経の系譜とは全く別個の所領支配の系譜を引

く熊谷氏の一族であったことが考えられるのである。そうでなければ、直房は父直清の軍忠を引き合いに出さずとも、代々三入本庄半分地頭職に関する安堵状を根拠とすればいいわけである。そうしなかったのは、直房系は直清以前に関しては、三入本庄に関する所領支配を行っておらず、当然三入本庄に関する所領保持を証明するだけの文書・由緒を持っていなかったと考えられるのである。

これらの史料から、熊谷直経という人物が南北朝・室町期において「系図」上の直実直系でありながら、熊谷氏全体の軍事指揮権を掌握していたわけではないが、自らに近い一族の範囲で軍事指揮権を掌握していたことが判明したと考える。

次に、所領関係の史料について見ていきたい。直経の所領関係の史料をまとめたのが次の表である。まずこの表を見るにあたっての留意点であるが、南北朝・室町期の文書伝達について、将軍・幕府→守護への御教書・奉行人奉書、守護→守護代への施行状、守護代→守護使への遵行状、守護使→知行人への打渡状という流れがあり、そしてその返答としての請文が知行人から守護使・守護代へと上がっていくというシステムがある。そのため日付が近い史料に同一の所領・地頭職が記載されているが、関連資料としてまとめずに、煩雑に見えるかもしれないがそれぞれ一点ずつ表に示すこととした。

この表から直経にかかわる所領・地頭職関係の地名を見ていくと、武蔵国熊谷郷、安芸国三入庄のほかに

・美濃国有武東郷内金光寺
・同国鵜飼庄地頭職
・上野国高尾村地頭職

対立者	内容・備考
継母尼眞継亡息余次直継	相論関係。年次を追って詳細あり 建武元年の尊氏安堵裏書あり
木田見孫太郎	木田見氏の乱暴停止
	熊谷小四郎直経への安堵状
	三入本庄地頭職について安堵の申請。継紙で副状（47号と同文）あり。
	47号をうけて直経へ沙汰しつける。
	48号をうけて沙汰する。51号と同文。
	48号をうけて沙汰する。50号と同文。
	48号をうけてについての打渡状。
	地頭（直経）の租税抑留を停止。
	直経の忠義により地頭職を預置く。
香河兵衛五郎	香河兵衛五郎の乱暴を停止し、直経への安堵を請う。
香河兵衛五郎	57号をうけて、頼俊跡に「直経代官」をつける。
熊谷直房（直清息子）	直経と直房（直清息子）についての相論。
熊谷直房（直清息子）	直房の押暴を停止。
熊谷五郎次郎盛直	五郎次郎盛直と直経の相論。
熊谷五郎次郎盛直	63号と同文。
	直経の代官に沙汰せしめる。
	直経代官源慶に打ち渡す
（熊谷）平三郎直遠	直遠の横暴を停止。
	直経代官に沙汰しつける。
瀬下与一入道	瀬下与一入道が打ち渡しを阻む。
新野彦四郎入道々恵	新野の横暴を停止させる。
（熊谷）平三郎直遠	直遠の横暴停止
新野彦四郎入道々恵	新野の横暴を停止させる。
（熊谷）平三郎直遠	直遠の押暴停止。
新野彦四郎入道々恵	新野の横暴を停止させる。
新野彦四郎入道々恵	新野の横暴を停止させる。
（熊谷）平三郎直遠	直遠の押暴停止。
	勲功の賞としてあてがう。
	勲功の賞としてあてがう。
	（紀伊国）堺原について道山新左衛門（経行）へ。
有直後家尼智阿	有直後家の尼智阿が押領していることに対する訴え。
	虎鶴丸御前に父直経の譲状によって安堵。
	勲功の賞としてあてがう。
	勲功の賞としてあてがう。
	84号に基づき沙汰せしめる。
新野彦四郎入道々恵 孫女藤原氏 同夫三吉岩崎六郎	新野以下の横暴を停止し、直経に地頭職安堵。
新野彦四郎入道以下	新野彦四郎他の横暴停止。
	地頭職を軍忠により預ける。
	本知行分の替えとしてあてがう。

Ⅲ　熊谷氏の系譜と西遷について

表　熊谷直経関連史料のうち所領・地頭職関連一覧

No.	和年・月日	西暦	文書名	所領・地頭職
46	嘉暦 3.7.23	1328	関東下知状	武蔵国熊谷郷内田屋敷 武蔵国木田見郷内田在家 美濃国金光寺内田畠 安芸国三入本庄内田地 安芸国吉木村三分一等
39	元弘 3.12.20	1333	足利尊氏御教書	武蔵国木田見郷一分地頭職
47	建武 1.6.10	1334	雑訴決断所牒	武蔵国熊谷内恒正名 武蔵国木田見郷 安芸国三入本庄 美濃国倉（金）光寺寺半分地頭職
48	建武 1.7. 日	1334	熊谷直経申状并具書案	武蔵国熊谷内恒正名 武蔵国木田見郷 安芸国三入本庄 美濃国金光寺惣領地頭職
49	建武 1.7.14	1334	足利尊氏施行状	武蔵国熊谷郷内恒正名 武蔵国木田見郷内田在家等
50	建武 1.7.22	1334	安芸国宣	安芸国三入本庄地頭職
51	（建武 1）7.26	1334	安芸国宣	安芸国三入本庄地頭職
52	建武 1.9.22	1334	平重時打渡状	武蔵国熊谷内恒正名半分 武蔵国木田見郷内田在家半分
53	建武 2.6.7	1335	雑訴決断所牒	安芸国
54	建武 3.3.8	1336	桃井義盛下文	安芸国西條郷内寺家分地頭職
57	建武 4.9. 日	1337	熊谷直経申状并具書案	安芸国三入本庄三分一内一方（新野）頼俊跡地頭職
58	建武 4.10.7	1337	武田信武書下案	安芸国三入本庄三分一内一方（新野）頼俊跡地頭職
61	暦応 1.9.11	1338	足利直義下知状	安芸国三入本庄半分地頭職
62	暦応 1.9.20	1338	武田信武施行状	安芸国三入本庄半分地頭職
63	暦応 3.3.27	1340	足利直義下知状	安芸国三入本庄内田地壱町七段狩山壱所
226	暦応 3.3.27	1340	足利直義下知状	安芸国三入本庄内田地壱町七段狩山壱所
66	暦応 3.9.13	1340	小幡宮内左衛門尉代氏泰 和田基業代盛行連署打渡状	上野国高尾村地頭職
69	暦応 3.10.22	1340	和田基業請文	上野国高尾村地頭職
70	暦応 4.4.21	1341	足利直義下知状	安芸国三入本庄内上村
71	暦応 4.6.29	1341	将軍家足利尊氏御教書	上野国高尾村内瀬下与一入道安西知行分（高尾小太郎跡）
72	暦応 4.8.25	1341	長蓮性請文案	上野国高尾小太郎跡
73	康永 1.12.12	1342	将軍家足利尊氏御教書	安芸国（三）入本庄内地頭職
74	康永 2.3.28	1343	将軍家足利尊氏御教書	安芸国三入本庄内上村秋光名
75	康永 2.4.11	1343	将軍家足利尊氏御教書	安芸国三入本庄内一分地頭職
76	康永 2.5.2	1343	長江景盛請文	安芸国三入本庄内上村秋光名
78	康永 2.5.24	1343	長江景盛請文	安芸国三入本庄内一分地頭職
79	康永 2.5.26	1343	小早川道円貞茂請文	安芸国三入本庄内一分地頭職
77	康永 2.5.4	1343	小早川道円貞茂請文	安芸国三入本庄内上村秋光名
80	貞和 1.2. 日	1345	足利尊氏下文	美濃国有武東郷内金光寺地頭職 美濃国鵜飼庄地頭職
81	貞和 1.3.2	1345	足利尊氏下文	紀伊国三上庄内那口郷小勢田村地頭職
82	（年未詳）3.26		沙弥行阿書状	（紀伊国）堺原
83	貞和 2.12.17	1346	足利直義下知状	安芸国三入本庄内門田屋敷壱所高屋名内田畠
227	貞和 2.3.29	1346	足利直義下文	安芸国三入庄三分弐（号本庄）内上村半分地頭職
84	貞和 3.7.11	1347	足利尊氏下文	播磨国的部北條公文職参分壱
85	貞和 3.7.11	1347	足利尊氏下文案	播磨国的部北條公文職参分壱
86	貞和 3.9.4	1347	上杉重能奉書	播磨国的部北條公文職参分壱
87	貞和 3.11.7	1347	足利直義下知状	安芸国三入本庄三分一地頭職
88	貞和 4.11.11	1348	小早川直平打渡状	安芸国三入本庄内三分二
89	貞治 3.7.1	1364	武田氏信預け状	安芸国祢村地頭職
90	正平 20.4.5	1365	足利直冬御教書	安芸国小田郷小早河又三郎入道跡地頭職

※ No. は、『大日本古文書』家わけ 14 所収の「熊谷家文書」の文書番号。※備考内の号数は、「熊谷家文書」の文書番号。※（　）内は筆者による補足。

・紀伊国三上庄内那口郷小勢田村地頭職
・播磨国的部北條公文職

などの地名があらわれていることがわかる。こうした遠隔地の所領支配については通常の場合、代官を置いて支配するが、直経も同様に美濃国金光寺に関しては道山重行や道山経行といった道山氏が、そして上野国高尾村については源慶が代官としてその所領を治めていることが明らかである。(16)

そしてこの所領のうち、紀伊国三上庄内那口郷小勢田村地頭職と播磨国的部北條公文職に関しては、史料から勲功の賞として宛行われていることが明らかで、まさに南北朝動乱期における直経の活躍によって拡げていった所領であるといえる。しかしながら、最終的に直経が次代の宗直へ所領を譲渡する際には、

・武蔵国大里郷(ママ)内熊谷郷恒正名号西熊谷
・同国木多見郷田畠在家等
・美濃国金光寺村田畠在家等
・安芸国三入庄三分二号本庄

のそれぞれの所領を譲渡していることから、(17)紀伊国、播磨国の地頭職については、その後の政治的な混乱の中で支配権を失ってしまったものと考えられる。

これらの直経関連の所領の中でも一番多く表れる地名は、安芸国三入庄である。確かに、武蔵国熊谷郷に関する史料も散見できるが、あくまでも地頭職安堵、または譲状における他の所領と並列の表記の中で見られるにすぎない。その点、安芸国三入庄関係の史料は、地頭職安堵のほかに押暴の停止などといった相論に関する史料が多数見受けら

れ[18]、直経という人物が南北朝・室町初期の政治的な混乱の中で、安芸国三入庄に関していかに相論を戦い、その所領を保持するのに懸命であったかが確認できる。それは先ほど見た暦応元年の史料も同様である。

特に対立者の関係で見ると、香河兵衛五郎、新野彦四郎以下などといった三入庄の在地領主層と思われる人々から、軍事関係史料でもみた直房の他に、盛直、直遠、有直後家尼智阿などといった、熊谷氏の一族に連なる人物とも対立関係にあったことがわかる。新野氏に関しては南北朝動乱における戦いに共に行動しており[19]、おそらく三入庄における地縁的な関係があったものと考えられる。またこれらの相論の特徴としては、相論の対象地があくまでも三入本庄内に関連しており、三入新庄との相論は見受けられないという点が上げられる。

これらのことから安芸国三入庄は、直時が地頭職に補任[20]されて以来、代々譲渡されてきた所領ではあるが、直経の所領関係史料に見受けられる所領保持に対する懸命さから、直経にとってみれば、代々譲渡されてきた「名字の地」である武蔵国熊谷郷や、自己の力で広げた全国に散らばる所領の中でも、非常に重要な位置を占める所領であることが想像できるのではないだろうか。そこに直経自身の求めるアイデンティティ、拠り所となる何らかの理由があるのではないかと推測できる。それについて次章で熊谷氏の系譜の問題を見ながら考えてみたい。

三、熊谷氏の系譜について

承久の乱での直国の勲功により、直時が承久三年（一二二一）に安芸国三入庄の地頭職に補任されたことから熊谷氏の三入庄支配が始まり、その後兄弟間の相論によって三入庄地頭職のうち三分の二を直時に、三分の一を祐直に配分することとし、それぞれを三入本庄、三入新庄と呼んで支配を続けていたことは周知のことであるが、では熊谷氏がいつの時点で、どのような理由により武蔵国から安芸国にその勢力基盤を移していったかという点についてみていきたいと思う。そのために「熊谷小四郎直経与継母尼眞継代了心相論眞継亡息余次直継（直経兄）所領事」の事書から始まる嘉暦三年（一三二八）七月二三日付の関東下知状[21]について見ていきたい。これは熊谷氏内における所領支配に関する史料の一つとして大変重要な史料であり、熊谷氏の系譜の問題を考える上でも非常に重要な史料である。長文であるので史料全文は掲げず、内容の紹介と大意を見ていきたい。

　この史料の内容は、亡父直満の所領である「武蔵国熊谷郷内田屋敷、同国木田見郷内田在家、美濃国金光寺内田畠、安芸国三入本庄内田地、同国吉木村三分一」等に関して、生前の直満が、息子である直継とその弟である直経に所領を半分ずつ譲った後、直満死去後の元亨二年（一三二二）に、子ができないまま直継が亡くなったため、直継が譲り受けた所領を今後誰が相続するのかという点についておきた相論である。

　この相続における一番の判断基準は、史料の文言にある徳治三年（一三〇八）四月二一日付の譲状（「熊谷家文書」中には現存していない）に、「直満が有していた所領を直継及び直経で半分ずつ相続した後、それぞれに子がいないまま、兄弟に何かあった場合は、兄弟のどちらか一方が、その一方の相続分も相続するように」と記されていたとされる直満の「誡句」、つまり遺言である。この文言の存在が、直経と直経の継母である尼眞継との相論を引き起こす最大の原因となるのである。

　そこで相論の流れをまとめてみたい。まず子がないまま元亨二年（一三二二）に直継が亡くなったとき、亡くなった直継の所領を受け継いだ直経が、その熊谷郷内の知行分を、母尼である眞継に押領されたことについて幕府に訴えた。しかし眞継の代官である了心が、直継の所領については眞継が一期相続した後に、息子である虎一丸に譲与することを主張した。

しかし、この虎一丸については、直満が直経に遣わした七月二一日付（年記不明）の自筆「和字状」に、「余次（直継）が子の虎一丸は、この一四日に亡くなってしまった云々」、同じく二七日付「和字状」には「禁忌のこと、どれくらいの間すべきであろうか、云々」とあり、虎一丸が亡くなったことは明らかで、この相論での虎一丸が生きているという眞継側の主張は偽りであると主張した。この意見が問答の場でも通り、眞継側が虎一丸は生きていると「虚子」を構えていることが明らかとなった。

さらに数日の後、眞継側が持参した書状の端書から、亡くなった子は虎一丸ではなく別の子であると主張した。しかしながら幕府側から眞継側へ直継の子は一人なのか、二人なのかはっきりとしてから異議を申し立てるように忠告があったにもかかわらず、虎一丸のほかに子がいたことについてついに申し述べず、子どもが一人であることが確定し、この書状が「謀書」であることが判明した。

ここまでがこの相論における主要な流れであり、幕府の判決としては、眞継側の「虚子」を構えたことの咎、さらには「謀書」の咎により、眞継が遠流に処せられている。

この相論における全体を通じてのポイントは、いうまでもなく直継に子がいたのかどうかという点である。そのため、眞継側としては直継の子が亡くなっていたにもかかわらず、生きているような主張、いわゆる「虚子」を構え、また直継の子は一人ではなく、他にも子がいたと「謀書」を作成するような画策を行い、直継の相続分を直経に相続させないように様々な工作を行ったのである。

さらに注目したいのは、「虚子」を構えるだけではなく、子が一人ではないなどと「謀書」を作成するなど、何故そこまでして眞継が直継相続分を得るための画策をしたのか、直経との対抗関係を築いたのか、という点である。その理由は事書にあると考えられる。つまり「熊谷小四郎直経与継母尼眞継」とあるように、眞継は直経の「継母」であり、実母ではなく、直継と直経は異母兄弟なのである。そこで「系図」を見てみると、直経の母は「こはや川息女」とある。小早川氏はいうまでもなく安芸国の有力な在地領主として勢力を持っており、戦国期には毛利氏と血縁関係を結ぶことでいわゆる「三本の矢」として毛利氏を支えたことは周知のことである。直経は母方の血筋としてその流れをくむということであり、直経は武蔵国（西）熊谷郷よりも安芸国三入庄に非常に近い人物であったことがわかるのである。そのため、眞継は実子直継の異母弟である直経に対して非常に強い対抗関係を築いたのである。

そこで（西）熊谷郷の支配に関して、直経の先代にあたる直満に関連する史料を見ると、例えば鶴岡八幡宮の放生会用途銭に関して（西）熊谷郷の負担分に関する史料[22]や、直満と発智二郎後家尼明法代乗信との熊谷郷の年貢課役に関する相論[23]などが見受けられる。いずれも直満の熊谷郷への直接支配を考えさせる史料であり、直満の代までは一族における意識も（西）熊谷郷重視の考え方で、三入庄へは代官による支配を行っていたと考えられる[24]。

しかしながらこの嘉暦三年の相論裁定の結果、直継が亡くなったことで、これまで熊谷氏が代々譲渡してきた「名字の地」である武蔵国（西）熊谷郷と「勲功の地」である安芸国三入庄とを、母親が「こはや川息女」である直経が継ぐという、熊谷氏の系譜を考える上で非常に重要な転機が訪れるのである。これにより直経の時に西国移住したと考えられる史料があることからも窺える[25]が、熊谷氏が本拠を西国に移していく動きが一気に加速し、武蔵国（西）熊谷郷に対する熊谷氏の直接支配が薄れていくのである。

この小早川氏との関係については、田端泰子氏が中世における女性の地位と役割に注目して婚姻関係の分析を行っている[26]。氏は室町期の熊谷氏の当主の妻が安芸国人衆から出自していること、庶子、女子は国人領主かその重臣クラスと婚姻を結んでいることを指摘している。これは熊谷氏の当主が安芸国の国人衆と国人一揆を結んでおり、この婚姻形態によって熊谷氏の安芸国人衆としての地位を補強し、家臣団の組織を秩序立てる役割を担っていたためであると結論付けている。

このように田端氏が室町期からと指摘した安芸国人領主との関係は、とりもなおさず直経の活躍した時期からであり、何故、直経から安芸国との関係が強まったかということは、先ほど見た相論で直経側、三入庄に近い人物側が勝利したことによる熊谷氏内部の勢力関係、地縁関係の変化によるものだと考えられる。こうした熊谷氏内部の系譜にかかる大転換によって、田端氏の指摘するような婚姻形態が生じたと考えることができるのではないだろうか。

つまりこの嘉暦三年の相論は、直満の代まで「名字の地」として所領支配の中心を武蔵国（西）熊谷郷の屋敷地に置き、（西）熊谷郷以下の所領を代々相続してきた、いうなれば（西）熊谷郷系の系譜と、母方の血筋の関係から、安芸国三入庄に近い三入庄系の系譜を引く直経との間の、熊谷氏内部での主導権争いとも考えられ、この相論に勝った三入庄系の直経が主導権を握ることで、鎌倉幕府倒壊、南北朝の動乱とあいまって熊谷氏は本格的な西国移住を進めていき、安芸国の国人領主層との関係も深めていくと考えられるのである。そのため、表で見たように直経に関連する所領関係の史料には、安芸国三入庄に関連する史料が数多く見受けられ、それとは逆に、武蔵国（西）熊谷郷に関連する史料は、譲状に他の所領と列記される以外はほとんど見受けられなくなるという傾向が生じるのである。

そのことは、明徳二（一三九一）年三月四日の安芸国三入庄における本庄系と新庄系による一揆契状[27]からもわかる。

この一揆契状については大饗亮氏が分析を加えている。氏は族的結合との関連の中で、「本庄殿」と「新庄方」の血縁関係の希薄さを他の史料から導きだしながらも、一族一家たる意識の存在を高く評価し、この史料によって族的結合が再現し、連合形態による広い血縁的組織を完成させたとし、この史料は独立した個々の家の一族契約であるとしている。[28]

確かに、そういう側面もあるが、熊谷氏の系譜を考える上では、この史料以後にも「熊谷家文書」の中に（西）熊谷郷に関する史料が見受けられる[29]にもかかわらず、一揆契状に名を連ねている人物が「新庄方」と「本庄殿」という安芸国三入庄に関する人物だけであり、そこに「熊谷郷」という記述が見出せない点に着目したいと思う。つまりこの一揆契状の記述は、相論での直経側の勝利によって、（西）熊谷郷系の系譜が三入（本）庄系に溶け込んでいったことを示すと考えられ、熊谷氏における諸流の中の地縁的な関係、一族内におけるそれぞれの系譜の、本拠となる所領の近い関係で連合体を結成したことを示す一揆契状であると考えられる。そしてこの時にはすでに「本庄殿」が「名字の地」たる（西）熊谷郷系ではなく、「新庄方」と同様に三入庄系であったため、一族内における個々の「家」の、地縁的な関係によって一揆契約を結び、「勲功の地」三入庄を自分たちの系譜の本拠と最終的に定めた史料であると評価できるのではないだろうか。

また一章で触れた「熊谷家文書」に収録されている「系図」の問題に触れたい。つまり「系図」をみると、

…—直経—直明—有直—信直—堅直—宗直—…

と系譜が示されている。これについて田端氏は信直に「直経養子」、宗直に「直経実子」と註をつけている。[30]しかしながら「系図」をみると直明の註に「後ハ宗直」とあり、直経の貞治四年九月八日の譲状[31]にある「実子小四郎宗直」

と同一人物と考えられ、そしてさらに宗直（直明）から有（在）直への譲渡が確認でき、[32]その後は「系図」のとおり有直から信直へと所領が譲渡されていったと考えられる。

このような系譜が綴られていながら、この数代の間においてそれぞれの兄弟・親類関係の記述が皆無であることは、直経の時の劇的な系譜の変化に伴う「系図」への作為が考えられるのではないだろうか。つまり、自身の系譜が「名字の地」たる（西）熊谷郷を代々受け継いできた直系であるという「由緒」を「系図」に求めるがゆえに、一族内の主導権を握った三入庄系の直経以降の数代に関しては、南北朝・室町初期の動乱や、所領の悔い返しなどの一族内の不安定要素により兄弟・親類関係の記述ができなかったと考えられるのではないだろうか。そして、「系図」の註をみると母が毛利氏である宗直の代から兄弟関係の記述が見え始めるのは、毛利氏と婚姻関係を結ぶことで安芸国の国人領主としての地位を固めた熊谷氏の、安芸国における政治的な安定が「系図」上の記述にも表れていると考えられるのではないだろうか。

これらのことから、直経という人物は熊谷氏の族的結合、その後の所領支配の中で非常に重要な位置を占めると考えられ、このことは、中世武士団の所領支配において、その本拠地が移り変わる時の一つのモデルケースになると考える。つまり、「名字の地」、根本所領としていた土地から、「勲功の地」として新たに獲得した土地へと本拠地が移り行くとき、「勲功の地」に血縁的、地縁的に近い人物がその一族内の主導権を握ることにより、「名字の地」から離れていくという一つの事例として示すことができると考える。

おわりに

さて、ここまで「熊谷家文書」の分析を通して、熊谷氏の族的結合、系譜の問題について見てきた。

まず「熊谷家文書」の文書群としての分析から、戦国期以前の史料の約半数が、鎌倉幕府倒壊期から南北朝動乱期に活躍する直経に関する史料であることを指摘した。

次に直経関連の史料のうち、軍忠状等の軍事関連史料の検討から、直経という人物が、自分に近い近親者の範囲においての軍事指揮権を握ってはいるが、全国に散らばる熊谷氏全体を指揮下に収めているわけではなく、それぞれの熊谷氏がそれぞれの「家」として別個に行動しているであろうことを推測した。

さらに直経の時に異母兄である武蔵国（西）熊谷郷系の直継が早世することで、小早川氏を母に持つ安芸国三入庄系に非常に近い直経が武蔵国（西）熊谷郷系の所領を相続し、それ以後、熊谷氏の（西）熊谷郷に対する支配が加速的に薄れていく状況を生むことを指摘し、そのことが「熊谷家文書」所収の「系図」にも大きな影響を及ぼしているであろうことを指摘した。これらのことから、熊谷氏の族的結合や所領支配を考える上で、直経という人物が非常に重要な位置を占め、この直経によって熊谷氏の所領支配・系譜の大きな転機が訪れたということも合わせて指摘した。

この熊谷氏に関する分析を通して、惣領制、族的結合という従来の概念を一般化することも必要だが、個別の武士団における所領相続に関する分析が必要であると考える。それにより、より具体的な中世武士団の一族内の動きが理解できるのではないかと考える。また今回の直経の場合のように、系図の分析に際しては父系ではなく母系に関する視点も合わせて考えていく必要もあると考える。

今回は系図の詳細な分析と再構成などについては考察できなかった。さらには惣領制の関係で言えば、一族中の所領支配などといった権限については、本稿の性格から触れることができなかった。今後はそうした点についても分析を行い、一つの中世武士団の動きを明らかにできればと思う。

註

（1）惣領制の議論に関しては、羽下徳彦『惣領制』（日本歴史新書、至文堂、一九六六年）が、戦前から戦後にかけての議論をまとめている。また、惣領職に関する研究として、河合正治『中世武家社会の研究』（日本史学研究叢書、一九七三年）、最近では田中大喜「惣領職の成立と「職」の変質」（『歴史学研究』八五一号、二〇〇九年）など多数あり、族的結合の研究としては、鈴木国弘『在地領主制』（雄山閣、一九八〇年）、同「一族結合の中世的特質とその展開」（『史叢』一三・一四合併号、一九六九年）、同「中世前期一族結合の研究視覚―「惣領制」をどう問題にするか―」（『日本歴史』二八一、一九七一年）などの鈴木氏の一連の業績、岸本光子「鎌倉期在地領主層における族的結合の構造」（『中央史学』九、一九八五年）など多数ある。さらに、女性史の分野として近年の大きな成果は、『日本女性史大辞典』（吉川弘文館、二〇〇八年）の刊行があげられる。

（2）近年の成果としては、峰岸純夫・入間田宣夫・白根靖大編『中世武家系図の史料論』上・下（高志書院、二〇〇七年）の刊行があげられる。

（3）『大日本古文書』家わけ一四に収録。以下「熊谷家文書」は「熊」と表す。

（4）熊谷氏の安芸国三入庄に関する領主制論としては、清水久夫「東国御家人熊谷氏の西国移住について―安芸国三入庄を中心として―」（『法政史論』四、一九七七年）、佐藤和彦『南北朝内乱史論』第八章（東京大学出版会、一九七九年）に詳しい。また武蔵国熊谷郷、そして熊谷氏の系譜に関する論文としては、鈴木哲雄「武蔵国熊谷郷における領主と農民」（『地方史研究』一六三、一九八〇年）、錦織勤「安芸熊谷氏に関する基礎的研究」（『日本歴史』四三七、一九八四年）、高橋修「中世前期の在地領主と『町場』」（『歴史学研究』七六八、二〇〇二年）、同「武蔵国における在地領主の成立とその基盤」（『中世東国の世界Ⅰ北関東』高志書院、二〇〇三年）、高橋和弘「熊谷氏の惣領制の展開」（『日本史攷究と歴史教育の視座』日本史攷究会編、二〇〇四年）、林譲「熊谷直実の出家と往生とに関する史料について―『吾妻鏡』史料批判の一事例―」（『東京大学史料編纂所研究所報』一五、二〇〇五年）、柴﨑啓太「鎌倉御家人熊谷氏の系譜と仮名」（『中央史学』三〇、二〇〇七年）、拙稿Ａ「鶴岡八幡宮領武蔵国熊谷郷における請所」（『日本歴史』七二二、二〇〇八年）、同Ｂ「熊谷氏の地頭補任に関する一考察」（『埼玉地方史』五九、二〇〇八年）など多数ある。

（5）錦織氏前掲註（4）参照。

（6）柴﨑氏前掲註（4）参照。

（7）「熊」四六号。

（8）「熊」九二号。

（9）「熊」と一緒に伝えられている系図を使用。これ以降、文中の「系図」とは特に指定しない限りこれを指す。

（10）「熊」四〇号。

（11）「熊」四一号。

（12）「熊」三六号。

（13）熊谷氏は（西）熊谷郷系、三入庄系のみならず、近江国塩津庄系、三河国宇利庄系、陸奥国本吉系など全国各地に存在するが、現在柴﨑氏が提起した「系図」の問題が生じており、どの系統か限定できないため、便宜上「熊谷氏全体」と表現しておく。

（14）この「系図」に関しては、柴﨑氏が前掲註（4）の研究で「系図」を作り直す作業をしており、直清が新庄系なのか、それとも別の系譜をひくのか、今後の研究が待たれる。

（15）「熊」六一号。

（16）道山氏に関して、経行は「熊」五五号など、重行は「熊」六七号など、源慶は「熊」六九号。

(17) 前掲注（8）参照。
(18) 例えば、地頭職安堵に関しては「熊」五〇号など。相論に関しては「熊」七〇号などが見受けられる。
(19) 「熊」四一号など。
(20) 「熊」七号。
(21) 前掲註（7）参照。
(22) 「熊」二四号。熊谷氏及び熊谷郷と鶴岡八幡宮との関係については、拙稿A前掲註（4）参照。
(23) 「熊」二六号。
(24) 清水氏前掲註（4）の中で示唆している。それまでは鶴岡八幡宮の請所であることもあり、（西）熊谷郷に本拠を置いていたものと考えられるため、筆者も三入庄は基本的には代官による支配を行っていたと考えている。
(25) 「熊」三七号。この史料の位置づけについては佐藤氏前掲註（4）参照。
(26) 田端泰子「中世における女性の地位と役割―婚姻形態を通じて―」（『橘女子大学研究紀要』一〇、一九八二年）。
(27) 「熊」一〇一号。
(28) 大饗亮『封建的主従制成立史の研究』第六章第二節（風間書房、一九六七年）。
(29) 「熊」一〇四号。
(30) 田端氏前掲註（26）。
(31) 前掲注（8）参照。
(32) 「熊」一〇四号。

【付記】本稿作成にあたり、高橋修氏にご指導いただいた。また、蛭間健悟氏にご助言、ご批判いただいた。この場を借りて感謝申し上げます。

Ⅳ　塩津地頭熊谷氏と空谷明応と長生宗久尼
――『菅浦文書』と『大徳寺文書』との接点

加藤正俊

一

相国寺三世、天龍寺四十世空谷明応（一三二八―一四〇七）の生涯は、法嗣の天章澄彧の著した『特賜仏日常光国師空谷和尚行実』に詳しい。『行実』によると、空谷は江州浅井郡の人、族は平氏とされる。嘉暦三年六月二十四日生誕。建武三年（一三三六）、九歳にして同郡の宏済寺沙門志徹の門に入り、童行の役をつとめた。志徹は空谷の法器なることを識り、相携えて上洛し、嵯峨臨川寺の三会院に到って夢窓疎石（一二七五―一三五一）に謁し、空谷の大成を夢窓に付託した。当時夢窓は臨川寺の住持職を高弟無極志玄（一二八二―一三五九）に譲って三会院に退隠していたので、空谷を無極に一任しその弟子と為さしめた。

『夢窓国師年譜』によれば、夢窓が臨川寺を無極に譲り三会院に退居したのは、建武四年（一三三七）のことであるから、空谷が臨川寺の無極の弟子となったのは、建武四年、十歳以降のこととなる。

江州宏済寺の志徹が空谷を夢窓に託そうとしたのは、志徹が夢窓の弟子であったからだと推察されている。夢窓と志徹との関係を示すものとして、夢窓と明極楚俊（一二六四―一三三八）が唱和した三首ずつの七言律詩に、両師の門人を中心に諸五山の尊宿雲衲五十七員が、和韻した詩軸の存在が挙げられる。その内容は「夢窓明極唱和篇」と題して、『五山文学全集』第三巻に収録されている。その唱和篇の最初に以下の如き夢窓の記述が見られる。

　建武乙亥予住南禅明極和尚退居浄土院以偈寄之、

よってこれが建武乙亥二年（一三三五）応酬の詩軸であることがわかる（空谷が志徹の門下に入る一年前に当る）。志徹の律詩は五十七員の和韻の律詩の二十三番目に当たる。

　震旦扶桑風俗殊　何曾仏法有疆区
　二師雖化道難隠　四衆皈衣徳肯孤
　喝下限空塵外士　棒頭性廓世間徒
　就中緇素誰能辨　並駕斉馳卒（率）土無
　　　　　　　　　　志徹上座

ここに志徹の和韻の詩があるからといって、夢窓との親しい交流は想定されても、即夢窓の弟子とは断定しにくい。しかし卍元師蛮の『延宝伝燈録』巻第二十五では、志徹を夢窓の法嗣となし、「江州広済寺志徹上座、和夢窓寄明極偈曰、」として、右の和韻の律詩のみを引いて志徹の伝を立てている。因みに法系図『天龍宗派』に当って見ると、両足院本は本文に志徹の名は見えず、高峰東晙（一七一四―一七七九）が追記した部に「江州広済寺○志徹」と藍字で巻末に記入されている。鹿王院本には「広済○徹」と夢窓直弟の部に見えるので、一応夢窓派下の人とすべきであるが、両足院本も鹿王院本も、志徹の寺を広済寺とするところに疑念を抱く。

志徹を夢窓の法嗣とし、広済寺の住持とするのは、管見によると『延宝伝燈録』（延宝六年〈一六七八〉撰述、宝永三年〈一七〇六〉出版）が初めてである。両足院本の『天龍宗派』も、鹿王院本の『天龍宗派』も、『延宝伝燈録』によって初めて得られた新知見（夢窓法嗣、広済寺志徹）によって、追記補足されたのではなかろうかと推測される。

玉村竹二氏の『五山禅僧伝記集成』の空谷の伝の中で「この当時は広済寺と称した」とあり、また後に「広済寺も夢窓派の寺となり、宏済寺と改称した」とあるが、筆者の理解は異なる。宏済寺は開創当初から宏済寺であり、広済寺とするのはおそらく卍元師蛮の誤りであり、『延宝伝燈録』の誤りがそのまま『天龍宗派』に転記踏襲されたのだと思われる。その証拠の一つとして『常光国師語録』上巻拈香の部にある、「建基宏済海翁禅師小祥忌請」の偈をあげてみる。

これによると、空谷が九歳にして入門した宏済寺の開山が海翁であることがわかるし、空谷はその海翁の小祥忌（一周忌）をつとめていることがわかる。海翁は広済寺の開山ではなく明らかに宏済寺の開山であることも判明する。

小祥忌拈香の偈は以下の如くである。

宏済迷流據要津、瑞光長照遍無垠、出頭天外好看取、湖上諸峯純點塵、共惟、某、特出季運世、夙乗大願輪、幼厭塵中隘、以事高尚、遂慕教外伝、周爰咨詢、究取法法本法兮、眉毛横眼上、参透心心無心兮、鼻孔掛上唇、困眠飢飡都在我、得坐披衣不倩人、抱器群居、不屑就叢林職務、閉門却掃、無非為自己脚跟、但因道香果熟、引得令聞日新、大有檀越、揷草輒建梵刹、何妨為人開席運出家珍、直得法随法行法幢立、不辱真覚真子真応孫、住越之景福、則一国版蕩伽藍安静、帰江之故里、則四方輿議衲子駢臻、周畢仏事屡有後昆、借路閻浮樹南洲、住世七十余歳、掩光扶桑海東国、経日三百六旬、生巳非生、空花結果、滅何曾滅、葉落帰根、結果故、十方刹土人天盡有頼、帰根故、一方峭崚仏祖窺無門、到這裏、作麼生報徳酬恩揷香葱葱佳気何有極、済北蔭涼遍乾坤。拈香終

玉村竹二氏の『五山禅林宗派図』によれば、海翁は兀庵普寧派下に属し、法系は兀庵―南洲宏海―天外志高―海翁と次第している。前述の香語冒頭の「宏済迷流據要津」の句は、宏済寺の寺名と共に派祖下の南洲宏海を踏まえているし、次の「瑞光長照遍無垠、出頭天外好看取」の句は、円覚寺山内に瑞光庵を開創して退居した天外志高を指している。「湖上諸峯絶點塵」は宏済寺の景であろう。香語の中程に「不辱真覚真子真応孫」の句が見えるが、真覚は天外の、真応は南洲の禅師号であるから、海翁が宗覚派（兀庵派）に属する禅匠であることは、明瞭である。さらに「不屑就叢林職務」、「住越之景福」、ついで「帰江之故里」、宏済寺を開創したことを知り得る。海翁が湖北を故里とするならば、江州浅井郡出身の空谷と同郷となる。在世七十余歳にして示寂。その一周忌（小祥忌）の拈香の偈を空谷が述べているのである。年齢から考えても海翁と空谷を師匠と弟子の関係と想定しても矛盾しない。

しかし建武三年空谷が宏済寺に入門し、童行として仕えたのは志徹であった。志徹は法諱であるが、当時の宏済寺の二世であったのか。参考までに宗覚派の法系図の一部を右に掲げる。

兀庵普寧―（願成寺）南洲宏海―┬天外志高―┬（願成寺）無価掌珍
　　　　　　　　　　　　　　　├全提志令　├密林志稠
　　　　　　　　　　　　　　　└（無極志玄）├器之志方
　　　　　　　　　　　　　　　　　　　　　├岱宗祖岳
　　　　　　　　　　　　　　　　　　　　　└（宏済寺）海翁

『延宝伝燈録』の天外志高の派下で伝が立てられているのは、密林、器之、岱宗の三師で、海翁の伝は見られないが、前述の海翁小祥忌の香語によって海翁の天外下であることは証明される。しかし海翁と志徹との関係は定かでない。海翁は道号のみで法諱の記載は見られないし、南洲下及び天外下の系字、志の字を有する志徹の方は、法韓のみで道号が見られない。海翁を開山として志徹を第二世とすべきか、あるいは海翁と志徹を同一人と見なして、海翁志徹とすべきか。道号の上一字と法諱の下一字とは、字義相応しなければならないとされるが、海と徹とは字義相応するのか。海翁と志徹が同一人ならば、海翁志徹は宗覚派となる。しかし「叢林の職務に就くことを屑しとしなかった」海翁が、夢窓派下の禅僧等と親しく交流して、夢窓の詩偈に和韻するようなことがあっただろうか。

ついでに付記するならば、空谷が夢窓派に転じて師事することになる無極志玄は、その系字の志の字から推察されるように、最初兀庵下の南洲宏海（安部の願成寺の開山）の下で出家し、志元（後に志玄と改める）と安名され、後に夢窓下に転じている。湖北の宏済寺から志徹がわざわざ空谷を夢窓の下に携え来たのは、夢窓下の高弟となっていた無極志玄の存在が、その要因の一つとなっていたのかも知れない。『常光国師語録』の中に空谷の出自を示す今一つの偈頌が含まれている。以下に掲出する偈がそれに当る。

為先考平氏熊谷直勝居士諱日 在江宏済。師時蔵主。 檀那月軒進居士。乃師異母兄弟也。
拈起香云 此五種香。三世諸仏全体、歴代祖師骨髄、恁麼焼無価宝香、奉献十方仏陀耶、十方達磨耶、十方僧伽耶、地蔵願王諸大薩埵諸賢聖衆、伏願六道四生群品一切衆生、一霊不昧八識昭然、証無上菩提、同円種智、即今誰相対、若作父子会則俗気未除、若不作父子会則孝義却背、畢竟道甚麼、江月照松風吹、乃挿香云、今日供養誰要咄良父云、一段愁心痛腸涙、百花啼血杜鵑枝。

これによれば空谷の父は熊谷直勝であるし、直勝の何の諱日に当るのかは不明であるが、当時空谷は蔵主の法階にあったことがわかる。空谷の『行実』によれば、文和三年（一三五四）天龍第五世住持放牛光林の下で知蔵秉払を行っており、延文四年（一三五九）天龍第七世住持此山妙在の下で外記を掌っているから、空谷の蔵主の期間は二十七歳から三十二歳までの間となる。しかも諱日の時、空谷は宏済寺に在って先考直勝居士の拈香の偈を述べている。

空谷が志徹に携えられて上洛し、無極の弟子となってから大凡二十年の歳月が経過しているが、志徹は既に遷化したのだろうか。尚、宏済寺の檀那月軒進居士が空谷の異母兄弟とされていることから考えれば、空谷の先考熊谷直勝も当然宏済寺の檀那であったと思われる。

二

角川版太田亮編『姓氏家系大辞典』第二巻によれば、熊谷氏は桓武平氏北条氏流　武蔵国大里郡熊谷より起こった豪族として、以下の如き系譜を掲げる。

直方―維方―盛方―直貞―直正―忠直―景貞（近江熊谷）―直綱―直朝（江州塩津　熊谷流総領筋也）

如上の熊谷氏の系譜に見えるように、熊谷氏の主流は承久の乱後、湖北の塩津地頭職を武蔵の国から得て入部したとみられるが、同じ頃、小串民部入道も北条泰時の安堵を得て、湖北の菅浦地区の惣追捕使の職にあった。その後、惣追捕使の職は入道の婿に当る塩津の地頭熊谷二郎左衛門直村に預けられたといわれる。

永仁五年（一二九七）、熊谷直村の息の七郎二郎直忠、並びにその弟は、父より惣追捕使を与えられたとして菅浦に入り、濫妨狼籍を行ったとして菅浦から訴えられている（以上『菅浦文書』滋賀大学日本経済文化研究所史料館編〈永島福太郎校訂〉上下二巻二三九「左衛門尉小串行方愁状」、同じく九六「菅浦供御人等重申状」等による）。

先述した空谷の先考熊谷直勝は、おそらくこの塩津地頭の直村―直忠の系譜に連なる末孫と考えられよう。塩津地頭の熊谷氏の史料を多く含む『菅浦文書』の中に、常光国師空谷明応と江州宏済寺の関係を示す以下のような文書

（二三六号）がある。文書名は常徳院雑掌支状案であるが、正しくは常徳院末寺江州宏済寺雑掌支状案であろう。

目安

常徳院末寺江州宏済寺雑掌申
右彼寺者、常光国師（国師ハ嵯峨門徒、海翁ハ兀庵門徒也、）叔父海翁和尚開基之地也、依寺僧不法之儀、其時領主追出寺僧、依俗縁之由緒令進常光国師、若有辞退之義（儀）者、則可成他門之由領主被申、然則彼海翁位牌等被棄捐、可一寺破壊之間、則国師領掌、然間被成常徳院末寺、其後可為諸山之列之由、被成下　御判畢、門徒西堂相続令住持之事、已及十餘代也、勝定院（足利義持）殿御代雖及度々訴訟、国師在世之時、鹿苑院（足利義満）殿仰定在所也、不及餘義云々、仍而被成諸後（役）免除之御判、為常徳院末寺而三十餘年無移動者也、粗言上如件、（自応永十三年次正長元ニ廿三年ニ成）

正長元年十月　日

ここに言う常徳院は相国寺にある空谷の塔所であるが、この目安で新たに判明するのは、宏済寺開基の海翁和尚が空谷の叔父であるということであろう。おそらく海翁は空谷の先考とされる熊谷直勝の弟であろう。母方の叔父と考えられないこともないが、宏済寺が熊谷氏の菩提寺なれば、開基海翁も熊谷氏出身と見なして間違いなかろう（尚「開基」と「開山」は往々混同されて用いられているが、海翁和尚とある以上、ここでは「開山」を指そうし、開基は空谷の父熊谷直勝となろう）。

海翁が宗覚派であることは先述したが、この目安によると、正長元年（一四二八）より二十三年前の応永十三年（一四〇六）宏済寺の檀那（熊谷氏）が不法の宗覚派の寺僧を追出し、俗縁の由緒によって空谷を住持せしめ、夢窓派の寺院にしてしまったらしい。この時空谷は自分の叔父海翁が開いた寺が、他門にわたって海翁の位牌も捨てられるのを恐れ、一応辞退したのを翻してこれを領承し、宏済寺を常徳院の末寺としたというのである。末尾の注記「為常徳院末寺而三十餘年云々」は、二十餘年の誤りである。

宏済寺の檀那が塩津の地頭熊谷氏であり、熊谷氏の菩提寺であるからには、熊谷氏が無下に宏済寺を破壊したり、海翁の位牌を棄損するようなことは無いと思われるが、応永十三年より、二十数年を経た正長年間での雑掌の申状では、宏済寺の寺統法系の転換（宗覚派から夢窓派へ）がこのような形で回顧されているのであろう。

かくて開基海翁以来続いた宏済寺の宗覚派の法系も、応永十三年空谷が入寺することによって夢窓派に転換し（翌十四年空谷は遷化するが）、十五年冬には五山官寺制の諸山の列に加えられたことが、『曇仲遺藁』（『五山文学新集』第一巻の付録（二））の中の「順江（明随）住宏済寺（諸山）疏」で判明する。以後前記の『菅浦文書』二三六号に述べるように、門徒西堂相続住持すること十余代に及び、常徳院末寺として移動なく存続していることがわかる。空谷の弟子の模堂承範や無外承広等が宏済寺に住したことも、『天龍宗派』やその他の記録でうかがえる。

『菅浦文書』は鎌倉時代後期以降、室町時代中期に到る菅浦とその隣庄大浦との、日指諸河をめぐる堺相論の文書を主とするが、菅浦と地を接する塩津地頭熊谷氏関係の文書も既述したように頻出する。よって『菅浦文書』から塩津地頭熊谷氏関連の文書を撰んで時代順に列記すると以下の如くになる。

左兵衛尉小串行方愁状　文永六年（一二六九）九月九日

菅浦供御人等申状案　永仁六年（一二九八）三月　日

六波羅探題御教書案　永仁六年（一二九八）五月十三日

六波羅探題御教書案・菅浦惣追捕使代小松乗眼重申状案并中宮権少進平尚繁添状　永仁六年（一二九八）

六月　日
六波羅探題御教書案　永仁六年（一二九八）九月十日
菅浦供御人重申状案　永仁六年（一二九八）九月
菅浦供御人重申状案　永仁六年（一二九八）十月
菅浦供御人等重申状案　永仁六年（一二九八）十一月
六波羅探題御教書案　永仁七年（一二九九）二月廿日
菅浦供御人等重申状案　永仁七年（一二九九）二月
六波羅探題御教書案　永仁七年（一二九九）三月十七日
有道請文案　永仁七年（一二九九）三月廿三日
行義・康通連署下知状案　正安元年（一二九九）八月廿五日
左近入道置文　暦応二年（一三三九）三月廿三日
菅浦百姓置文案　文和四年（一三五五）九月
常徳院雑掌支状案　正長元年（一四二八）十月
長圓書状　文安四年（一四四七）十一月十三日
菅浦物庄置書　文安六年（一四四九）二月十三日
松平益親陳状（後欠）　享徳元年（一四五二）閏八月二日
菅浦物庄置文　寛正二年（一四六一）十一月三日

菅浦物庄料足預り状　天文五年（一五三六）九月七日
熊谷直儀書状（年次不明）正月廿六日
熊谷直儀書状（年次不明）二月廿二日
熊谷直久書状（年次不明）二月廿八日
光潤奉書（年次不明）八月廿五日
直清書状（年次不明）正月廿九日
直有書状（年次不明）十月廿九日

以上の文書を点検する時、熊谷氏は多分に菅浦と敵対関係にあり、大浦支持派（必ずしもそうでない時期もあるが）であったことが知られる。先述したように菅浦と大浦の争いは常に日指諸河の領有問題に帰するが、中でも文安二年（一四四五）から翌年まで続いた菅浦対大浦の衝突は、事件の進行と共に菅浦から発せられた注進状、朝廷、幕府、山門などからの下知状など、多くの文書が残っていて注目されるが、相国寺常徳院が菅浦対大浦の衝突のあとに果した役割に就いて述べる、文安六年（一四四九）二月十三日菅浦惣庄作製の「菅浦惣注置書」（『菅浦文書』六二八号）は興味深いものである。大浦が最後の頼みとした相国寺の常徳院は、既に述べたように塩津地頭の熊谷氏の菩提寺宏済寺の本寺であり、相国寺における空谷派の本拠地でもあったが、この時の熊谷氏の動向は残念ながらよくはわからない。

応永十五年（一四〇八）冬、諸山に列せられた宏済寺には、その後、官寺住持の任命書である公帖が幕府から発給されることになる。『蔭凉軒日録』や『鹿苑日録』、『鹿苑院公文帳』等で現在確かめ得る公帖頒布の記録は以下の如くである。

嘉吉元年（一四四一）四月廿一日　景臨首座（吹嘘）

長禄三年（一四五九）十二月十一日　景奕首座（公文御判）

寛正四年（一四六三）二月廿一日　承慶首座（公文御判）

寛正五年（一四六四）十月十三日　景首座（公文御判）

文明十七年（一四八五）九月十五日　承英首座（入院）

文明十八年（一四八六）十一月十日　瑞順首座（坐公文）

延徳二年（一四九〇）九月十六日　承狻首座（公文御判）（以上『蔭凉軒日録』）

明応八年（一四九九）四月晦日　旭峰和尚（住山の記録あり）

天文五年（一五三六）三月十二日　永隣首座（坐公文）（以上『鹿苑日録』）

但し天文八年（一五三九）六月廿六日の『鹿苑日録』には、次のような記載がある。

常徳永隣首座天文五年ニ宏済寺入寺公帖拝領、依国錯乱入寺未遂、既其寺焼失、然間為居公文之分、為其心得、則官資常徳院へ為施食料可納云々、

宏済寺が焼失しているさまが伺えるが、『鹿苑院公文帳』によれば、宏済寺への公帖の頒布は天正十一年（一五八三）まで続いている。熊谷氏によって再建されたのであろうか、あるいは寺名のみが存続したのかは不明である。

大永五年（一五二五）八月十一日　希臨承鎮

大永六年（一五二六）十二月十五日　南宗承栄
天文五年（一五三六）三月廿日　西郁永隣（『鹿苑日録』の部に既出）
天文十二年（一五四三）八月五日　伯真承詮
弘治三年（一五五七）四月　□□（大賢）承佐
弘治三年（一五五七）年月無記載騰英明茂
永禄二年（一五五九）五月廿九日　継之景俊
永禄八年（一五六五）三月晦日　□□承孝
永禄十年（一五六七）十二月八日　□□（雲寂）澄恵
永禄十二年（一五六九）五月廿一日　□□寿龍
天正十一年（一五八三）年月無記載蘭秀等芳　（以上『鹿苑院公文帳』〈『史料纂集』一〇八〉）
永禄十年以後の三師は無払賜帖である。

三

塩津の熊谷氏のことを論じたならば、大燈派下の禅匠・華叟宗曇（一三五二―一四二八）の弟子の宗久尼のことに言及しなければならないことになろう。宗久尼については既に『延宝伝燈録』巻第二十九に立伝されているが、そのことはとりも直さず『伝燈録』の編者卍元師蛮が、宗久尼を伝燈史上の法系に連なる嗣法の禅匠と認めている証に外ならない。

後述するが、宗久尼は華叟より道号「長生」と自賛の頂相を授与され、更に華叟の法嗣の養叟より、自己（宗久尼）の画像上に賛語を着されんことを乞うて許され、また養叟自賛の頂相をも授与されていることが、その有力な支証となるであろう。最初に『伝燈録』の伝を見てみよう。

江州応聖寺尼宗久禅師、内藤氏。初嫁江州塩津熊谷氏。常厭世愛深志此事、遂祝髪受具。卜居洛東、掩門坐禅。時詣大徳参叩養叟、果有契入。移居城北大原、回郷建応聖寺、接化四衆。臨終偈曰、四十餘年呵佛罵祖、転身一路青宵独歩。

『龍宝山祖師伝』第三巻の江州応聖寺尼宗久禅師の伝では、右の『延宝伝燈録』の伝の全文を掲げた上で、以下の如き註を付している。

按宗久號長生華叟和尚所附也。大徳方丈蔵号頌之幅、華叟和尚真蹟也。養叟和尚賛長生之像、是亦方丈蔵焉。伝燈録為参養叟契入、恐誤謬也。長生尼参華叟忘所知。思華叟曽住塩津之高源十年。宗久之参、蓋在此間。

龍谷大学図書館に『大徳寺夜話』（他家の所蔵本に『眼裡砂』なる一書あり。同一内容本なり）という古写の雑記本が蔵されるが、同書は大徳寺の古嶽宗亘（一四六五～一五四八）が、先輩の古老から聞いた禅林の逸事秘事口説を記しとどめたもので、大応派下のうちの諸分派、即ち徹翁義亨派下、美濃遠山の大圓寺の峰翁祖一の派下、更に妙心寺の関山慧玄派下等の優劣を論じているもので、近年『駒沢大学禅研究所年報』第十号に、飯塚大展氏が全文を翻刻掲載された。その中に宗久尼について、以上の伝記に見られぬ記事が散見されるので、その部分を以下に引用する。文書の番号は飯塚氏の付されたものである。

（170）一、高源院比丘尼、後常愛孫。塩津熊谷常一、背上意、欲遁世時、謂高源院云、棄妻子善知識可殊勝。高源院云、我雖出家、抱孫弄児。大恵云、抱孫弄児依旧、本地風光、本来面目云々。師曰、徹翁和尚モ如此仰ラレタ。高源院ハ、是ヲ知テ云レタソ。

（385）一、高源院宗久尼辞世、四十餘季、呵佛罵祖、転身一路、独歩青宵。畠山修理大夫被官内藤女也。嫁江刕北郡塩津熊谷、後為尼。遷城東白河、居城北大原、晩陽（帰？）塩津応聖寺、九月八日死。

以上の諸伝を綜合して考察すると、一般に宗久尼は畠山修理大夫の被官の内藤氏の女とされ、塩津の熊谷常一に嫁ぎ、夫が上意に背いて（上意に背いてということが具体的には分からぬが）遁世しようとした時、妻子を棄てる善知識は殊勝だと述べたのに対して、妻（後の高源院主宗久尼）は自分は出家しても孫を抱いて暮らすと述べ、洛東の白河や洛北大原の高源院に庵居して、孫或いは曽孫とともに暮らし、晩年は塩津の応聖寺に帰り、歳次は不明であるが、九月八日に示寂したとされている。

『大徳寺文書』の一七一三、一七一五号などによって更に考察を加えると、大原の高源院の宗久尼は、応永二十年（一四一三）三月五日、熊谷直将より、塩津庄の田畠と庵屋敷等を譲られていることがわかる。ついで応永三十一年（一四二四）の年紀のある同文書一七一九号によると、直将は大円の法名を名乗り、塩津の青龍寺の開基とされている。それに先立つ応永二十七年（一四二〇）の八月十二日の年紀を有する同文書一七一七号、隠岐筑前廣郡青龍寺寄進状によると、この寺は隠岐筑前廣郡の重代相伝の私領であったが、塩津殿へ寄進している。塩津庄で塩津氏を名乗る人物は、塩津庄を代表する地頭熊谷氏を指すのではなかろうか。というのはそれより四年後の一七一九号文書（既述）では、塩津殿に寄進された青龍寺が、大円こと熊谷直将の開基の寺となっているからである。一七一七号文書でいうところの塩津殿は、熊谷直将と考えてよさそうである。尚、後にこの青龍寺が宗久尼の支配下に入る（一七二四号文書）ことから判ずると、熊谷直将と宗久尼との間には何か特別の関係があったのではなかろうかと思われる（例えば宗久尼出家以前の夫、熊谷常一が直将の弟に当るとか、或いは常一が直将〈大円〉その人であるとか）。

応永二十年（一四一三）よりおよそ四十四年後の康正三年（一四五七）七月、宗久尼は改めて熊谷上野介直泰より、大原高源院の田畠の外、前記の塩津庄の田畠と庵屋敷等を安堵されている（同文書一七二二号）。応永二十年の記録に見える塩津の熊谷直将と、康正三年の記録に見える熊谷直泰は親子と推定してもよさそうであるが、熊谷常一との関係は依然判然としない。直将と直泰は共に名前の系字に直の字を用いていることから判ずれば、塩津地頭、塩津殿の熊谷氏と考えてよいし、青龍寺の開基とされるから、当然地頭クラスの豪族と考えられる。尚、本章の末尾に掲げた参考史料一七一三号文書に見える惣領、或いは公方様などの語より判じても、直将は塩津の地頭と考えられる。一方直泰については『菅浦文書』三二三号「菅浦惣庄置文」（寛正二年十一月三日）の中に、同一人物らしき塩津地頭の熊谷上野守の姿を見出すことができる。そのことについては改めて次章で述べたい。熊谷直将や直泰が塩津の地頭とすると、地頭熊谷氏の菩提寺宏済寺（官寺・諸山）と林下の高源院、青龍寺（私寺）などに対して、熊谷氏は一体どのように対応していたのであろうか。興味ある問題ではあるが、全く不明である。

『延宝伝燈録』の華叟の伝に「一尼問曰、大解脱人、別有生涯、如何是別生涯。師曰、月白風清。尼乃建高源院於塩津延招」とある一尼は正しく宗久尼その人であるが、華叟に参じた経緯や時期などは判然としない。既に述べた宗久尼の道号「長生」とその号頌は、応永二十八年（一四二一）臘月朔日、華叟より授与されている。昭和五十九年毎日新聞社刊の『大徳寺墨蹟全集』第一巻、九七より道号、号頌を引用しておく。

宗久大師別称
長生、賦一偈以證之曰、
萬年松矣八千椿、留得
人間百億春、勘破霊雲不
答處、一条活路發機輪、
応永辛丑臘月朔日
華叟老拙著

長生

但し号頌の始まる最初の一行目の宗久大師を、『大徳寺文書』三二二二号は宗久大姉としているし、『墨蹟全集』は偈頌の一句目、萬年松矣を萬年松笑と読み誤っている。

『一休和尚年譜』によると、華叟はこの年に腰を患っており、「腰疾不起、塊坐一榻、二利承器、左右輪次除穢」と見える。それまでは安脇の禅興庵と堅田の祥瑞庵を往還していたが、宗久尼の世話で塩津の高源院に住山し、およそ応永二十九年（一四二二）からの晩年の七年間を、病臥のまま養叟宗頤等数人の弟子達の看護を受けつつ、正長元年（一四二八）六月二十七日、同院で遷化することになる。享年七十七歳（『大徳寺文書』一七一五号に見える「畠三反之内一所ハ北ひらおの茶ゑんの下、一反ハ南平尾ニあり、一反はやしきなり、ひらをあんの」とあるひらをあんが塩津の高源院とされる）。

尚、華叟は塩津の高源院に住山中、長生宗久尼の請によって、以下の如き自賛の頂相をも与えている。

描不就画不成、這般面目誰敢弁明、
竹篦相對未振蕩、良久當軒威気生、
長生久禅者寫余肖像請賛、
江源院主華叟老拙書

この頂相は後に大用庵に収められたと思われるが、現在は長生宗久尼と全く関係の無い酬恩庵の蔵となっている（『大徳寺墨蹟全集』第一巻、九四）。

大徳寺にはまた文安六年（一四四九）七月十日、養叟着賛の長生宗久尼の画像も遺されている。黒の頭巾を被り黒衣を着けて竹牀に坐す画像である。養叟の賛文から判明することであるが、宗久尼の側には、曾孫に当る宗英と名づけられた梅花一枝を捧ずる少女の像が描き添えてある（『秘宝　第十一巻　大徳寺』一七、昭和四十三年、講談社。『大徳寺墨蹟全集』第一巻、一一五）。

宗久尼は既に述べたように塩津の熊谷常一に嫁ぎ、孫もある年齢で出家し、またその頃と思われる応永二十年（一四一三）、熊谷直将より塩津庄の田畠と庵屋敷を譲られ、四十四年後の康正三年（一四五七）、改めて熊谷直泰より前記の塩津庄の田畠と庵屋敷とを安堵されており、また文安六年（一四四九）養叟着賛の画像では七、八歳の曾孫（孫ではない）を養育していることがわかる。そのような状況より推察すれば、宗久尼は華叟の与えた道号の通り、極めて長生であったと思われる。宗久尼の遺偈に見られる「四十餘年呵仏罵祖」は、或いは出家後の四十餘年の意ではなかろうか。

宗久尼の画像に養叟が着賛した文安六年は、七月二十八日宝徳と改元されるが、その宝徳元年の十月、宗久尼は養叟の頂相を作成して養叟の賛を需めていることが、養叟の語録の乾の部にうかがえる（『大徳寺禅語録集成』第一巻「宗恵大照禅師語録」）。

長禄二年（一四五八）六月二十七日、長生宗久尼が弟子の宗忻に与えた「高源院住持尼宗久長生青龍寺領自筆譲状」なる『大徳寺文書』が存在する（一七二四号）。同書によると、宗久尼は宗忻の後を相続せんとする者は、大徳寺塔頭の大用庵の華叟・養叟両和尚の頂相を拝してその法を嗣ぎ、熊谷直泰を檀那とすべきことを求めている。

その後応仁三年（一四六九）正月二十日付の「尼宗忻置文」（同一七二八号）は大用庵宛となっているが、宗忻尼は、宗久尼が晩年塩津の応聖寺に遷った後の、大原の高源院を嗣いだ尼僧らしい「しゅんかん」の代に、塩津と大原が遠く離れていて管理するのによろず不便であるので、塩津の円通庵と大原の高源院を相博し、高源院を相続する者が無いままに、長生宗久尼の譲状にまかせて、大原高源院の寺領を大徳寺の大用庵に寄進する由を述べている。かくて大原の地から宗久尼の遺構は消え去ることになる。

尚、宗忻尼は康正元年（一四五五）、養叟のために堺に陽春庵を創建した宗歓居士の女と思われる。養叟の『語録』の中に、嘉吉三年（一四四三）五月二十日、宗歓居士に与えた法語があり、その題の下に「歓居士堺北庄和気屋中邑四良左衛門、陽春庵担那、真孫末宗忻所持之」という脚注がある。その中に康正元年（一四五五）開創の陽春庵についての言及があるので、脚注が後年の加筆とわかるが、宗歓居士の真孫末の語にひっかかる。

既に見てきたように『大徳寺文書』の中に、長禄二年（一四五八）六月二十七日、長生宗久尼が弟子の宗忻に与えた「青龍寺領自筆譲状」（同一七二四号）と、応仁三年（一四六九）正月二十日付の「尼宗忻置文」（同一七二八号）が存在する。一方養叟の『語録』の中に宗歓居士の辞世の偈「五十三年、日出月没。有帰処麼、咄」があり、寛正六年

（一四六五）正月、五十三歳の死去とわかる。年代的に見ても宗忻は宗歓の真孫ではなく、女であろう。真孫を血筋を受けた者ととるべきなのか、或いは後年の加筆である脚注の誤りとなすべきであろうか。

養叟の『語録』の中の「行状」には、宗歓について以下の如き記述も見られる。

有宗歓者、以河州（河内）花田別業献師。師不以為吾有、寄付本寺、為法堂再造之助縁。畢其功之日、一衆請師陞堂祝聖、（康正丙子師年八十一。）以賀落成。又肇泉南陽春、使師為鼻祖者、歓之請也。

養叟の信者である宗歓居士の女が、華叟の弟子の長生宗久尼の後継者となることに何等不思議はない。

「参考史料」

①大徳寺文書（四）

一七一三　熊谷直将自筆田地等譲状

ゆつりあたふるしほつの庄重武名之内田壹丁・北ひらを山一所・同茶ゑん畠・庵屋しき、山のさかひつほ付別しニあり、右名田ハ直将重代の名たるによて、宗久禅尼ニ永代ゆつる所也、但一期之後、むしやうほたいのために、いつれの庵にてもきしんあるへく候、さうそくすへき住持は、願人のおきてをそむかす、不法懈怠なく可被行候、自然下地等、無正躰うりうしなふ事候ハヽ、為惣領可相計候、此下地煩申候者候ハヽ、公方様へ可被申候、本文書惣領方ニ候へく候、後日為煩無、自筆書置所如件、

応永廿年（みのとし）三月五日　　直将（花押）

②

一七一九　大圓（熊谷直将）田地賣券案

「しやうりう寺のかいき也、大ゑんの御はん也」（端裏書）
おうゑい卅一年四月　日
（本文略）

③

一七二二　熊谷直泰高源院領安堵状

「かうしやう三年三月三日（端裏書）
かうつけ殿かたよりあて状久かたへ（宗久）　「上野殿正文」（異筆）

山城國大原庄高源院領田畠之事（熊谷直泰）

一、壹町参段　大（熊谷直将）圓御譲状有之、重武名之内、
一、壹町参段小　永代御買得、賣券有之、
一、茶園壹所　安依名之内、
一、畠参段半　大圓御譲之内、
一、平尾山壹所　大圓御譲之内
以上
右田畠者、任　大圓御譲状并賣券之旨、永代於子々孫々不可有相違者也、仍状如件、
康正参年丁丑七月　上野介
「直泰」（自署）（熊谷）（花押）
高源院主宗久長生禅尼方丈

四

康正三年（一四五七）七月の年紀を有する『大徳寺文書』一七二二号より四年後の寛正二年（一四六一）、菅浦では寛正の相論が起きている。『菅浦文書』三二三号「菅浦惣庄置文」によって相論の概要を述べてみよう。

寛正二年七月二十四日、菅浦の者が商いのために種々の商品を所持して大浦庄内の山田を通ったところ、同所の住人に殺害され商品も奪われた。盗みを働いた嫌疑をかけられたらしいが、その証拠もない。五日後の二十九日、怒った菅浦の住人が山田に押しかけて、山田の住人四、五名を打ち放火して帰った。

菅浦庄も大浦庄も、同じ領主である日野裏松家まで訴え出た。両者は京都の日野裏松家御前で対決することになり、最後は「湯起請」という不合理な中世的な解決法で、菅浦側が敗北した。

領主の日野裏松殿は以ての外のいきどおりで、菅浦退治の状が出された。大浦庄は前々からの天敵とも云うべき菅浦を、公認で退治できることから、勢い込んで諸方に合力を要請した。菅浦としては同庄を永代失うおそれもあり、十度も詫び状を領主側に出したが許されなかった。大浦の諸方への合力要請に対して、菅浦も諸方へ合力を依頼した。最初の中は菅浦の依頼に応ずる気配も見えたが、菅浦が日野裏松殿より盗賊と断ぜられたので加勢を控えた。

十月十三日、日野殿の代官松平遠江守を大将に、塩津熊谷上野守・今西熊谷（今西は現在の湖北町、塩津地頭の一族とされる）・山本・浅見・日野牧・朽木勢数万騎を引き具して大手大明神前へ集まる。大浦勢は七村を二分して大峰より西谷へ下し、釈迦頭には山田・小山、八田部勢は尾崎まで攻め下る。山本・今西勢はいわしか尾に控え、搦め手には海津東西・八木浜勢が数万艘の船にて浮かぶ。

それに対して地下（菅浦）は僅か百四五十人にて城をかため、只一すじに枕を並べて打死に候えと、目と目を見合せひそかに静まり切っていた。もはや勝敗の行方は明らかで、菅浦庄の滅亡は必定と思われた頃、先記の塩津地頭熊谷上野守が色々計略をめぐらして口入れし、菅浦側は二人の犠牲者を出すことで滅亡をまぬがれることになる。即ち熊谷上野守同道にて大将松平遠江守の前で降参、菅浦側の二人は斬られた。このような熊谷上野守の働きによって壊滅をまぬがれた菅浦に、上野守は結果的には恩義を売った形になった。

十五世紀の半ば頃、『菅浦文書』では熊谷上野守、『大徳寺文書』では熊谷上野介直泰（上野殿）として登場する塩津地頭熊谷氏は、おそらく同一人物と見なしてよいであろう。『大徳寺文書』で長生宗久尼の所領を安堵した檀那の熊谷上野介直泰は、一方『菅浦文書』では大浦と合力しながら最終的には隣庄の菅浦を徹底的な滅亡から救うという才覚を発揮している。中世末期の動乱の時代をたくましく、且つ如才無く生きた塩津地頭熊谷氏の一面を見る思いがする。

「参考史料」

『菅浦文書』三二三　菅浦惣庄置文

寛正貳年辛巳七月廿四日、當所者為商、色々物を所持仕、大浦庄内山田罷越候處、無明無実生涯させ候、此方よりももちて候雑物もなし、ぬすミたると申雑物も見へす、生口にてもおかす、理不盡ニ生涯させて候、其不足依為千萬、同廿九日山田へ押寄、人を四五人打、放火仕、驪自大浦令注進、當所よりも注進至（致）於京都、理非の趣依無御存知、両方令上洛、日野殿〔裏松家〕於御前可遂對決由、度々召符被下、山田本人も罷上候、當所には山田ニて生涯仕候物ハ独身にて、親類兄弟も候ハぬ物にて、上へき仁なし、老母の候か、我罷上雖及問答、猶以依不事行、既及湯請文（起脱）、両方手を地頭松平遠江守〔益親〕一見せられ候、山田物ハ若者なり、殊ニ男にて候間、少はれて候、老母ハやせて候程ニ、大ニ見へ候て、山田百姓方へ理を相付、當所者ハ盗人の罪祥になされて候、さ候程ニ、日野殿御いきとをり以外ニ候て、可加對治由御状下され候、此事如何如何と雖為談合、盗人の名取たる間、不及了簡、大浦百姓ハ古敵當敵とたる（な）によッて、私には不遂所存、公方相共ニ無念をさんし候ハんとて、合力あるへき方へ状をつかハし、勢をひき、當所を永代せめうしなふへき手たて不及申候、又京都へわひ事状十ケ度まて進上仕候へ共、ぬすミをするのミならす、山田百姓を四五人生涯させ、放火し、馬牛を焼ころし、なへ・かまをうちは（わ）り候、かやうの事ハ、一向地頭へたいして不足なりとて、更に無御承引候、地下の談合には、かねて申承候方へハ、皆々京都より御奉書付にさゝる弓矢のまゝには無御心元候、我も我もと状をこし、合力あるへきよし候へしか共、盗賊の名取にて日野殿〔勝光〕よりの御勢相向ときゝ、又ハ御奉書を付けまわさるゝ間、地下よりたのむといふとも、公方事にて、をくれ候ハすハ、面目なき事にてあるべく候、さるまゝハ余所勢ハ一人も不入、只地下勢はかり、ゆにも水にも成候ハんと一味同心候て、枕をならへ打死仕候ハんとおもひきり、要害をこしらゑ相待候處ニ、同十月十三日ニ松平遠江守を大将ニて、しほつ〔塩津〕熊谷上野守・いまにし〔今西熊谷〕くまかゑ・山本・浅見率大勢、彼の敵方ハ便宜をかたらい、松平殿勢には、三河よりものほる、日野まき（牧）・くつき（朽木）勢数万騎引率して、大手大明神前へつめられ候、大浦勢ハ七村を二ニ分、大峰より西谷へくたす、尺迦か頭・高の手には山田・小山、はたへ（八田部）勢ハ尾崎まて責下、山本・今西勢ハいわしか尾ニひかえ、からめて（搦手）ニハ海津東西・八木浜勢数万そう（艘）の船にてうかむ、地下にはわつかに老若百四五十人にて、城をかため、只一すちニ枕をならへ打死□候へ、目と目と見あわせ、二三度の時のこゑをもあわせす、ひそかにしつまりきって候ところを、よせてこわこわやおもわれ候ける、くまかゑ(熊谷)の上野守の手より籌策をめくらし、色々依口入、煙をあけ、けし(解死)人には道清入道・正順入道命を捨、しほつ(塩津)との、同道にて、松平遠江守まえ出、かうさん(降参)をいたし候て、地下ニ無為無事ニ候し、相構相構少々の不足候共かんにん候て、公事の出来候ハぬやうに、末世末代まてこれを手本ニしてかんにん候へく候、最初ハさしたる題目にてハ候ハねとも、如此大ニなり候間、為心得書しるしをき候、

寛正二年十一月三日　　書之

付録

熊谷直実（蓮生）関係文書

高橋　修　編

付録　熊谷直実（蓮生）関係文書

高橋　修　編

一、熊谷直実書状写

延慶本平家物語　第五本（勉誠出版）
敦盛被討給事付敦盛頸八嶋へ送事

謹言、不慮此君奉参会之間、呉王公践得（勾）、遇秦皇燕丹志掭、直欲決勝負之剋、俄亡怨敵之思、還投武威之勇、剰奉加守護之処、大勢襲来、于時始源氏雖射、彼多勢是無勢也、樊会還養由芸慎、爰直実適受生於弓馬之家、幸耀武勇於日域、謀廻洛城、靡旗寃敵事、天下無双之雖得名、蚊虵群雷、蹚踉集如有覆車事、愍引弓放矢、空命於東方之軍奪、徒名西海波沈、自他科家面目非、而間此君御素意奉仰之処、給御命於直実、可奉訪御菩提之由、依被仰下、乍押落涙、不図給御首畢、恨哉、拙哉、此君与直実、結奉悪縁事、歎哉、悲哉、宿運深厚、為怨敵之害、雖然翻非此逆縁者、争互切生死之木縄、成一蓮実、然則偏卜閑居地形、併可奉祈御菩提、直実所申真偽、後聞無其隠候歟、以此趣可有洩御披露候、恐惶謹言、

（元暦元年、一一八四）二月八日　直実

進上　平内左衛門尉殿へ

※本文書は検討を要す。

二、蓮生（熊谷直実）譲状

熊谷家文書

（端裏書）「くまかや（熊谷）の四郎ニゆつり（譲）了、」

譲与　先祖相伝所領壱処

在　武蔵国大里郡内熊谷郷内

四至　東限源三郎東路　南限雨奴末南里際
西限村岳境大道　北限苔［宮］田境ヲ源次之前ノ路ヘ、

此外為真之壁内ヲ加、

田弐拾町　佐谷田ノ境ニ付テ、

右、件所領、依為子息、（異筆）「さねいゑ」家真朝臣限永年所譲与実也、於代々証文者、嫡男直家朝臣為連券故、相副手次（継）文書所譲渡也、但子孫之中不善者出来、寄権門勢家成他領者、停背兄弟骨肉之儀、随器可知行也、仍為向後証文勒状、以解、

建久弐（一一九一）年参月一日

地頭僧蓮生（花押）

嫡子平直家（花押）

次男同実景（花押）

（押紙）「直実入道自筆」

三、蓮生（熊谷直実）置文写　　熊谷家文書

至子々孫々能々可令存知旨

一、先祖相伝所領案堵（安）御判形七ツ幷保元元年（一一五六）以来至建久年中軍忠御感状廿一有之、

一、対主君不可成逆儀幷武道可守事

一、上人御自筆御理書幷迎接蔓（曼）陀羅可成信心事

右、参ヶ条之外、依其身器量、可覚悟者也、仍置状如件、

建久六年（一一九五）二月九日　　蓮生判

（異筆）「是写蓮生所手書真本也、真本別装横韞匵蔵焉、故不貼此軸中、今写以代真、」

※本文書は検討を要す。

四、蓮生（熊谷直実）置文　　清涼寺文書

（端裏書）「上品上生のくわん（願）」

あみた（阿弥陀）にほんくわん（本願）よりほか（他）に、せいもん（誓文）とんをゝく（多）まし□（ま）さす、それもみな、

元久元年（一二〇四）五月十三日、とハ（鳥羽）なるところ□（に）て、上品上生のらいかう（来迎）のあみたほとけ（阿弥陀仏）のおまえ（御前）にて、僧蓮生、くわん（願）をお（起）

こして申さく、こくらく（極楽）ニうまれ（生）たらんニとりてハ、み（身）のらく（楽）のほと（程）ハ下品下生なりともかきり（限）なし、しかれとん天たい（台）の御さく（釈）に、下し（至）八品不か（可）らい（来）生とおほせ（仰）られたり、おなし（同）くハ、いつさい（一切）のうえん（有縁）のすしやう（衆生）、一人ものこさ（残）すらいかう（来迎）せん、もしハむえん（無縁）まてニも思ひかけて、とふら（弔）はんかために、た丶ひとへに人のために、蓮生上品上生ニうまれ（生）ん、さらぬほとならハ、下八品ニハうまる（生）まし、かくくわん（願）を丶こ（起）してのち（後）ニ、又いはく、えしんのそうつ（恵心僧都）すら下品の上生をねかう（願）給へり、いかにいはんや、まつたい（末代）のしうしやう（衆生）、上品上生する物（者）ハ一人もあらしと、ひしり（聖）の御ハう（房）のおほせ（仰）事あるをき丶（聴）なから、か丶るくわん（願）を丶こ（起）しはて丶いはく、まつたい（末代）に上品上生する物あるましきニ、しかもよろつ（万）ふたう（不当）なるれんせい（蓮生）、いかて上品上生ニハうまる（生）へきそ、さなくハ、下八品ニハうまれ（生）しとくわん（願）したれはとて、あみたほとけ（阿弥陀仏）、もしむかへ（迎）給はすハ、たい丶ち（第一）にみた（弥陀）の品くわん（本願）やふれ（破）給ひなんす、つき（次）にみた（弥陀）のじ日（慈悲）かけ（欠）給ひなんす、つき（次）ニみた（弥陀）のしかのくわん（願）上す（成就）のもん（文）やふれ（破）給ひなんす、つき（次）にしやか（釈迦）のくわん（願）むれうすきやう（無量寿経）の十あく（悪）の一念の往生、つき（次）に五きやく（逆）の十念往生、又あみたきやう（阿弥陀経）のもしハ一日、もしハ七日の念仏往生と、又六方五うさ（恒沙）のもろ〳〵（諸々）のほとけ（仏）のそうじやう（総称）、又ぜんだうくわしやう（善導和尚）下し（至）十しやう一しやう（声）とう丈とく（定得）往生のさく（釈）、又なに（何）によりもくわんけやう（観経）の上品上生の三心くそく（具足）の往生、それをせんたう（善導）のさく（釈）のくそく（具足）三心ひつとく（必得）往生や、ねやくせう（若生）いんしん（一心）そく（即）ふとく（不得）生、又せんす（専修）の物ハ千ハ千なからのさく（釈）、こと〳〵（悉）くこれらほとけ（仏）のくわん（願）といい、ほとけ（仏）のことハ（言葉）とい丶、せんたう（善導）のさく（釈）とい丶、もし□□をむかへ（迎）給ハすハ、みな（皆）やふれ（破）て、おの〳〵（各々）まうこ（妄語）のつみ（罪）え（得）給ひなんす、いかてか大さう（聖）のきんけん（金言）むなしかるへきや、■■■又くわうみやうへんせう（光明遍照）十方せかい（世界）のもん（文）、又しかい（四海）一人念仏みやう（名）のもん（文）、このきんけん（金言）□□むなしからし、いよ〳〵これらのもん（文）をもんて、うたかい（疑）な（無）きなりと思、蓮生かあやまち（過）にハいんさい（一切）のうえん（有縁）のとも（輩）から、すなハちたちかへり（立帰）てむかへ（迎）んとて、くわん（願）をゝこ（起）して上品上生ならすハ、むかへ（迎）られまいらせしといふ、かた（固）きくわん（願）をゝこ（起）したるか、よくひか事（僻）なら
ん、丈五きやく（逆）の物はかりハあらし、しかれハいかなりとも、むかへ（迎）たまはぬ事あらし、そのき（儀）ならハ、上品（衍）上品上（生脱）
ニこそあんなれ、これをうたか（疑）ハぬ心ハ三心くそく（具足）したり、上品上生ニうまる（生）へきくゑちゝやう（決定）心をこ（起）したり、その
きほんなう（疑煩悩）たん（断）じたり、そのさとり（悟）をひいたり、てんたいせんたう（善導）又てんたい（天台）、この事をみる物ハ、上品上生ニうま（生）
る、又すしやう（衆生）のく（苦）をぬく（抜）事をう（得）、又むさうにん（無生忍）をさとる（悟）、又こくらく（極楽）ニ所ぐわん（願）ニしたがん（従）てうまる（生）、との給へる
事を、よこと（夜毎）ニけんさい（現在）ニみ（身）をかみ（嚙）て、ことし（今年）八十一年ニなる、又うたか（疑）ハす上品上生ニうまる（生）へしといふゆめ（夢）なら
ニ、たひ〳〵（度々）み（見）たり、そハ（側）の人もみ（見）てつけたり、それニせんたう（善導）ゆめ（夢）をみ（見）てさと（悟）んて、くわきやう（観経）のそ（疏）ハつくり（作）給へ
り、ゑしん（恵心）又往生えうしう（要集）ニ、ゆめ（夢）をみ（見）てきし（記）給へり、又ちんかい（珍海）くゑちゝやう（決定）、往生のす（集）にゆめ（夢）をみ（見）てきし（記）給へり、
しかるニ、ほけゝやう（法華経）ニ、しあんらく（四安楽）のきやうさ（行者）のゆめ（夢）の中の八さう（相）きし（記）給へり、れんせい（蓮生）五月十三日ニ、この
くわん（願）をゝこ（起）して、おなしき（同）廿二日のよ（夜）、あみたほとけ（阿弥陀仏）にまうさく（申）、ふし（伏）なから蓮生かをこ（起）して候くわん（願）、上す（成就）へ
くハ、うたか（疑）ふましからん、御しんけん（示現）たふ（賜）へく候と申てね（寝）たる、そのすなはち、ゆめ（夢）にみるやう、こんしき（金色）のハちす（蓮）の花
うたか（疑）ふましからん、御しんけん（示現）たへ（賜）、又かなふ（叶）ましくハかなふ（叶）ましと、しんけん（示現）たへ（賜）と、かたさまにも
の、くき（茎）ハなか（長）くて、えた（枝）もなく（無）て、そろ〳〵として、たゝいんほん（一本）にたち（立）たるニ、そのめくり（廻）に人十人はかりゐ
まハり（回）てあるに、れんせい（蓮生）申すことそ、こと（異）人ハ一人もあれかうえ（上）ニハのほり（上）えし、蓮生一人ハいちゝやう（一定）のほる（上）へ
きなりとゆい（言）はつれハ、いかにしてのほり（上）けりとんおほへ（覚）すして、そのはちす（蓮）のはな（花）のうゑ（上）にのほり（上）て、たんさ（端坐）して
ゐたり、とみハつ（見果）れハ、ゆめ（夢）さめ（覚）了、又くわん（願）をゝこ（起）す、このくわん（願）ま事（誠）なるへくハ、りんしう（臨終）ニゆゝしからん人々、
しほく（耳目）をとろく（驚）はかりのずいさう（瑞相）をまつ（先）けん（現）して、もろ〳〵（諸々）の人ニみた（弥陀）のほんくわん（本願）、みうらやま（見羨）せ給へとを（起）

こしたり、
「（裏書）かるかゆへに、上品上生の往生、いよ〱うたかい（疑）なき也、そのゝち（後）このゆめ（夢）ハみ（見）たる也、同年六月廿三日のゆめ（夢）をなし（同）
心也、」

五、蓮生（熊谷直実）請願状

大東急記念文庫蔵

かならす（必）けん（験）げん（現）ぜん、け（下）八品のわうじやう（往生）ハ、われ（我）すて（捨）ゝ、しかもねか（願）はず、かのこくどにいたりをはて、すなは
ちかへりき（帰来）たる事あたはざればなり、かさね（重）てこふ（乞）わか（我）ぐわん（願）ニをいて、あるいはしん（信）じあるいはしん（信）ぜざる物、
ねが（願）はくハしん（信）とはう（謗）とをいんとして、みなさまにじやうど（浄土）にうまる（生）べし、とき（時）にぐゑんきうぐわんねん（元久元年）五月十三日
むまのとき（午刻）に、け（偈）のもん（文）をむす（結）ひで（びて）、れんせい（蓮生）いま（今）ぐわん（願）をゝこ（起）す、くまかやのにうたう（熊谷入道）とし（歳）は六十七なり、京とは（鳥羽）
にて上品上生のむかへ（迎）のまんたら（曼荼羅）の御まへ（前）にてこれをかく（書）、かきて（書手）は小なこん（納言）のりし（律師）りうくわん（隆寛）也、（花押）

六、蓮生（熊谷直実）夢記

清涼寺文書

「（裏書）かくき（来）たる本くわん（願）をみ（見）たる也、十月一日のよ（夜）、ろんき（論議）のゆめ（夢）也、ろん（論）にてきえ（消）〱としてうす（失）」
（前欠）
かまくら（鎌倉）につく（着）ひ（日）のよ（夜）也、

元久三年（一二〇六）十月一日よ（夜）、ゆめ（夢）にみる（見）、蓮生、卅よ（余）はかりなるそう（僧）の、往生のほう（法）をゆいやふらん（言破）とて、蓮生とろん（論）するに、むかう（向）ていふ（言）やう（様）そ、往生こくらく（極楽）ハ、みた（弥陀）のほんくわん（本願）にしく（如）事ハなし（無）、た丶みた（弥陀）のほんくわん（本願）をもん（以）てすといふ（言）、はなし（放）ての事ハなし（無）といは（言）れて、□のろん（論）するそう（僧）、ことハ（言葉）もせす、もの（物）い（言）ハすしてゐたりとみる二、あまれほんくわん（本願）そとゆいつめ（言詰）られて、め（目）をひしき（拉）て、み（身）もひらか（開）すして、うつふり（俯）ふし（伏）てあるとみる（見）ほとに、た丶うせ（失）にうせて、人にてもならてきえ（消）〳〵とた丶うせ（失）たる、け（気）おと（音）なく（無）なるとみ（見）つ、ほか（他）へゆき（行）うす（失）るとハみえ（見）す、た丶きえうする（消失）とみえ（見）つる也、又ゆめ（夢）ニをなし（同）よみる（夜見）、これハさき（先）に見ゑたり、正月一日にてあるに、かんたい（癩）のかと（門）にき（来）て、ゐ（居）ていふ（言）やう（様）、ふくのふくよし、とみのとみよしまいりて候といふ（言）をき丶（聞）て、れんせい（蓮生）かいふ（言）やう（様）、をさめつ〳〵と三といふ（度言）とみ（見）つるなり、そのつとめて十月二日きし（記）了、これハまさしくみたけ（御岳）の御しんけん（神験）也、うちかみ（氏神）にてわします、

蓮生（花押）

七、蓮生（熊谷直実）結縁状　　大和興善寺阿弥陀如来像胎内文書

れんせい蓮生、念仏百万へん（遍）、けちえん（結縁）しまいらす、

八、蓮生（熊谷直実）奇瑞記　　大東急記念文庫蔵

又此は遥後聞日記也、これハその日の事ともなれとも、はるか（遥）の丶ち（後）にき丶（聞）たる也、

同日蓮生御堂正面一同ニ向西ツマト（妻戸）ニ、申刻許高声念仏をして居たるを、長鼻尼うへ西めむの間様、蓮生高声念仏を引ヤメテ（止）、まうの声ニて、人一二万人も聞らむと覚て、尺（釈）迦仏ハつて丶わしましたむめるわやと、只一声申と聞テ、既ニ仏を見たてまつらせ給ニこそと思て随喜し、涙難押て啼泣す、傍ニ尋常なる尼君二三人許雙居たるか、此聞テ同啼泣す、さて住房に還テあはれにめてたかりけることかな、入道殿の、尺迦仏ハつて丶わしましたむめるわやと申させ給つるは、とかたる（語）に、むすめ（娘）にて候女房、ともに候めるうへ冠者はら申やう、いつかは尺迦仏と申させ給つる、阿弥陀仏けとこその給つれ、とあらそい（争）申あひて候に、其年五月五日ニ参たるに、此事を語出たるに、蓮生聞テ申、またく以テ尺迦とも阿弥陀トモ申候はす、只高声の念仏許をこそしとをして候ひしか、と申時、件尼うへの給、さてハ不思議の事ニこそ候なれ、さいめむ一人聞テ候ニはあらす、聞たる人共あまた候、との給時、蓮生申、仏智一音演説法衆生随類各得解とは仏の説法をこそ申ニ、蓮生か高声の念仏声、随機様々ニ聞へ候けるは、其日ニ取てハ既に成仏て候けるかと被随喜候ハひつ儀にてや候覧と戯、さるほとにいくらともなく人共還、其ニく（具）してさいめむもろともに還ニ、たかいふともなく口々に、御堂の内より只今往生はし（始）まると云ハと申あひて、皆還、其ニさいめむも同還テ、御堂の西のつまとに東向にて居ニ、火（灯）ともすほとにて、既火（灯）とほしつ、其の光りニ見まいらすれハ、入道殿の高声念仏をして居給つる所に、立たけ五尺許、生身の仏の立給つるか、鳥瑟ハ黒て、御髪二蓋ニ、前とかりたる様ニて、体はすはやかにして天衣後にさかりて、よにうつくし（美）けにてゆるいて立給へるか、後をハ西へ向テ、少北へ面向たる様にておはしましき、其時、かはかむの不思議事ハ何可有ト思ヒテ、若外目もせハ見失マいらする事もこそ有と思テ、寸分許も目を不離して、拝見まいらする事一時許候き、あまりに無他念をかみ（拝）■（いり）れてて、傍ニ居テ候むすめ（娘）・よめ（嫁）にも、か丶る不思議をは見かとも申さすして、物におされたるやうにて候程に、冠者原の人ハ皆還候ニ、はや還らせ給へと申ニ、かはかのきとく（奇特）の事を見すて（捨）ゝハ何かかへる（帰）へきとも申さすして、やかて還候し、さて住房ニ還テ、むすめ（娘）・よめ（嫁）に、かゝるめてたき事を見すて（捨）ゝきつる（来）、よ（世）にくやし（悔）き事かな、と申に、むすめ（娘）にて候女房の申様、わらはもさやらうと思しき事候つ、よ（世）にやさし（優）けにてすはやかなる御すかた（姿）にて立給たりつ、と申候、さて、よめ（嫁）にて候女房ハ、思つか無てほふ〳〵として、さはかの事をつけ（告）給はすとうらみ（怨）てナけひ（歎）申候と蓮生ニかたり（語）候き、見事聞事皆是現在の事也、

同日［　　］有女房、仏壇之西のわき（脇）のつほね（局）にて、現在見候様、申刻許に南向ニテ居テ念仏を申テ候へハ、御堂の西のつまと（妻戸）にすたれ（簾）のきしに居テ候慈女（如）房の、頭ニうち懸て居て候物ハ白き絹のよくなれたると、夢ニは見へ候か、其時にはかに童に見え候へハ、あやしと思ひて、よくたちあかる（立上）やうにてみ（見）候へは、かほ（顔）もかみ（髪）も皆金色にて候、其時簾をみ候へハ、其同く金色に候、絵像の仏のかけ（陰）にて入道殿ハみ（見）えさせ給はねは、しも（下）よりみ（見）まいらせむとてふし（伏）てみ（見）まいらせ候へは、絵像の仏を懸まいらせたるかけ（陰）に、かを（顔）はみ（見）えさせ候はて、膝衣袖はかりは金色にておはします、いたしき（板敷）も、南のしとみ（蔀）のもとに候ひしもひとつに金色ニて候ひしなり、かやうには候へども、人あまたおはします中にて候へハ、よ（余）の人をもみ候はす、申いたす事も候はす、其時不見習事ニテ候しかは申出不候、御房達も皆さやおハしまし候けむ、其見不候と有しかハ知不候、慈如房と、絵像の仏のみそきぬと、入道殿の膝衣袖許、絵像仏の下よりみ（見）え候き、板敷、簾なむとはかゝやく（輝）ほと（程）に金色にてみ（見）え候なり、

一、人々のかへる（帰）とき（時）、みたう（御堂）のうち（内）より、往生ハたゝま（只今）はしまる（始）といふはやと、みな（皆）人々のきゝ（聞）てありけるといふてう（条）、たうのうちにてまたく（全）さる事いふ物なかりき、それニかくきこ（聞）ゆといゝて、おの〳〵人々たちかへるに、もろともかへり（帰）きてゐて、あまさい（尼）めんハ、けんさい（現在）にさうしん（正身）のあみたほとけ（阿弥陀仏）の、れいせい（蓮生）かまへ（前）にけんし（現）給へるをハ

を(拝)かみまいらせたる也、この事をかみまし□るハ二月廿七日、れ(蓮生)いせいニあ(会)ふてかた(語)り給し事ハ、その年(と)しの五月五
日也、これをき(聞)ゝて、

蓮生（花押）

【初出一覧】

総論

高橋　修「総論　熊谷直実研究の到達点と新たな課題」（新稿）

第1部　熊谷直実の生涯

Ⅰ　林　譲「熊谷直実の出家と往生に関する史料について―『吾妻鏡』史料批判の一事例―」（『東京大学史料編纂所研究紀要』一五、二〇〇五年）

Ⅱ　森内優子「熊谷直実の出家に関する一考察―問注所の移転をめぐって―」（『文書館紀要（埼玉県立文書館）』二一、二〇〇八年）

Ⅲ　大井教寛「熊谷家文書「熊谷蓮生譲状」の再検討」（『熊谷市史研究』六、二〇一四年）

Ⅳ　大井教寛「鶴岡八幡宮領武蔵国熊谷郷における請所」（『日本歴史』七二二、二〇〇八年）

第2部　蓮生と法然

Ⅰ　福田行慈「熊谷直実の吉水入門をめぐって」（『日本仏教史学』一五、一九七九年）

Ⅱ　福田行慈「吉水入門後の熊谷直実について」（『大正大学大学院研究論集』七、一九八三年）

Ⅲ　福田行慈「熊谷直実宛源空書状について」（『印度仏教学研究』三一―二、一九八三年）

Ⅳ　松井輝昭「熊谷直実の救済の論理と法然教―伝承のはざまにて―」（広島史学研究会編『史学研究五十周年記念論叢　日本編』、一九八〇年）

Ⅴ　吉村稔子「清凉寺蔵迎接曼陀羅と上品上生往生願」（『美術史』一二六、一九八九年）

第3部　その後の熊谷氏

Ⅰ　錦織　勤「安芸熊谷氏に関する基礎的研究」（『日本歴史』四三七、一九八四年）

Ⅱ　柴﨑啓太「鎌倉御家人熊谷氏の系譜と仮名」（『中央史学』三〇、二〇〇七年）
Ⅲ　大井教寛「熊谷氏の系譜と西遷について」（『熊谷市史研究』三、二〇一一年）
Ⅳ　加藤正俊「塩津地頭熊谷氏と空谷明応と長生宗久尼―『菅浦文書』と『大徳寺文書』との接点―」（『禅文化研究所紀要』二六、二〇〇二年）

【執筆者一覧】

総論

高橋　修　別掲

第1部　熊谷直実の生涯

林　譲　一九五四年生。現在、駒澤大学文学部教授。
森内優子　一九六八年生。現在、埼玉県教育局文化資源課主幹。
大井教寛　一九七三年生。現在、熊谷市立熊谷図書館学芸員。

第2部　蓮生と法然

福田行慈　一九五二年生。現在、浄土宗本誓寺住職。
松井輝昭　一九四八年生。現在、県立広島大学名誉教授。
吉村稔子　一九六一年生。現在、神田外語大学外国語教授。

第3部　その後の熊谷氏

錦織　勤　一九四九年生。現在、鳥取大学名誉教授。

柴﨑啓太　一九八一年生。現在、山梨県立都留高等学校教諭。
加藤正俊　一九二九年生。二〇〇九年逝去。故人。花園大学文学部名誉教授。

【編著者紹介】

高橋　修（たかはし・おさむ）

1964年生まれ。立命館大学文学部卒業。

神戸大学大学院博士後期課程中退。博士（文学、神戸大学）。

現在、茨城大学人文社会科学部教授。

著書に『中世武士団と地域社会』（清文堂出版、2000年）、『熊谷直実　中世武士の生き方』（吉川弘文館、2014年）、『信仰の中世武士団　湯浅一族と明恵』（清文堂出版、2016年）、編著に『シリーズ・中世関東武士の研究第16巻　常陸平氏』（戎光祥出版、2015年）などがある。

シリーズ装丁：辻　聡

シリーズ・中世関東武士の研究　第二八巻
熊谷直実（くまがいなおざね）

二〇一九年八月一日　初版初刷発行

編著者　高橋　修
発行者　伊藤光祥
発行所　戎光祥出版株式会社
東京都千代田区麹町一－七
相互半蔵門ビル八階
電　話　〇三－五二七五－三三六一(代)
ＦＡＸ　〇三－五二七五－三三六五
編集協力　株式会社イズシエ・コーポレーション
印刷・製本　モリモト印刷株式会社

ISBN978-4-86403-328-2